交通与交流系列

中国阿拉伯文化交流史话

A Brief History of
Sino-Arabic Cultural Exchanges

宋 岘/著

社会科学文献出版社
SOCIAL SCIENCES ACADEMIC PRESS (CHINA)

图书在版编目（CIP）数据

中国阿拉伯文化交流史话/宋岘著. —北京：社会
科学文献出版社，2011.10
（中国史话）
ISBN 978 - 7 - 5097 - 2604 - 4

Ⅰ.①中… Ⅱ.①宋… Ⅲ.①文化交流－文化史－
中国、阿拉伯国家 Ⅳ.①K203 ②K371.03

中国版本图书馆 CIP 数据核字（2011）第 159475 号

"十二五"国家重点出版规划项目

中国史话·交通与交流系列

中国阿拉伯文化交流史话

著　者/宋　岘

出　版　人/谢寿光
出　版　者/社会科学文献出版社
地　　　址/北京市西城区北三环中路甲 29 号院 3 号楼华龙大厦
邮政编码/100029

责任部门/人文科学图书事业部　（010）59367215
电子信箱/renwen@ssap.cn
责任编辑/黄　丹　乔　鹏
责任校对/高　芬
责任印制/岳　阳
总 经 销/社会科学文献出版社发行部
　　　　　（010）59367081　59367089
读者服务/读者服务中心（010）59367028

印　　装/北京画中画印刷有限公司
开　　本/889mm×1194mm　1/32　印张/5.125
版　　次/2011 年 10 月第 1 版　字数/91 千字
印　　次/2011 年 10 月第 1 次印刷
书　　号/ISBN 978 - 7 - 5097 - 2604 - 4
定　　价/15.00 元

总　序

　　中国是一个有着悠久文化历史的古老国度，从传说中的三皇五帝到中华人民共和国的建立，生活在这片土地上的人们从来都没有停止过探寻、创造的脚步。长沙马王堆出土的轻若烟雾、薄如蝉翼的素纱衣向世人昭示着古人在丝绸纺织、制作方面所达到的高度；敦煌莫高窟近五百个洞窟中的两千多尊彩塑雕像和大量的彩绘壁画又向世人显示了古人在雕塑和绘画方面所取得的成绩；还有青铜器、唐三彩、园林建筑、宫殿建筑，以及书法、诗歌、茶道、中医等物质与非物质文化遗产，它们无不向世人展示了中华五千年文化的灿烂与辉煌，展示了中国这一古老国度的魅力与绚烂。这是一份宝贵的遗产，值得我们每一位炎黄子孙珍视。

　　历史不会永远眷顾任何一个民族或一个国家，当世界进入近代之时，曾经一千多年雄踞世界发展高峰的古老中国，从巅峰跌落。1840 年鸦片战争的炮声打破了清帝国"天朝上国"的迷梦，从此中国沦为被列强宰割的羔羊。一个个不平等条约的签订，不仅使中国大量的白银外流，更使中国的领土一步步被列强侵占，国库亏空，民不聊生。东方古国曾经拥有的辉煌，也随着西方列强坚船利炮的轰击而烟消云散，中国一步步堕入了半殖民地的深渊。不甘屈服的中国人民也由此开始了救国救民、富国图强的抗争之路。从洋务运动到维新变法，从太平天国到辛亥革命，从五四运动到中国共产党领导的新民主主义革命，中国人民屡败屡战，终于认识到了"只有社会主义才能救中国，只有社会主义才能发展中国"这一道理。中国共产党领导中国人民推倒三座大山，建立了新中国，从此饱受屈辱与蹂躏的中国人民站起来了。古老的中国焕发出新的生机与活力，摆脱了任人宰割与欺侮的历史，屹立于世界民族之林。每一位中华儿女应当了解中华民族数千年的文明史，也应当牢记鸦片战争以来一百多年民族屈辱的历史。

当我们步入全球化大潮的 21 世纪，信息技术革命迅猛发展，地区之间的交流壁垒被互联网之类的新兴交流工具所打破，世界的多元性展示在世人面前。世界上任何一个区域都不可避免地存在着两种以上文化的交汇与碰撞，但不可否认的是，近些年来，随着市场经济的大潮，西方文化扑面而来，有些人唯西方为时尚，把民族的传统丢在一边。大批年轻人甚至比西方人还热衷于圣诞节、情人节与洋快餐，对我国各民族的重大节日以及中国历史的基本知识却茫然无知，这是中华民族实现复兴大业中的重大忧患。

中国之所以为中国，中华民族之所以历数千年而不分离，根基就在于五千年来一脉相传的中华文明。如果丢弃了千百年来一脉相承的文化，任凭外来文化随意浸染，很难设想13亿中国人到哪里去寻找民族向心力和凝聚力。在推进社会主义现代化、实现民族复兴的伟大事业中，大力弘扬优秀的中华民族文化和民族精神，弘扬中华文化的爱国主义传统和民族自尊意识，在建设中国特色社会主义的进程中，构建具有中国特色的文化价值体系，光大中华民族的优秀传统文化是一件任重而道远的事业。

当前，我国进入了经济体制深刻变革、社会结构深刻变动、利益格局深刻调整、思想观念深刻变化的新的历史时期。面对新的历史任务和来自各方的新挑战，全党和全国人民都需要学习和把握社会主义核心价值体系，进一步形成全社会共同的理想信念和道德规范，打牢全党全国各族人民团结奋斗的思想道德基础，形成全民族奋发向上的精神力量，这是我们建设社会主义和谐社会的思想保证。中国社会科学院作为国家社会科学研究的机构，有责任为此作出贡献。我们在编写出版《中华文明史话》与《百年中国史话》的基础上，组织院内外各研究领域的专家，融合近年来的最新研究，编辑出版大型历史知识系列丛书——《中国史话》，其目的就在于为广大人民群众尤其是青少年提供一套较为完整、准确地介绍中国历史和传统文化的普及类系列丛书，从而使生活在信息时代的人们尤其是青少年能够了解自己祖先的历史，在东西南北文化的交流中由知己到知彼，善于取人之长补己之短，在中国与世界各国愈来愈深的文化交融中，保持自己的本色与特色，将中华民族自强不息、厚德载物的精神永远发扬下去。

《中国史话》系列丛书首批计 200 种，每种 10 万字左右，主要从政治、经济、文化、军事、哲学、艺术、科技、饮食、服饰、交通、建筑等各个方面介绍了从古至今数千年来中华文明发展和变迁的历史。这些历史不仅展现了中华五千年文化的辉煌，展现了先民的智慧与创造精神，而且展现了中国人民的不屈与抗争精神。我们衷心地希望这套普及历史知识的丛书对广大人民群众进一步了解中华民族的优秀文化传统，增强民族自尊心和自豪感发挥应有的作用，鼓舞广大人民群众特别是新一代的劳动者和建设者在建设中国特色社会主义的道路上不断阔步前进，为我们祖国美好的未来贡献更大的力量。

陈奎元

2011 年 4 月

⊙宋 岘

作者小传

宋岘，1946 年 7 月 26 日生于吉林省汪清县石岘造纸厂。毕业于北京育才学校、北京十五中学、洛阳外国语大学阿拉伯语本科。1978 年以来，相继在中国社会科学院世界宗教研究所、历史研究所、世界历史研究所从事中国阿拉伯学、中国伊朗学、中亚史及中外关系史研究，现为中国社会科学院研究员、中国海外交通史研究会副会长、中国伊朗友好协会文化学术委员会委员。学术专著《回回药方考释》荣获第三届全国古籍整理图书奖。相继访问过利比亚、埃及、沙特阿拉伯、阿拉伯联合酋长国、伊朗、乌兹别克斯坦、巴基斯坦、印度及加拿大的温哥华。

目 录

引 言

　　若想了解中国同阿拉伯之间文化交流的历史，则应首先对阿拉伯人及其文化有所了解。

　　阿拉伯人是闪族的一支。阿拉伯半岛是古老的民族——闪族的摇篮。每隔大约五百年左右，就有一支闪族人从这里迁往肥沃的新月地区（即今伊拉克、叙利亚、黎巴嫩、巴勒斯坦和约旦一带），他们相继是巴比伦人、迦勒底人、腓尼基人、阿摩尔人、阿拉马（阿拉美）人和希伯来（犹太人）人。最年轻的一支闪族人乃是最晚登上历史舞台的阿拉伯人。根据人种学的分类，所有的闪族人均属白色人种。

　　7世纪初，阿拉伯人穆罕默德在阿拉伯半岛的希贾兹创立了伊斯兰教。在信徒们的支持下，他经过十余年的努力，在麦地那城建立了世界上第一个政教合一的阿拉伯伊斯兰政权。我国历史上称之为大食。穆罕默德认为，宇宙间只有一个神——真主（安拉 Allāh）。他自己是真主的传信者。伊斯兰教义规定，以穆罕默德从麦加城迁徙到麦地那的那一年的太阴年的元旦（622年7月16日）为伊斯兰历的纪元。630年，阿拉伯半岛上的阿拉伯各部族都统一在伊斯兰旗帜之下。穆罕默德于 632 年去世后，其继任者们，率领着阿拉伯军队走出了阿拉伯半岛，相继征服了当时为拜占庭帝国（东罗马帝国）属地的叙利亚和埃及，灭掉了历史悠久、文化昌明的波斯萨珊王朝，占据了撒哈拉大沙漠以北的广大非洲北部地区。661 年，阿拉伯人穆阿维叶在叙利亚的大马士革建立了阿拉伯王朝——倭马亚朝，我国史称白衣大食。白衣大食又在东方征服了印度河（在今巴基斯坦境内）下游地区，攻占了印度佛教文化名城，今旁遮普省的木尔坦，还占据了印度河入海口的巨港德浦勒和尼龙（海德拉巴）。阿拉伯人又征服了中亚细亚阿姆河流域的喀布尔、巴尔赫、赫拉特、布哈拉、撒马尔罕、费尔甘纳、塔什干等地，还征服了阿塞拜疆、土库曼地区。他们还从拜占庭手中夺得了小亚细亚的安条克、塔尔苏斯等希腊文化古城和海港，大军又几番围攻拜占庭（东罗马）的京城君士坦丁堡（今土耳其的伊斯坦布尔市）。在西方，阿拉伯人从占领的摩洛哥的丹吉尔渡直布罗陀海峡，攻占了安达卢西亚（今西班牙、葡萄牙）的大部分地区。在 8 世纪前半叶，他们征服了大部分文明世界，建立了一个地跨亚、非、欧三大洲的庞大帝国。

在立国之前，阿拉伯人长期被波斯国统治，波斯语称阿拉伯人为大食（Tazi），义为"牧马人"。时至今日，"大食"一词仍保留在波斯语中。这个词在唐代，由波斯人介绍到中国，并成了阿拉伯帝国的专用名，并一直沿用到明代。这个崭新的国家继承了在幼发拉底河和底格里斯河流域、尼罗河流域、地中海东岸盛极一时的古代文明，又吸收了希腊—罗马文化的主要特征。因此，我们所谈的阿拉伯文化，是建立在多种民族文化成分之上的一种广义的阿拉伯文化。以后，阿拉伯人又将其中的许多文化传到了中世纪的欧洲和亚洲。在中世纪，任何民族对人类进步的贡献，都比不上阿拉伯人。这里说的阿拉伯人，是指血统纯正的阿拉伯人以及已阿拉伯化的中东地区的各古老民族，其中也包括原属于含族的埃及人。

阿拉伯人的伊斯兰教是继犹太教和基督教之后的第三种一神教，也是世界上最后一种一神教。这三种一神教都是闪族社会生活的产物。如今，伊斯兰教同佛教、基督教并为世界三大宗教。伊斯兰教不仅是全世界数亿穆斯林的宗教信仰和生活规范，而且是一种富有生命力的思想文化形态。由于历史的原因，中国有10个民族接受了伊斯兰教及阿拉伯文化。

阿拉伯语是阿拉伯人的日常用语，也是伊斯兰文化的书面用语，这是因为《古兰经》是以阿拉伯语表述的。阿拉伯语又是中古时期国际贸易的通用语言之一，它如同当今的英语一样，在商界、学术文化界通行了数个世纪。从9世纪到15世纪，用阿拉伯语写成的学术专著，其中包括哲学、医学、历史、宗教、天文、数学、地理等方面的各类著作，比用其他任何语言写成的著作的总数还要多。西欧的语言中有许多阿拉伯语借用词。另外，用阿拉伯字母为书写文字的语言还有波斯语、普什图语（阿富汗语）、乌尔都语（巴基斯坦语）、孟加拉语、马来语、哈萨克语、维吾尔语、乌兹别克语、吉尔吉斯语（柯尔克孜语）、塔吉克语、柏柏尔语等民族语言。这足以表明，阿拉伯语对世界文化的影响相当大。20 世纪初，我国新疆铸造的银币，一面写的是汉文，另一面写的是阿拉伯文，并用阿拉伯世界使用的尘土数码标明银币的铸造时间和币值。这说明，阿拉伯文化同中国文化的交流是相当密切的。

作为一个民族，或者一个国家，阿拉伯同中国的交往，至今已逾 13 个世纪。因此，当我们回顾这段历史交往时，至少要从 7 世纪的唐代讲起。

一 中国阿拉伯的古代交通

 阿拉伯与中国之间的早期外交往来

中国北宋王朝的宰相王钦若曾主编了一部类书——《册府元龟》，其援引唐代政府档案资料颇多，故所言之事最为翔实可信。《册府元龟》言："永徽二年（651年）八月，大食始遣使朝贡。"这是对阿拉伯国的使节首次访华的记载，事情发生在穆罕默德的第三位继承人奥斯曼（644~656年在位）秉政时期。另有埃及麦木留克王朝的阿拉伯作家大马士基（1327年卒）在《世选陆海奇观》（1923年莱比锡版）中写道：

> 占婆国（今越南南方），其都城很大。占婆城位于海岸，其居民分为穆斯林、基督徒和偶像崇拜者（佛教僧侣）。在奥斯曼——真主喜悦他！——时期，穆斯林已将宗教传到这里。

当时，占婆国为中国的藩属。因此说明，大约于650

年左右，阿拉伯的伊斯兰宣教团已经抵达中国一带，阿拉伯人的国使很可能是经海路来华的。

那么，在 651 年以前，是否已有过阿拉伯使节访问过中国呢？由于缺乏正史的佐证，因此，这一直是个历史之谜。然而，从一些零星的记载看，阿拉伯人于唐贞观初年来华的可能性还是有的。（美国）威尔斯所著《世界史纲》记载，在土耳其共和国的伊斯坦布尔，至今仍保存着伊斯兰教的创始人穆罕默德于回历（伊斯兰历）6 年（627～628 年）写给中国皇帝的国书。据阿拉伯正史可知，穆罕默德于此年确实向周邻诸国派遣过使节。在中国唐代，亲身经历过唐玄宗开元、天宝年间（713～756 年）兴衰事变的牛肃写有《纪闻》一书，其中"水珠"一节写道："胡人曰：吾大食国人也，王贞观初通好，来贡此珠。"（《太平广记》四○二）此《纪闻》虽非正史，但牛肃的故事多以真实的史事为依托，以使其情节逼真可信。况且，《纪闻》是唐代人为本朝人写的故事，因此在时间、地点及重大外交事件上不宜虚构。况且，此大食于"贞观初通好"同穆罕默德于回历 6 年（627～628 年，唐贞观元年四月至贞观二年四月）向各国派出使节一事在时间上是十分吻合的。因此，牛肃《纪闻》的"贞观初通好"之说是值得重视的。即便从永徽二年算起，阿拉伯同中国的外交关系已历一千三百余年。

据《册府元龟》记载，阿拉伯人在唐代曾向中国派遣过 37 次使节。其中特别值得提及的是唐玄宗开元四年（716 年）七月，白衣大食王苏莱曼派来的国使抵达长安，向唐玄宗进献了金线织袍、宝装玉、洒池瓶。《册府元龟》还用汉字准确地记下了这位阿拉伯国王的徽号和名字——黑密牟尼苏利漫（Amīr mu'minīn Sulaymān），义为"众信士们的长官——苏莱曼"。

于唐代来华的这些阿拉伯使节带来的礼品多为该国的各种土特产，有狮子、豹子、良马、龙涎香、毛锦、钿带、珍宝。其中献马次数最多，至今阿拉伯马亦属世界上的名贵马种。

这些早期来华的阿拉伯使节告诉中国人，阿拉伯人曾受波斯国的长期统治，是波斯人的牧驼户。阿拉伯人有孤列种（古莱氏族），内有二姓（部族），一为盆尼末换（麦尔旺族），一为盆尼奚深（哈申族，或译成哈希米人）。穆罕默德勇健多志，众立之为王。此后，相继建立两个阿拉伯王朝——白衣大食和黑衣大食。阿拉伯灭掉了波斯帝国，攻打了拜占庭罗马，向东南攻打了印度。唐贞元二年（786 年）来华的使节还向唐德宗李适介绍了黑衣大食前五代王的名字，他们是阿蒲罗拔（阿布·阿拔斯）、阿蒲恭弗（阿布·加法尔）、迷地（麦赫迪）、牟栖（穆萨·哈迪）、诃伦（诃伦·拉希德）。

阿拉伯使节向中国皇帝宣讲了伊斯兰教的一神教教义，即只崇拜真主，此外的一切都不得被崇拜。因此，开元初，阿拉伯使节在见到唐玄宗时不行叩拜之礼。当中国礼宾官员责怪他时，他解释道："国人止拜天，见王无拜也。"

7

两国的外交往来加强了相互了解，密切了国家的友好关系。在唐朝出了安禄山、史思明发动的叛乱时，黑衣大食派出精锐之师——呼罗珊大军，万里驰援唐朝政府，他们从唐至德二年（757 年）九月起，接受中国元帅的统辖、指挥，帮助唐王朝收复了两京（长安、洛阳）和京畿之地，并消弭了"安史之乱"。阿拉伯军队为中国政局的稳定作出了贡献。

杜环的阿拉伯之行

唐玄宗天宝十载（751 年），唐朝安西都护府都护高仙芝率军讨伐石国（塔什干一带）。石国向黑衣大食求援。大食军前往救援，于怛逻斯（塔拉兹）邀击唐军，战斗异常激烈。由于高仙芝的盟军——突厥葛逻部临阵倒戈，遂使唐军败绩。高仙芝突围得免被擒，但此役使万余中国官兵被黑衣大食军俘去。唐军所带的大量的绢丝商货和辎重被夺。

在被带到大食呼罗珊省驻军司令部所在地木鹿（今土库曼斯坦的马雷市）城的中国人中，有一位出身于关内望族的文人——杜环。他是唐朝宰相杜佑（735～812 年）的族子。辈分虽小，但比杜佑年长。他从 751 年起，在阿拉伯帝国辗转各地，后于唐肃宗宝应元年（762 年）从阿拉伯乘商船回国，同年抵达广州。他在异国滞留了 10 年。回国后，他将这 10 年的见闻记述成书，名之为《经行记》。此书原本已失，但所幸的是，其族叔杜佑撰写的《通典》中录有《经行记》的内容达 1510 个字。《经行记》客观准确地反映了阿拉伯帝国及其周邻地区，以及杜环回国所经之锡兰国的情况。

在书中，杜环记下他去过的地方有中亚的碎叶国（今乌兹别克斯坦的托克马克一带）、拔汗那国（今乌兹别克斯坦的费尔甘纳地区）、康国（唐代昭武九姓国之一，今乌兹别克斯坦的撒马尔罕地区）、末禄国（首府木鹿，今土库曼斯坦的马雷地区）、波斯国（今伊朗、阿富汗及阿塞拜疆、土库曼斯坦的部分地区）、大食国（又名亚俱罗，今伊拉克及阿拉伯半岛一带）、苫国（今叙利亚、黎巴嫩、约旦、巴勒斯坦一带）、拂菻国（又名大秦，今埃及）、摩邻国（今突尼斯、利比亚一带）、师子国（原名锡兰，今斯里兰卡）。

杜环在大食国的 10 年，可分为三个阶段。第一阶段是他与其他中国人在末禄国居留期间，他们熟悉了西亚人的习俗，学习了包括阿拉伯语在内的西亚各族语言。中国官兵被收编到大食国的呼罗珊部队。第二阶段，是杜环随军调动而进入阿拉伯帝国的腹地伊拉克、叙利亚。当时黑衣大食国新立，前朝白衣大食的残余政治势力在北非的活动很活跃，在摩邻国（即大食在北非的行省，意为"西方的"）首府凯鲁旺（在今突尼斯）组织过多次暴乱，政权多次易手。为了一劳永逸地平息那里的动乱，大食王阿蒲恭弗决定将帝国政权的支柱——呼罗珊大军派往那里。当军队西进时，大食国王亲自将他们从美索不达米亚送到巴勒斯坦的耶路撒冷。或许是因有骁勇善战的中国官兵的编入，呼罗珊大军战斗力极强，一举全歼了摩邻的叛军，动乱被平息。第三阶段，杜环离开阿拉伯军队，在阿拉伯访问，直到回国。

大约760年左右，杜环随军去北非时，曾经路过同为犹太教、基督教和伊斯兰教的圣地的耶路撒冷。也走过西奈沙漠。他讲到北非的情况时指出，那里多山少雨，气候干燥炎热，水草稀少，阿拉伯人的皮肤被烈日晒得黝黑，但性格开朗。他们的食品主要是椰枣，大米、面粉很少见到。他的描述与今日北非的情况大体相同。比如，尼罗河以西至突尼斯的广大地区，除了因季雨而出现季节性河流外，一般是没有常年性的河流的。那里的树木种类不多。沿海地区的村落周围生长的尽是椰枣树，有的地名就叫做椰枣海岸。杜环看到埃及人的宗教信仰主要是科卜特派基督教。可以说，杜环是第一位到达非洲的中国人。此外，他在埃及时，亲眼看到了埃及的古老文化。埃及本来就是一个具有悠久历史和灿烂文化的国家。公元前后又吸收了希腊、罗马和巴比伦地区的科学精华。埃及的亚历山大港是地中海的希腊科学文化的研究中心，著名的几何学家欧几里得、物理学家阿基米得、天文学家托勒密、医学家盖伦的成就均得益于此。杜环所去的埃及，时已归属大食国，由阿拉伯人治理。阿拉伯人尊重埃及土著的科普特教信仰，崇尚科学研究。因此，那里的科学文化水平仍很先进。杜环对埃及医学（大秦医学）十分称赞。他说，埃及医生善于医治眼疾和痢疾。有的病在尚未发作之前就被医生给诊断出来了。

埃及的外科手术更是高明。杜环讲，那里的脑外科医生可以用器械作开颅手术，从人的大脑里取出寄生虫。可以说，杜环是第一位将埃及的医学成就介绍给中国的人。

如今位于土库曼斯坦的马雷城，在当时是大食国东方行省——呼罗珊的首府，也是帝国东方的军事大本营。杜环在那里居住了数年，故对它的观察，对那里居民的了解是相当具体的。他看到，这个叫末禄国的城垒异常坚固。城门是铁的，城里有盐池，可供军民食用。末禄（木鹿）城虽然在651年就已被阿拉伯人征服了，但是，杜环在一个世纪之后仍然看到城内还有两所佛教寺庙。末禄城郊方圆几百里之外乃是一片沙漠。城市虽然被流沙包围，但却林木繁茂，村寨连延，人口稠密。这是由于城外有一条大河——阿姆河流过，人们挖沟渠，引河水灌溉末禄城周围的农田。因而，这里土质肥沃，农产品丰富，盛产红桃、李子、葡萄等水果，还盛产萝卜、蔓菁、长脚大葱、芹菜、黄瓜、茴香、葫芦、甜瓜。那里产的西瓜又甜又大，十几个人才能吃光一个。

杜环还看到，末禄人大部分属于波斯血统。他们编织的波斯锦和用羊羔皮制的皮衣，质地优良，工艺精巧，每件可值数百个银钱。末禄人喜爱两种体育竞技活动。一是打马球，一是荡秋千。他们每年都要定期举办这两项体育活动的盛会，并将之定为打球节和秋千节。在唐代，这两种波斯人的活动在长安和巴格达均已流行。唐代有好几位皇帝都善击马球，长安城有专设的马球场。

与其他唐代中国人相比，杜环对古代阿拉伯社会生活最为熟悉。他看到的阿拉伯男子喜欢系镶银的衣带，佩带嵌银的腰刀。他们严格遵守着伊斯兰教的戒律，不饮酒作乐。阿拉伯女子身材修长，穿着鲜艳整洁，仪态端庄，容貌秀丽。她们不论身份贵贱，外出时一律要用纱罩住自己的脸。与唐代中国相比，阿拉伯人执法从宽，丧葬仪式从俭。

在当时的阿拉伯市场上，各种物产应有尽有，赶集的车辆来自四面八方，骆驼、马、驴和骡子充满于大街小巷。商货成千上万，但价格低廉、种类繁多。集市和店铺里出售大量的绫罗锦缎和珍宝玉贝。

每逢节日，臣民们要向国王和贵族们进献礼品。其中送的最多的，是各种玻璃器皿和铜瓶、铜壶、铜碗等。

阿拉伯人吃的水果有巴旦杏、椰枣、葡萄等。葡萄的品种优良，粒儿特别大，有的大如鸡蛋。阿拉伯地区种有大量的橄榄树，果实的形状如中国的大枣。橄榄可以榨油，还可药用。病人食用橄榄可除瘴气。最受欢迎的农产品是妇女美容用的素馨花油。

阿拉伯人惯用骆驼拉车，这种骆驼体型小而精悍，一天走上百里路也不会疲劳。阿拉伯还有一种大鸵鸟，四尺多高，它的脚趾像骆驼蹄子。人骑到鸵鸟背上，至少可以走出五六里路。

杜环又介绍了阿拉伯人的伊斯兰教的礼拜。他讲，阿拉伯人"一日五时礼天"，即指穆斯林于一日之内于清晨、中午、下午（晡时）、黄昏、夜半这五个时间作祈祷。阿拉伯人有一次可容下数万人同时做礼拜的大清真寺。每星期五的聚礼在大清真寺中进行，由大食王亲自领拜。届时，大食王向前来聚礼的信众们做宣教演讲。他演讲时劝导信众们要谨遵教法和戒律，不要作奸犯科，欺压良善。他鼓励信众积极杀敌，因此而牺牲的人，可直达天园。

杜环还介绍道：穆斯林的教法规定，信徒们不许食用猪、狗、驴、马的肉，不食自死的牲畜的肉和不新鲜的肉。从杜环的这些陈述可以看到，当时的大食国是一个政教合一的国家。大食王既是一国之君，又是一国最高的宗教领袖。一般而言，每星期五的聚礼日，大食王都要在首都的大清真寺为聚礼之信众领拜。因此，杜环是第一位将阿拉伯人的伊斯兰教的教义、教规及祈祷活动情形介绍到中国的人，他的《经行记》因此而成为珍贵的史料。

最可贵的是，杜环在兴建中的巴格达见到了一些中国手工艺人。他们之中有擅长纺织绫绢、络的织工，有金银匠，还有画工，其中有京兆人（长安人）樊淑、刘泚，有河东（今山西省）人乐隈、吕礼。这表明，在黑衣大食立国之初，不少中国手艺人已在阿拉伯从事各种工作。《经行记》还提到那里有"绫绢机杼"。这一切表明，中国的丝绸纺织机器、中国的金银器的制作方法及绘画艺术在 8 世纪中叶已传到了阿拉伯地区。当时，大食国正倾其国力营建新都巴格达。此项工程巨大，从 754 年开始施工，直到 766 年，即杜环回国 4 年之后竣工。杜环见到的中国画工、金银匠，正是参加兴建巴格达城的中国技师。

从地理学、语言学的角度看，《经行记》还记下了一些重要地名，如耶路撒冷等。书中的"亚俱罗"、"阿俱罗"乃亚述（Athūr）之意，是指幼发拉底河与底格里斯河之间的河洲，即美索不达米亚。过去，不少人误以为它是库法城。这个地名在汉文典籍中出现的时间要比现存的古阿拉伯文献的记载早两个世纪。《经行记》的秩萨罗（耶路撒冷）及其他地名，也比阿拉伯人的记载早出现近一个世纪。此外，《经行记》讲的流经末禄城的大河——阿姆河，当时确实是流入里海的。后来因地震及气候的作用而改变了流向，遂如今日一样流入咸海。杜环真实地反映了历史情况，这对今日中外科学家认识、了解古代西亚、北非的人文、地理，具有重要的参考价值。

阿拉伯人谈中国

阿拉伯帝国在政治上取代了波斯帝国在西亚和中亚的作用，并在波斯故地建立了地方政权、向各地征收赋税。以呼罗珊省为例，在 828 年至 844 年间，其长官塔希尔已经将税收征收范围扩大到河外地区，即阿姆河以北的中亚地区。回历 211 年至 212 年，塔希尔在呼罗珊的全部税收是 44846000 迪尔汗（银币），此外还有价值 600000 迪尔汗的马匹、羊和战俘（奴隶），粗布 1187 匹，铁锹和铁皮 1300 件。其中有布哈拉、粟特（撒马尔罕一带）、费尔甘纳、石国（塔什干）、俱战提（列宁纳巴德）等地上交的税。在航海贸易方面，阿拉伯人也取代了波斯人的作用，控制了从红海、波斯湾到中国沿岸的海洋贸易。并在巴士拉城和西拉夫港向抵港货船征收贸易税。此外，还专门派海军在商船经常出没的海域打击海盗，为大食国同东方各国进行航海贸易铺平了道路。甚至，黑衣大食第二代王阿蒲恭弗在确定新都城巴格达建在底格里斯河畔上，都有便于开展国际贸易的想法。他希望中国、印度的商船可溯流而上，直抵巴格达。在大食王的有力推动之下，中国与阿拉伯两地之间的远洋贸易日渐兴旺起来。阿拉伯人、犹太人、波斯人、印度人、景教徒、中国人的商船往来不断。阿拉伯商人和旅行家们也乘船来华，他们对中国的认识也逐渐深入。

首先是对中国地理的认识。这种认识来自两个方面，一方面是来自印度、波斯、希腊等国的文献资料，另一方面是来自阿拉伯人的见闻。因此，阿拉伯地理志中多少加进了波斯等其他民族的地理知识。相当于唐代的阿拉伯文献，将中国的首都长安叫做"胡姆丹"（或"洪木丹"）。这个词原是东伊朗语词，现今仍保留在波斯语和维吾尔语中。其含义与陶瓷窑有关。维吾尔族又将中国古长城的烽燧称作"胡木丹"。因此，它成了汉唐时期古代中国的象征。9世纪的阿拉伯商人对中国的地理了解得不够，因此，将流经长安的黄河也称作"胡木丹"大河。他们甚至以为黄河同珠江是相通的，也就是说，珠江是从长安流向广州的。"长安"这一称谓，竟然从没出现在任何记述中国情况的古阿拉伯书中。可见，当时的阿拉伯地理学家沿用了不少古波斯人对中国地理的称谓。

8~9世纪的阿拉伯人已知道中国是一个幅员非常广阔的国家，北方有突厥国，南面有印度。中国有300座大城市。其中的50个城市是由皇帝委派的王爷来管辖的。阿拉伯人除了知道长安城外，还知道广州、泉州、江都（扬州）等地名。据伊本·胡尔达兹比（912年卒）所著《道里邦国志》记载，阿拉伯人将龙编（今越南河内市一带）当作中国的第一个港口。龙编的商货同广州、扬州的一样，是中国丝绸和中国陶瓷。阿拉伯人还知道，与江都隔海遥遥相对的是新罗国（今朝鲜半岛）。新罗盛产黄金。一些穆斯林由于那里山川锦绣而定居下来。

阿拉伯人的商船几乎遍游了南洋群岛所在的海域。唐代中国人称中国南海为"涨海"。阿拉伯人也称之为涨海。中国将今天的菲律宾吕宋群岛称作"麻逸"，阿拉伯人也称之为麻逸（Māyit）。他们在唐代已知道婆罗洲、爪哇、香料群岛（今印尼的马鲁古群岛）、占婆（今越南南方）、倭国（今日本）。他们对中国及其他西太平洋区域的认识与他们同中国进行海洋贸易是分不开的。

据阿拉伯文献记载，在回历266年（877~878年），中国最大的港口广州居住着12万阿拉伯、波斯、犹太商人和景教商人。阿拉伯商人非常喜爱中国商品。他们在中国看到了半透明的超细瓷器，薄似玻璃。"尽管是陶碗，但隔着碗可以看见碗里的水。"他们还看到了一种专供贵人穿用而不在市面上销售的超薄丝绸。阿拉伯人在广州看到一位专为中国皇帝采办阿拉伯商品的太监。太监的脖子上长有一颗黑痣。他虽然穿了五层衣衫也没有遮住这颗痣。原因在于，他穿的丝绸薄如蚕翼，质地透明。这类最好的丝绸，是未经漂白过的生丝。总督穿的丝绸比这种更加精美，更为名贵。阿拉伯人为中国有如此出色的陶瓷与丝绸赞羡不已。

阿拉伯人认为中国的物产主要有黄金、白银、珍珠、锦缎、丝绸、马鞍子、陶瓷。而中国求购的外国商品则是产于南洋的樟脑和肉豆蔻，产于阿拉伯的龙涎香、象牙、乳香，产于孟加拉湾的犀牛角。他们发现，中国的货币只有铜币。阿拉伯的金币、银币不得在中国市场上使用。在广州的阿拉伯人观察了中国政府的税收。其《中国印度见闻录》介绍，"国库的收入只靠税收。广州尽管不是中国最大的城市，但我估计，纳入国库的钱每天可达5万迪纳尔（金币名，1枚重4.25克）"。也就是说，每天广州的税收相当于212.5公斤的阿拉伯金币。阿拉伯人知道，唐代中国的税收中还有盐税与茶税，并说得出中国茶叶的性状。他们在书中写道："此种干草叶比苜蓿的叶子还多，也略比它香，稍有苦味，用开水冲喝，治百病。"至今阿拉伯语"茶叶"一词的读音（Shāyu），基本保持了它的中国称呼。这说明，阿拉伯人在唐代就了解了中国的茶文化，并且将茶叶介绍到了西方。

阿拉伯人对唐代中国人的相貌有较好的印象，他们讲，"中国人很漂亮，高个子，皮肤白里透红。再没有比中国人的头发更黑的人了。中国女人让其头发任意飘动"。"女人的头发露在外面，但男人却把头包起来"。他们看到中国的情形恰与他们相反，阿拉伯女子在户外活动时，必须将其秀发全都遮蔽在盖头之内。中国的风俗令他们感到新奇。

阿拉伯人还将中国同印度做了比较。他们认为，"中国更美丽，更令人神往。印度大部分地区没有城市，而在中国人那里则到处是城墙围绕的城市"。"中国人比印度人更为健康。在中国，癫病较少。中国人看上去较为健壮，很少看到一个盲人和独目失明的人，也很少看到一个残疾人，而在印度，这类人则是屡见不鲜的"。"中国人比印度人好看得多，在衣着和所使用的牲畜方面更像阿拉伯人。中国人的礼服很像阿拉伯人的衣服。他们穿长袍，系腰带"。这些早期来华的阿拉伯人的描述，给后世人以深刻的印象，一个民富国强的礼仪之邦的美好图像展现在他们面前，令一代代人追求向往。

由于中国社会的安定与否直接影响着中国与阿拉伯之间的商业利益，因此，阿拉伯人对中国政局特别关心。这反映在他们写的游记中。阿拉伯商人的游记曾对晚唐时发生的黄巢起义在广州的活动有详细的记述。书中讲到起义军于回历264年（875年）攻打了广州城和京城长安以及被唐朝政府镇压的经过。由于武装冲突，阿拉伯商人在广州的利益受到巨大的损失，人员伤亡惨重。这些记载弥补了汉文史料之不足。

据记载，一位与伊斯兰教的先知——穆罕默德同宗的阿拉伯人伊本·瓦哈卜约于 871 年从今天波斯湾的巴士拉来到中国，并因其贵族血统而求见中国皇帝。中国皇帝在查明其身份之后召见了他，并赐他许多钱财，后来，他带着这些钱财返回了伊拉克。中国皇帝同他就阿拉伯人的宗教信仰、古代各民族的先知、人类历史纪年的长短，以及他本人来中国的原因进行了内容广泛的交谈。有趣的是，他说中国宫廷里保存着先知穆罕默德的画像。他在长安见到中国皇帝，因此，对长安城的布局和市井生活都了解得很具体。他说："这座城市很大，人口众多，一条宽阔的长街把全城分为两半。皇帝、宰相、禁军、最高判官、宫中宦官以及皇家总管、奴婢，都住在这条大街右边的东区。这里，既没有任何百姓同他们杂居，也没有任何市场。在这个区域，沿街开凿了小河，淌着潺潺的流水，路旁葱茏的树木井然有序，一幢幢宅邸鳞次栉比。"

"在大街右边的西区，住着庶民和商人；这里有货栈和商店。每当清晨，人们可以看到，皇室的总管和奴婢、宫廷的仆役、将军的仆役，以及其他当差的人，或骑马，或步行，鱼贯似地来到这个既有市场，又有商店的街区，采购主人需要的东西。"

阿拉伯人一再称中国是个法治国家，中国皇帝能公平地裁决、查处那些侵害阿拉伯商人利益的不法贪官。他们讲，有一位呼罗珊省的商人，因陆路险阻而从海路来到中国广州，他的财货被一位为皇帝采买外国商品的宦官抢去了。这位外商从广州来到京城长安，

一 中国阿拉伯的古代交通

19

向皇帝告状。经过查实，皇帝召见了那个宦官。他一到宫内，皇帝就没收了他的非法所得，并把他掌管宝物的职务罢免了。最后贬他去当皇帝陵墓的看守。

唐代来过中国的阿拉伯人讲："在真主创造的人类中，中国人在绘画、工艺，以及其他一切手工方面都是最熟练的，没有任何民族能在这些领域里超过他们。中国人的手，创造出别人认为不可能作出的作品。"

总之，在阿拉伯人的心目中，中国是一个十分美好的国家，中国人是善良、正义、智慧的人民。

宋、元时期，有更多的阿拉伯人来到中国，其中有神职人员、商人、医生，也有大旅行家。一位叫阿布·肥达的阿拉伯王子，自言曾亲身到过中国。他所著的《地理志》有对中国南宋的首都——杭州的描写。由于中国北方民族政权——金国用武力夺去了宋朝在长江以北的大片国土，首都汴梁（今开封市）沦陷，宋徽宗赵佶、宋钦宗赵桓父子也成了俘虏。宋朝皇室南迁到杭州。康王赵构称帝，是南宋王朝的创立者。为表示他要光复长江以北的大片国土，他只把杭州城当作临时的首都——行在，为它起名叫临安。阿布·肥达也称杭州为行在（Hisāi），正反映了中国历史上，南宋王朝的抗敌决心。他讲道，"行在"的西北有一个湖。人骑马绕湖徐行，须走半天。这一记述与杭州的昔日情况非常一致。他讲的湖，就是中外闻名的"西湖"。现今，由于杭州市市区已向北扩展到古运河一带，最繁华的街区也向北移，因此使西湖位于杭州市的正西方。

阿拉伯历史地理学家不仅记述了中国汉族政权的

帝王世袭，也记述了一些中国少数民族的政权兴衰和文化发展的情况。伊本·阿西尔（1160～1234年）的《历史大全》就记有中国维吾尔族建立于喀什的黑汗王朝的详细情况，弥补了汉文史料对之记载的不足。此书还记述了元太祖成吉思汗起兵于漠北之事。

《元史·太祖本纪》言："帝既更汪汗，大猎于帖麦该川，宣布号令，振凯而归。"又言："岁甲子，帝大会于帖麦该川，议伐乃蛮。"这里讲的是1204年，成吉思汗（铁木真）灭掉汪汗部之后，兵伐乃蛮部之前，利用帖麦该川这个地方进行祝捷、备战等政治活动。这实际上是成吉思汗统一蒙古草原各游牧民族，建立蒙古帝国的开始。"大猎"、"大会"于帖麦该川表明，帖麦该川对于中国北方游牧民族来说是一个富有政治意义的圣地。但如今，人们已寻找不到它的确切地点。然而，阿拉伯人对此却有可资参考的记载。伊本·阿西尔的《历史大全》讲，成吉思汗起兵于帖麦该（Tamghāj）山。盖兹威尼（1203～1283年）所著《地理志》讲："帖麦该：是突厥国的著名的大城市。它包括了很多的村镇。这些村镇位于两座山之间的川谷中，只有一个隘口能通向那里。一夫当关，他人莫入。因此，任何一位突厥王都不攻打它，因为他们知道，攻打它是无益的。对于突厥诸王而言，那里的政权是强大的，有威信的。那里有一些金矿，为此，那里的人拥有很多金子，以至于他们用金子来制作壶、罐、桶等容器。"如上的记载对帖麦该川的地势、物产和政治影响都有具体交代，这有助于人们确定它的地理方位，正确估价它在内陆亚洲草原民族兴衰史中的特殊作用。

如果说金字塔是古埃及文明的象征，那么，万里长城就是中国古老文化的象征。阿布·肥达的《地理志》介绍了中国人用长城阻止北方蛮族入侵的情况。与中国一样，在古代西亚农耕经济发达的国家，也有过类似于长城的建筑，其规模也相当宏大、壮观。据唐代的一些阿拉伯地理志的记载，波斯萨桑王朝（226～651年）皇帝艾奴细尔旺（531～579年）就曾用巨石和铁汁筑成了"壁垒"，就是一种长城，它东到里海的东南岸，西到高加索山脉，从而有效地阻止了可萨突厥人的南下。由于阿布·肥达也将中国的长城叫做"壁垒"，又由于他是生活于元代的人，因此，他的这一记载会令阿拉伯的古文献学家们产生一个感觉，即认为长城似乎是被人从西亚搬到了东亚。其实，中国的长城首建于中国的战国时期（公元前475～前221年），是为了抵御匈奴人，因此其历史是十分悠久的。显然，是西亚人借鉴了中国人用长城抵御异族入侵的措施。在《道里邦国志》等早期的阿拉伯著作中，"壁垒"的故事常被提到。这足以说明，长城作为一种文化现象，已成为中国与阿拉伯人共同歌咏的千古话题。它反映了阿拉伯与中国在地理方面的相互认识。

中国典籍对阿拉伯的记载

从历史地理的角度看，阿拉伯地区的古代诸民族同中国各民族的文化交往可溯源至上古时期。根据中国正史记载，中国在汉代就知道阿拉伯地区。《史记》、《汉书》均将今天伊拉克的美索不达米亚称作"条支"。中国东汉时期，西域都护府的长官班超曾派遣他的副使甘英出访罗马帝国。甘英就亲自到了条支。当时的条支包括整个阿拉伯半岛。甘英等人已能正确地讲出条支的形状，即"三面环水，西北通大陆"。它与阿拉伯半岛的地形是相吻合的。

从上古时期传下来的中国古籍的内容看，大约在先秦时代，中国已获得不少地中海文化的信息。比如说，成书于汉代的《山海经》，收录了商、周时代的海外奇闻异事，其中就有屹立于埃及金字塔群之中的狮身人面像——斯芬克司。

《山海经·大荒东经》云："有神，人面、大耳、兽身，珥两青蛇，名曰奢比尸。"袁珂将上文译成白话，意思是："有一个神，人的脸，大耳朵，兽的身子，耳朵上挂着两条青蛇，名叫奢比尸。"

《山海经·海外东经》云："奢比之尸在其北，兽身、人面、大耳，珥两青蛇。"袁珂译之为："奢比尸神在它的北边，兽的身子，人的脸，大耳朵，耳朵上挂着两条青蛇。"

《山海经》第九篇之末写有："建平元年（公元前6年）四月丙戌，待诏太常属臣（丁）望校治，侍中光禄勋臣（王）龚、侍中奉车都尉光禄大夫（刘）秀领主省。"由此可以确定，《山海经》最晚出现在西汉时期。

夏海涛撰写的《埃及考古杂记》讲，今天的阿拉伯埃及共和国有座狮身人面像，古希腊语呼之为斯芬克司（Sphinx）。斯芬克司与居于金字塔群中央的胡夫金字塔是同时建造的。它原是一座采石场留下的小石山。设计师依照神话和山形把它雕成胡夫国王（埃及人将国王叫做法老）的头像和狮身。斯芬克司高 20 米，约长 57 米。原先的狮身人面像很美，它头戴皇冠，额套圣蛇浮雕，颏留长须，脖围项圈。经过漫长的岁月，皇冠、项圈已无踪影。额上的圣蛇浮雕也于 1818 年被英籍意大利人卡菲里亚在雕像下掘出，献给了大不列颠博物馆。

狮身人面像原本是由一整块含有贝壳之类杂质的山石雕成的，已经历了 4000 多年。《山海经》对奢比尸的记述比斯芬克司的出现至少要晚 1000 余年。两相比较，不难看出二者多有雷同。其一，奢比尸神与斯芬克司均长有人的面孔。其二，奢比尸与斯芬克司的躯体都是兽身。其三，奢比尸长有一对大耳朵。斯芬克司虽长有一对与面庞成正常比例的耳朵，但是，凡是看过斯芬克司或其照片、图片的人都清楚，它的头发如扇形向左右展开，并且贴护着双耳，远视之，其状宛如一对扇风巨耳（参见陈佳荣撰《新编世界史》之一，第 53 页图——金字塔与斯芬克司），因此，可视之为大耳。其四，二者均用蛇当做头饰。奢比尸神的双耳上挂着两条青蛇。斯芬克司亦"额套圣蛇"。蛇在人像面部的位置和高度也是基本相同的。

除上述四点外，两者的名称也有相同之处。语言学的规律显示，人们在读音时，唇音 b、p、m、f（ph）之间易发生音转、替换现象。齿音 z、zh、ch、s（x）、sh 之间也易发生音转、替换。因此，斯芬克司（Sphinx）在拼读时与奢比尸（Shpinsh）是相通的，也就是说，是可以相互变换的。

经此比较可知，《山海经》的奢比尸神应是埃及的斯芬克司。由于不同的民族语言的发音原本就存在着种种差别，又由于中国与埃及相距万余公里，故易使口传的信息走样。因此，若二者在称谓上出现细微差异，也是合乎情理的。

《山海经》指出，奢比尸神出现在中国东方的海外大荒中。这似与斯芬克司位于中国西方的实际情况相矛盾。其实，这种说法未必不能成立。其一，大地本是球体，故东方之极就是西方，反之亦然。其二，古代西方人泛海到中国来，若是乘船，则终须航行到中国海域。而中国的海大体上位于中国大陆的东方。况且，汉代及其以前的中国同西方世界之间已有海上交通。因此，斯芬克司一类西方世界的消息转而从中国东方传入的说法是可信的。《山海经》奢比尸神的故事表明，在中国的先秦时期，中国同埃及已出现了文化交流。

唐代中国人对阿拉伯的认识，最早是从波斯人那里获得的。中古波斯语将阿拉伯人称为大食（Tazi），将阿拉伯古莱氏人的祖居地希贾兹地区称作塔兹扬（Tāzyān），塔兹扬乃大食的复数形式。由于受到波斯语的影响，因此，从唐代起，中国史书就将阿拉伯帝国名之为大食或大食国。

唐代的汉文典籍对阿拉伯情况的记载简明而具体。它首先记述了穆罕默德早期传播伊斯兰教的活动。《旧唐书·大食传》讲，相当于隋朝炀帝的大业年间（约611年左右），阿拉伯在摩地那（今沙特阿拉伯境内的麦地那）附近的俱纷（今标准的普通话读"姑芬"Quffun）山得到神的启示，于是揭竿而起，建立了民族武装。不久，在波斯帝国境内，于底格里斯河以西形成了割据政权，并多次击败波斯、拜占庭的讨伐军。据《册府元龟》记载，651年，大食兵将波斯末代皇帝伊嗣俟（Yazdjird）杀死，波斯国遂灭。大食兵继续东进，于同年攻占了阿姆河北岸的布哈拉，围攻了撒马尔罕，也于同年派遣使节到了中国。这位使节讲，他们已建国34年。中国文献的如上记述同阿拉伯史书基本上相同。只是阿拉伯著名史学家、波斯血统的陀拔里（923年卒）讲，波斯末代王伊嗣俟是被末禄城的磨坊主杀害的。这两种说法究竟孰是孰非，值得探讨。另外，中国史书讲大食兵跨过阿姆河的时间比阿拉伯人的史书所讲的要早发生20余年。这可弥补阿拉伯史书记载之不足。

更有趣的是，《旧唐书·大食传》出现了"俱纷摩地那之山"一词。任何阿拉伯史书在讲述穆罕默德创教活动时均未提到这样一个地名。其中的摩地那是众所周知的，它是阿拉伯政权所在地。然而，这个"俱纷"是什么意思呢？人们一直不得其详。大食国最著名的地理学家雅古特（意为"红宝石"）撰写的《地名辞典》介绍了这个俱纷。按照唐代京畿方言，俱纷应读做"姑芬"。雅古特（1228年卒）讲："姑芬乃是一片地表粗硬的高地，它高又到不了山那样高的程度。它本是交错相生的、聚在一处的岩石。也有人讲，它是不高的山。从这山上俯视下去，则满眼乱石。这些巨石错落相连，宛如跪卧着的大大小小的一群骆驼。有的巨石又形若屋舍。然而，在姑芬（山）中，也有令人称意的牧场。这牧场地面广阔，其上生长着很多的甜菜。当阿拉伯人设法使这草场的土地肥沃起来时，那么，牲畜就可以在丰饶的牧场上吃到充足的春草。它（俱纷）是奈季德（义为'高原'）崎岖、粗硬地区的一部分。姑芬（俱纷）：麦地那城四郊诸山谷中的某个谷地的山。在此山谷里，有（麦地那）城市居民的财富。"雅古特《地名辞典》的这些记述表明，7世纪初住在麦地那城的阿拉伯人仍然是牧民，由于他们充分地利用俱纷山谷间那块草场牧放牲畜，因此，麦地那一带，六畜兴旺。这揭示出当年穆罕默德从麦加城来到麦地那建立政权，组织军队，依靠、利用的正是俱纷山的农牧资源，也因此成就了他的经天纬地之业。当时的阿拉伯人，甚至其邻居波斯人都看到了俱纷麦地那山（义为"麦地那的俱纷山"）为阿拉伯伊斯兰政权的诞生，所起到的政治根据地作用。阿拉伯史学家虽没有议论过此事，但中国《唐书》的这段记载已不言而喻地指出了这一点。

　　中国《唐书》介绍，阿拉伯帝国的政权到了唐贞元二年（786年），黑衣大食王诃伦·拉希德（786～

809 年在位）遣使来华，向唐德宗李适（780～805 年在位）介绍了阿拉伯政权出现更迭及黑衣大食列王继袭的情况。阿拉伯使节讲："摩诃末（穆罕默德）后，大食王位传了十四代，末换（麦尔旺）杀了亲兄而自立为王，因他过于残忍，而遭到属下的怨恨。此时，有呼罗珊木鹿（又作'末禄'，今土库曼斯坦的马雷市）人并波悉林（艾卜·穆斯林）举义兵。响应他而一同起义的人一律穿黑色衣服。旬月之间，已聚义兵数万。他们西征白衣大食，生擒其末代王末换（麦尔旺），并杀了他。于是推戴奚深种（即古莱氏部的哈申族人）阿蒲罗拔（阿布·阿拔斯，Abu al-'Abbās）为国主。末换（麦尔旺）以前谓之白衣大食。自阿蒲罗拔（754 年卒）之后，国号黑衣大食（阿拔斯王朝）。"中国史料记下的这段情况介绍是十分珍贵的，它比任何阿拉伯文史书的记载都要早一个多世纪。尤其是，它客观地记下阿拔斯王朝立国之元勋艾卜·穆斯林的英名。艾卜·穆斯林出身于奴隶，对哈申族，即穆罕默德的家族忠贞不贰。他很早就参加了阿拔斯人秘密宣教政治组织。他创建、指挥了呼罗珊大军，推翻了白衣大食，建立了黑衣大食，拥立阿蒲罗拔为新王朝之国主。是他指挥这支精锐之师在怛逻斯（今哈萨克斯坦的塔拉兹市）与中国唐军发生过激战。因其功高震主，手握重兵，于 755 年被黑衣大食第二代王阿蒲恭弗（阿布·加法尔）所杀。同年发生于中国的"安史之乱"，后来也被有这支大食军参加的多国、多族部队所剿平。这支大食军又将摩邻（其首府在突尼斯的开旺城）发生的军事叛乱彻底地镇压下去。唐代人记述了"并波悉林"（艾卜·穆斯林）的事迹，乃是当时来华的阿拉伯使节对这位英雄业绩的肯定。它反映了当时大食人的普遍看法。

中国古籍对阿拉伯帝国及其周邻国家的地理记载也很详细。唐玄宗在位时期，有一位中国佛教僧侣慧超曾从内地出发，经过新疆地区，前往印度求取佛经。他将自己的经历与见闻写成书，名为《往五天竺国传》。此书对白衣大食有所记述。该书言，当时，波斯国已被大食所灭。白衣大食王之所居从阿拉伯半岛北移，"一直在小拂临国住也"。又讲，"小拂临国，傍海。西北即是大拂临国。此王兵马强多，不属余国。大食数国讨击不得，突厥侵亦不得"。慧超所言之小拂临国就是如今包括黎巴嫩、约旦和土耳其共和国南部在内的叙利亚。也就是杜环《经行记》所言之"苫国"。白衣大食首都就是叙利亚的大马士革城。慧超所言之大拂临国乃是以君士坦丁堡（今伊斯坦布尔）为首都的拜占庭帝国，俗称东罗马帝国。《往五天竺国传》又讲，白衣大食国以东，"并是胡国，即是安国（布哈拉）、曹国（今撒马尔罕西北之 Kebud）、石骡国（塔什干）、米国（撒马尔罕西南的弭秣贺）、康国（撒马尔罕）。中虽各有王，并属大食所管"。这里介绍的是白衣大食在中亚的一些属国。中国隋唐时期称之为昭武九姓。其种族早先居住在中国祁连山下的昭武城。他们属伊朗语族，又被称做粟特人。白衣大食已向这些国家征税。

中国史书对黑衣大食的记述颇多。唐德宗贞元年间（785～804年）的宰相贾耽是位地理学家，著作甚丰。《新唐书·地理志》录有他对中国通向大食之海路的记述。贾耽讲：乘海船从中国的广州出发南行，途经箇罗（马来半岛南端），行约 20 天抵师子国（斯里兰卡）。又行千日抵没来（Mula，印度西海岸）国。又行 2 日抵拔飓（孟买港北面的巴罗赫 Baroche）。又行 10 日抵提飓国（Daibul，今巴基斯坦境内印度河口西岸的港口）。又 1 日至乌剌国（Obullah，巴士拉城的出海港），此处是大食国之弗利剌河（幼发拉底河）的入海口。大海船到乌剌不能再往前行，只能换乘小船溯流而上行 2 日，抵末罗国（希拉）。然后是陆路，向西北方走出千里，就到了茂门王（'茂门'阿拉伯语'众信士'Mu'minūn 的音译）所都之缚达（巴格达）城。"

贾耽所记诸外国地名，基本上都能在阿拉伯地理志中找到，比如，阿拉伯人将唐代的马来半岛之南端就呼做"克拉"（Kalah），这与贾耽提及的箇罗的读音是吻合的。因此，贾耽记录的海外地名多是从事航海贸易的阿拉伯商人、海员所熟悉的，也是由他们亲口提供的。可见，由于同阿拉伯人的交流，中国唐代人已大大地扩展了对外国的认识。贾耽对中国至阿拉伯沿途地名的记述比阿拉伯文的同类记述早半个世纪。

中国古代文献对阿拉伯物产的记载也很多。杜佑《通典》讲，大食国产狮子、鸵鸟、犀牛、马、骡、驴、黑毛羊和叠布等。

阿拉伯埃及是玻璃的原产地。宋代赵汝适《诸蕃志》讲，阿拉伯的玻璃同中国产的不同处在于，其中添加了硼砂，"故滋润不裂。最耐寒暑，宿水不坏，以此贵重于中国"。玻璃一词之原意为"透明的"。此词在9世纪也是透明宝石、水晶石的别名。在阿拉伯语中，读音为"玻璃"（Ballwar）的词，专指精制玻璃。唐玄宗的宠妃杨玉环在同诗人李白吟咏诗作时，手中就拿着盛满葡萄酒的玻璃杯。可见，大食国的玻璃器皿也成了中国皇室的高级消费品。

唐朝以来，阿拉伯人同波斯人一样，将宝石生意做到中国来。收集在《太平广记》一书的故事，多与大食国的珍珠有关，如大食水珠、径寸珠、阳燧珠等。这表明，当年销往中国的大食珍宝是与中国人自古喜爱的珍珠有关的。中国境内宝石矿较少，唐、宋年间，各种宝石销入量不多。而阿拉伯人不仅喜爱宝石，而且善于鉴定宝石的真假、质量的优劣。在中古时期，阿拉伯人就已经有了系统的宝石矿物学和鉴定学。大马士基（1327年卒）《陆海奇观荟萃》一书就有介绍宝石学的专章。由于元朝政府在政治上优待西亚、中亚的穆斯林，重视利用阿拉伯的科学技术，因此，不少懂得宝石学的阿拉伯人来到中国。从此，中国官员的冠带、袍服上多有嵌配外国宝石的。陶宗仪《南村辍耕录》讲，一位官员帽子上就有一块雅姑石，即红宝石。关于宝石学，此书特以"回回石头"为题进行了介绍。他谈到各色宝石也是分等级的。在红色石头中，有也门产的缟玛瑙，还有叫做"刺"的红宝石，还有叫做昔刺尼的红色石榴子石。"昔刺尼"在阿拉伯语中有两解，一为"石榴石"，另一为"锡兰（岛）的"。这个"昔刺尼"应是从阿拉伯语中来的。

《南村辍耕录》记有两种绿宝石。上等的为暗深绿色，叫"助把避"。"助把避"意为"绿豆蝇色的"（Dhubābī），是阿拉伯语词。这是说，绿宝石的颜色光泽如同那种翠绿色的苍蝇——绿豆蝇一样，披有一种闪出霓虹七彩的深绿色。次一等的绿宝石叫"助木刺"，它是阿拉伯语 Zumurrad 的音译，即"祖母绿"宝石。很明显，如今中国人人皆知的"祖母绿"，原来也是阿拉伯名词的音译。

《南村辍耕录》讲到各色亚姑石，如红亚姑（上有白水）、青亚姑、黄亚姑、白亚姑。同一书又提到鸦鹘。亚姑、鸦鹘均是阿拉伯语刚玉宝石（Yāqūt）的音译名。

《南村辍耕录》还记有猫睛（中含活光一缕）石。以上诸种均为高档、上等宝石。此外，此书还提到甸子，即绿松石。一种叫"你猞卜的"（即回回甸子，文理细），是产于今伊朗的内沙布尔市的绿松石。内沙布尔自古以产绿松石而闻名遐迩。另一种叫"乞里马泥"（即河西甸子，文理粗），是"产于今伊朗克尔曼省的"绿松石。以上这些"回回石头"都是来自大食国的。这些宝石名称和宝石学知识对元代以来的中国文化产生了重要影响。

此外，阿拉伯自 10 世纪起又将火油（石油）传到中国。在航海贸易中，他们用它做御敌武器，向敌船投掷点燃了的石油"弹"。

汉文典籍中还记下很多大食国产的动物、植物、矿物及用之做成的药材。

唐代中国人已知道阿拉伯、波斯地区盛产椰枣、橄榄、无花果、葡萄、西瓜、石榴，知道埃及的石榴重达五六斤。

明代李时珍的《本草纲目》讲，"阿芙蓉亦名阿片，俗名鸦片"，产于阿拉伯。阿芙蓉是鸦片的阿拉伯语读音。据雅古特《地名辞典》、伊本·贝塔尔（1248年卒）《药典》介绍，鸦片的原产地是埃及的艾斯尤特高原。

阿拉伯海上的索科特拉岛产的紫矿、血竭（又名麒麟竭、龙血），阿拉伯半岛南方佐法尔地区产的熏陆香（乳香）也于唐代传入中国。有趣的是，阿拉伯语"血竭"一词的原意也叫"龙血"（Dam－Tannīn）。这种情形与中国人的龙的图腾文化传到阿拉伯世界有关。

李时珍《本草纲目》讲，苏合香、没食子、诃黎勒也产于阿拉伯国。宋代赵汝适《诸蕃志》讲，大食国产有金颜花、栀子花。花亦稀有，即佛书所谓蒼蔔是也。这就是番红花，近代人称之为藏红花。明代《回回药方》呼之为咱夫阁、撒法郎，皆为阿拉伯语的音译。

阿拉伯产的丁香也于宋代传入中国。《诸蕃志》讲，阿拉伯丁香能辟口气。产于大食国木俱兰（今伊朗莫克兰省）的阿魏、产于奴发（佐法尔）和索科特拉岛的芦荟，以及押不芦（曼陀罗花）、番木鳖（马钱子）等也于同期传入中国。

明代及其以前，传入中国的阿拉伯药物还有甘露蜜、金、马脑、鸡血石、红色刚玉、无名异（木乃伊）、水仙花、素馨花、胡卢巴、小茴香、巴旦杏、没药、安息香、诃子、摩娑石等。

从阿拉伯传入中国的动物有阿拉伯马、鸵鸟、大尾羊、羚羊，还有象牙、珍珠、珊瑚树、龙涎香、腽肭脐。龙涎香产于阿拉伯海，像浮石一样漂在水面上。腽肭脐，即海狗肾，产于大食国的伽力吉（义为"海湾"）。明代永乐十五年（1417年），郑和下西洋时，阿拉伯半岛的亚丁进献了麒麟，番名祖剌法。"祖剌法"即阿拉伯语对长颈鹿的称呼。

唐代已有阿拉伯宝刀传入中国，被叫做"大食刀"。大诗人杜甫为它写过诗，叫《荆南兵马使太常卿赵公大食刀歌》。诗中讲，赵公在平定叛乱时，为部队配备了阿拉伯产的"胡国刀"，使士气大增，因大食刀锋利无比，长短相宜，成了克敌制胜的重要保证。杜甫在描写阿拉伯刀的神威时吟道：

> 白帝寒城驻锦袍，玄冬示我胡国刀。
>
> 壮士短衣头虎毛，凭轩拔鞘天为高。
>
> 翻风转日木怒号，冰翼雪澹伤哀猱。
>
> 镌错碧罂鸊鹈膏，铓锷已莹虚秋涛。
>
> 鬼物撇捩辞坑壕，苍水使者扪赤绦。
>
> 龙伯国人罢钓鳌，芮公回首颜色劳。

分间救世用贤豪，赵公玉立高歌起。

揽环结佩相终始，万岁持之护天子。

得君乱丝与君理，蜀江如线如针水。

荆岑弹丸心未已，贼臣恶子休干纪。

魑魅魍魉徒为耳，妖腰乱领敢欣喜。

用之不高亦不庳，不似长剑须天倚。

吁嗟光禄英雄弭，大食宝刀聊可比。

丹青宛转麒麟里，光芒六合无泥滓。

杜甫在诗中赞美阿拉伯刀所到之处，天地间一片光明，尘埃荡然无存。这表明，阿拉伯的工艺制品在中国受到的欢迎。

宋、元时期（960～1368 年），中国同阿拉伯的频繁交往，使丰富的航海见闻分别记入中国和阿拉伯的传记中，其中不少内容是相同的，是航海贸易中，发生在两国商人和旅行家之间的口传的故事。

宋元时期的北非地区，处于阿拉伯政治、经济繁荣时期。1303 年生于摩洛哥的伊本·白图泰就曾来到中国。这类旅行家将北非地区的情况介绍到中国。中国元代人周致中撰写的《异域志》录下不少伊本·白图泰走过的地方。书中的茶弼沙，就是西北非的加贝斯城。周致中称之为"乃太阳西没之地"。《异域志》还提到眉路骨国，对之描写道：

其国似佛，有城七重，上古用黑光石砌就。有番人家三百余所，胡称曰塔。一所高八十丈，安三百六十房。人以色毛缎为衣，肉面为食，金银为钱，地产硼砂、摩娑石等。

其中所讲的"眉路骨"，乃是相当于元代的埃及奴隶王朝（1250～1517 年）的阿拉伯语称谓——麦木留克（Mamlūk）的音译名。所讲的番人冢三百余所，指的是埃及尼罗河畔的、数千年前留下的金字塔群。"胡称曰塔"一句，恰与金字塔的"塔"的含义是一样的。这些番人冢是古埃及国王——法老们的陵墓。周致中记塔高"八十丈，安三百六十房"。这同伊本·胡尔达兹比《道里邦国志》所记的"金字塔 400 腕尺高"（每腕尺约 0.588 公尺）及"在庭内，有 360 个人的雕像"的记载正相符合。中国元代的"高八十丈"与阿拉伯人的 400 腕尺高，均约等于今天的 230 余米高。由此可知，中国元代人对埃及金字塔的记载是相当准确的。众所周知，硼砂是埃及产的玻璃的主要成分。摩娑石也是阿拉伯的特产——可入药的黑琥珀。周致中的记载中出现这两种阿拉伯土产更加说明，"眉路骨"指的正是埃及。

周致中《异域志》记有"的剌普剌国"，此地乃是伊本·白图泰去过的古叙利亚地区的海港城市——的黎波里（Ṭarābulus），它或者是指今利比亚的首都黎波里。"的黎波里"原为古罗马语中的地名。在伊斯兰文化出现之前，北非和西亚广大的地中海沿岸地区居住着大量的欧洲人——罗马人。因此，不少地名是罗马语地名。在罗马语中，"的黎波里"为"三城"

之意。此地名的出现，系由元代来华的阿拉伯人介绍的。

在阿拉伯人和中国人的漫长的海上交往中，很多经济、地理和人文景观的信息成了彼此交换的主要内容，并成为两大民族共享的精神财富。比如说，阿拉伯人和中国人都知道的女人国的故事。

在唐代，阿拉伯商人曾向中国皇帝讲，有个女人国在中国东南方的海洋中。中国宋代人周去非的《岭外代答》一书卷三讲，"东南海上诸杂国"中就有女人国。盖兹威尼《地理志》有关于"女人岛"的记载，其中写道："女人岛，在中国海中。岛上从来只有女人，没有男人。她们感风而受孕，生下的是同她们一样的女人。另一种说法是：她们是因食用了那里的一种树的果实而受孕，生下来的依然是女人。一位商人讲：'风将我吹送到这个岛上'，他又讲：'我看到的全是女人。我还看到，这岛上的金子像土一样多。有些金子形状如同竹子杆。那些女人为杀死我而唱起了催眠曲，其中一个女人为我执行死刑。她将我放在一块木板上，再将载着我的木板推到大海里。然而，是风将我吹送到了中国。于是，我将岛上情况及岛上产金之事告诉了中国的统治者。根据这些情况，他派人去这个岛。于是，这些人就去了，但时过三年也没有抵达那里，只好返回。'"显然，这是航海的阿拉伯商人遇到的当时正处在母权制社会的一个南洋岛国。他们的见闻被收到不少中国书中，《岭外代答》是其中的一种。

还有钻石谷的故事。古代阿拉伯文学名著《一千零一夜》(《天方夜谭》)称之为蛇谷,事情发生在阿拉伯水手辛巴德七次航海的某次之中。有一次,他误堕一个深山巨谷中。谷底尽是大颗钻石。但是有无数巨蛇守护着这些钻石。因谷壁陡峭,辛巴德无法逃生。在他绝望之时,忽有巨雕自天而降,飞入谷底去抓被采钻石的人扔到谷底的鲜羊肉。羊皮被剥去,湿热的羊肉粘住了不少谷底的钻石。当巨雕抓到羊肉振翼欲飞时,辛巴德迅即用双手紧紧地抱住已被巨雕抓着的鲜羊肉。巨雕向上飞时就把辛巴德带出了钻石谷。因他带出一些谷中的钻石,终于成了巴格达城中的大财主。这段故事在《岭外代答》中也有记述,但此书只提到利用雕飞入谷底取肉的办法采集金刚石,没有辛巴德这样的主人公。中国元代人陶宗仪《南村辍耕录》卷二十四记有"误堕龙窟"的故事。该书言:"徐彦璋云,商人某,海舶失风,飘至山岛,匍匐登岸,深夜昏黑,偶堕入一穴,其穴险峻,不可攀缘。比明,穴中微有光,见大蛇无数,蟠结在内。始甚懼,久,稍与之狎,蛇亦无吞噬意,所苦饥渴不可当。但见蛇时时舐石壁间小石,绝不饮吞,于是商人亦漫尔取小石噙之,顿忘饥渴。一日,闻雷声隐隐,蛇始伸展,相继腾升,才知其为神龙,遂挽蛇尾得出,附舟还家,携所噙小石数十至京城,示识者,皆鸦鹘等宝石也。乃信神龙之窟多异珍焉。自此货之致富。彦璋亲见商人,道其始末如此。"这段故事同《辛巴德航海》之情节雷同,所不同的是,中国的故事又与龙的文化联系在一起了。此外，中国人讲的石头不是金刚石，而是刚玉宝石（鸦鹘石）。1982年，阿曼苏丹国的几位阿拉伯学者，乘"苏哈尔"号仿古帆船，沿着从阿拉伯到中国的古代海洋贸易之路进行考察。他们终于在印度半岛的东南沿海找到了这个钻石谷的遗址。这个故事反映了古代东方各民族的勇敢与智慧。

另外，不同民族的宗教文化在阿拉伯与中国之间的航海贸易中也出现了交融。这表现在古锡兰（斯里兰卡）岛的圣迹上。古代的斯里兰卡在中国史籍中曾叫过师子国、锡兰、细兰。在阿拉伯，它也叫做锡兰（Sīlān）。唐宋时期，阿拉伯古文献又呼之为"塞兰迪布"，因受阿拉伯人的影响，周去非《岭外代答》译做"细轮叠"。据传，此锡兰岛上有一高山，山上有巨人的脚印，同时，在岛的海岸的山石上，又有巨人的另一个脚印。对此，有很多传说出现了。《明史》卷三百二十六记载，锡兰"海边山石上有一足迹，长三尺许。故老云，佛从翠蓝屿来践此，故足迹尚存。中有浅水，四时不干。……王所居侧有大山，高出云汉。其颠有巨人足迹，入石深二尺，长八尺余，云是盘古遗迹"。显然，这段记载反映的是位崇奉佛教的中国人的观点。并且，一只脚印是佛祖如来的，另一只脚印则是中国人的始祖盘古留下的。明代人马欢撰写的《瀛涯胜览》亦言，海边的那"足迹尚存，长可二尺，传云，佛足至此也"。但对另一只在山巅的脚印，此书则言："传云，祖阿聃生人足迹，即盘古也。"这里出现了另一个人名——阿聃（音dān）。之所以如此，乃是由于马欢

39

是明代的回回，即中国的伊斯兰教徒。阿聃，乃是犹太教、基督教、伊斯兰教皆承认的人类始祖，即亚当，阿拉伯语读音为阿丹（Ādam）。作为一个中国人，马欢认为阿聃与中国的盘古是同一个人。9世纪阿拉伯地理志《道里邦国志》也讲到锡兰岛上的这两个足迹。该书的观点完全是阿拉伯穆斯林的观点，即认为海边的足迹与山巅的足迹同是阿丹一人的。人们对锡兰岛上的足迹所做的如上不同解释，充分体现了传统的中国文化、阿拉伯伊斯兰文化同当地悠久的佛教文化在航海贸易中得到过密切的交流，同时又丰富了各自的民族文化。

 ## 5 郑和下西洋与阿拉伯

　　明成祖朱棣曾派遣三宝太监郑和率万人的船队下西洋。其目的之一，是开展海外贸易，换取异邦之宝货。郑和船队在第五、六、七次下西洋时，访问了阿拉伯。这是中国同阿拉伯具体交往中规模最大的几次。

　　中国郑和船队在航行到印度之后，从印度的古里起锚，向西南方进发，经过三个月的时间，抵达阿拉伯半岛在红海上的港口——秩达（吉达）。郑和一行从这里上岸后，向南方行一日，即到了天方国的王城默伽（麦加）国。他们看到麦加人信奉伊斯兰教，严格遵守教规。那里的人身材高大，"体貌紫膛色，男子缠头，穿长衣，足着皮鞋。妇女俱戴盖头，莫能见其面"。郑和一行看到，他们讲的是"阿剌毕言语"，这是中国古文献自古以来首次提到"阿拉伯"这个词。他们看到，阿拉伯人"国法禁酒，民风和美"。从麦加国再向南行大半日，就到了天堂礼拜寺，即恺阿白（克而白）。郑和及其阿拉伯语翻译马欢皆出身于穆斯林世家，因此，他们对伊斯兰教的第一大圣地——麦加的克而白（圣寺）观察得十分细致。马欢在书中记道：克而白周围有城墙环护。城墙有466座门，门之两旁皆为白玉石柱，共有467根。正面99根柱，背面有101根柱，左边有132根柱，右边有135根柱。克而白用沉香大木为条为梁，以黄金为阁，堂内墙壁均是用蔷薇露、龙涎香与土相合而成，故馨香不绝。天房（克而白）被黑色丝绒罩着。阿拉伯人蓄养了两头黑毛狮子把守着天房。回历的每年12月10日，来自世界各地的穆斯林，其中有些人甚至经过一两年的跋山涉水，都到堂内礼拜，"皆将所罩纻丝割取一块为记验而去"。割尽了黑色丝绒，阿拉伯王就再织一块，"复罩于上，仍复年年不绝"。天堂礼拜寺的左侧有先知司马仪（伊斯马仪）的墓。

郑和看到，麦加一带的气候是，四时常热如夏，并无雨电霜雪。夜露甚重，草木皆凭露水滋养，夜里放一个空碗，到了天明，就会有相当于碗的容积百分之三十的露水在碗底。那里昼夜温差大，因此，出产的西瓜、甜瓜特别大，有的大到须两个人一起抬，才能搬走。

那里的水果还有椰枣、石榴、苹果、大梨。桃子有重达五六斤一个的。那里的畜禽有骆驼、马、驴、骡、牛、羊、猫、犬、鸡、鹅、鸭、鸽。鸡、鸭有重十斤以上的。土特产有蔷薇露、俺八儿香（龙涎香）、麒麟（长颈鹿）、狮子、鸵鸡（鸵鸟）、羚羊、草上飞，并有珍珠、珊瑚、琥珀等物。

郑和等人看到，阿拉伯王用金铸钱，名倘加（袭用波斯语钱币的称谓）。每枚金币重合中国官秤一钱，金币的直径约中国七分（0.7寸）。其成色与中国的金币相比，可谓足赤。

郑和一行还到蓦底纳（麦地那）进行了访问，瞻谒了伊斯兰教的先知穆罕默德的陵寝。此外，他们还观看了伊斯兰教的圣迹渗渗泉。

此外，明宣德五年（1430年），郑和一行将中国的麝香和陶瓷器带到了阿拉伯半岛，同时从那里得到各色奇货异宝及长颈鹿、狮子、鸵鸟等。他们在麦加绘制了一幅《天堂图》，并将其带回北京。明永乐九年（1411年），郑和一行抵达阿拉伯半岛南端的海港城市——阿丹（亚丁）。由于它是印度洋上著名的国际商港，因此，那里的阿拉伯人显得格外富有，政权也很强大。国王头戴金冠，腰系金带。那里普通的阿拉伯男子衣锦绣、纻丝细布，足蹬皮靴。妇女穿长衣，脖颈上佩戴珍珠璎珞，耳朵上佩戴有大金耳环，手腕上戴着金宝镯钏，甚至在脚腕上、脚趾上也戴着金环，面部则用丝帨蒙住。郑和一行看到，也门亚丁通用的钱币是金质的哺噜黎，重一钱，面有文。"哺噜黎"原来是意大利人对其金币的称谓。由此可见，15世纪初的亚丁已受到新兴的意大利商业的影响，阿拉伯地区与地中海北岸的欧洲之间的贸易相当繁荣。郑和等人还看到，阿拉伯人在市场上交易主要用红铜钱捕噜厮。"捕噜厮"，至今仍然是埃及的铜币名。由于亚丁（阿丹）港是靠近非洲大陆的港口，因此，这里的商货比起麦加、麦地那等内地要丰富得多。除上述的与麦加相同的土产外，这里还产有米、麦、麻、豆、蔬菜。果子比麦加又多出松子、扁桃、葡萄干、核桃。兽类也比麦加多出一种大象。这里的货物还有紫檀、檐葡花（藏红花）、福鹿（斑马）。马欢《瀛涯胜览》言，"福鹿如骡，白首白眉。满体细间道，青花如画"。又讲亚丁的麒麟（长颈鹿）"前足高九尺余，后足六尺余。项长头昂，至一丈六尺，傍耳生二短肉角，牛尾鹿身，食粟豆饼饵"。可以说，这是中国汉文典籍对斑马和长颈鹿的首次记载。

由于依靠的是季风和印度洋的海流、潮汐之力，航海者受到天文、地理、气候诸多因素的影响，所以，亚丁的阿拉伯人善识天文、水文并精通历法。马欢对此记述道：阿拉伯人"历无闰，以月出定月之大小，夜见月，明日又为一月也。有善推步者，定某日春，则花木开荣。某日秋，则花木雕落。日月交蚀，风雨潮汐，无不验者"，"其算历如神"。可见，阿拉伯通用的太阴历是以月之盈亏记年月。它能很方便地推测出太阳、月亮、地球之间的引力变化与潮汐之强弱。亚丁人的这些科学知识给郑和一行留下了深刻的印象。

郑和等人还将阿拉伯特产归纳为十二种，一为最贵重的宝石——猫睛石，二为五色亚姑（刚玉宝石），三为大珠（珍珠），四为产于红海的珊瑚树，五为金珀，六为蔷薇露，七为麒麟（长颈鹿），八为狮子，九为花福鹿（斑马），十为金钱豹，十一为鸵鸡（鸵鸟），十二为白鸠。

郑和一行三去阿拉伯，对阿拉伯半岛社会的经济、宗教、文化进行了详细的考察，同阿拉伯各阶层人士进行了广泛的接触，对阿拉伯人祖居地的了解相当深入，并使中国和阿拉伯政权之间建立了官方的联系。这在中国与阿拉伯文化交流史上是件重大的事。

综上所述，可以看到中国同阿拉伯的古代交通历时甚久，两大民族的交往加深了相互间的了解和传统友谊。

二 中国阿拉伯的古代贸易

 中国同阿拉伯之间的海上贸易

651 年，阿拉伯人的大食国同中国唐朝政府建立了外交关系。最初，两国是经中亚的陆路发生联系的。白衣大食朝为发展同中国、印度的海上贸易，哈里发特意派兵至信德（今巴基斯坦）沿海进剿了肆意拦劫商船的海盗。从此，大食始于海上通中国。当时，大食人中已有泛海到中国做生意的了。如《敦煌石室遗书·慧超〈往五天竺国传〉》记述说：（大食）常西海泛舶入南海，向师子国取诸宝物，所以彼国云出宝物。亦向昆仑国取金。亦泛舶汉地直至广州，取绫绢丝绵之类。黑衣大食朝初期，其都城几迁，终于766 年于底格里斯河上建成新都巴格达。定都巴格达的动机之一，就是便于将运抵波斯湾的中国商货，经底格里斯河及时地运到京城。希提于其《阿拉伯通史》第二十四章写道："巴格达城的码头，有好几英里长，那里停泊着几百艘各式各样的船只，有战舰和游艇，有中国大船，也有本地的羊皮筏子"；"市场上有从中国运来的磁器、丝绸和麝香";"城里有专卖中国货的市场"。

唐中叶以后，吐蕃势力扩及中亚，中亚地区战事不息，陆上丝绸之路长期受阻，于是，大食与中国的海上往来就更加频繁了。大食国在波斯湾的巴士拉港、西拉夫港（后于997年毁于地震）也发展成水上贸易中心了。与东方的贸易使那里的商人暴富。在巴士拉，"有些商人每年的平均收入，超过百万第尔汗（银币）。……西拉夫的普通商人，每户的资本，超过一万第纳尔（金币）；有的商户的资本，竟达四百万第纳尔之多"。当时，大食国向中国出口珍珠、玫瑰油、乳香、芦荟和棉织品，从中国进口丝绸、宝剑、缎子、麝香、沉香、马鞍子、黑貂皮、瓷器等。海上贸易使大食国得以向航抵巴士拉港的商船征税，其中，对穆斯林商人征其商货的2.5%；对中国和印度商人征其商货的10%，大大增加了其收入。巴士拉港918年的进口税额为22575第纳尔（也作迪纳尔），950年进口税额增至200000第纳尔。从上述情形可见，在唐代，大食国同中国的海上贸易是十分兴旺的。

再看看大食商人的航海范围。由于大食国地处亚、非、欧三大洲的交汇处，即所谓旧大陆的中心，因此，大食商人擅其地利，一向做各地商品的转口生意。早在唐代，他们就同其他民族的商人结成了一个国际贸易网，并约定俗成地各管一个地段。伊本·胡尔达兹比赫（912年卒）对此记述道：操着阿拉伯语、波斯语、罗马语、法兰克语、安达卢西亚语（西班牙语及葡萄牙语）、斯拉夫语的商人经陆路和海路，从东方行至西方，又从西方行至东方。他们从西方贩来奴隶、婢女、娈童、锦缎、毛皮、皮革、黑貂、宝剑等，由西海上的凡哈（Fanhah）起航，取道凡莱玛（埃及在地中海上的港口），再将货物运载至红海。从凡莱玛至红海有 25 法尔萨赫（1 法尔萨赫合 6.24 公里）。再从红海出发，航行在东方海洋上，抵达伽尔和吉达，再至信德、印度、中国。然后，他们从中国携带着麝香、沉香、樟脑、肉桂及其他各地的商货返回红海，再将货物运至凡莱玛，再航行于西海中。或者，他们带着商货去君士坦丁堡（今土耳其伊斯坦布尔），将其卖给罗马人。或者，他们将商品带到法兰克王国，在那里贩卖。假如他们愿意，他们可以带着货物从法兰克起航，经西海，在安塔基亚（安条克，在今土耳其共和国境内）登陆，在陆地上走过三个驿站，便抵伽比亚，再航行在幼发拉底河上，直抵巴格达（幼发拉底河与底格里斯河之间有数条运河，故可从幼发拉底河驶抵此王城），再航行在底格里斯河上，直抵武布拉（巴士拉城的海港）。再从武布拉起航，陆续到阿曼、信德、印度、中国。所有这些道路都是彼此相通的（《道里邦国志》）。其同时代人伊本·法基赫也有相似的记述。这表明，大食商人早有一幅定型的国际贸易路线图。中国只是其中的一个组成部分。中国的广州、泉州、扬州乃是其必达之地，但不是他们行至东方的终点。据《道里邦国志》所述，大食商船从凯莱赫（马来半岛）出发后，陆续抵达加巴（爪哇）、巴鲁斯（婆罗洲)、舍拉黑特(苏拉威西)、海尔赖特(今菲律宾的和乐岛)、香料之国(香料群岛,今印度尼西亚的马鲁古群岛)、玛义特(麻逸国,今菲律宾的民都洛岛)诸岛。并且有一条从菲律宾驶抵中国诸港的航线,即从玛义特出发,相继抵达栓府(占婆)、中国的第一个港口鲁金(龙编)、汉府(广州)、汉久(泉州)、刚突(江都,今扬州)及与之隔海相对的新罗(今朝鲜半岛)、倭格倭格(倭国,今日本列岛一带)。《黄金草原》的作者麦斯欧迪(卒于 965 年)在其《时代的报导》一书中讲:"倭国,其列岛在中国的东方。它盛产黄金,以至于牲畜的缰绳,他们的武器及狗索都是用金子作的。他们能用金线织出各种奇美的图案。"大食商人的足迹已遍及中国沿海诸港及西太平洋地区的诸岛国。

除了大食商人的船只外,中国的船只也在太平洋地区出没,很多西亚、南亚的货物是由中国人带到太平洋西海岸各国的。唐玄宗天宝二载(743 年)十二月,唐大和尚鉴真法师,携弟子、僧众十七人从扬州大明寺出发,"举帆东下",前往日本。所带诸般物品中有沉香、甲香、甘松香、龙脑、安息香、薰陆香各六百余斤;"又有毕钵、诃黎勒、胡椒、阿魏、石蜜、蔗糖等五百余斤、蜂蜜十斛……"(中华书局出版,〔日〕真人元开著《唐大和上东征传》)。以上物品,多为印度洋沿岸的土产。其中,沉香产于东南亚。甘松香原产于印度,是印度、阿拉伯医方中的常用药。龙脑,产于南洋群岛,又呼做"冰片"、"龙脑冰片"。薰陆香,是乳香之一种,原产于阿拉伯半岛南部的麦赫拉、席赫尔一带（濒阿拉伯海）。安息香，阿拉伯语呼做 lubnā，它是伊本·西那《医学法典》的常用药。其产地在南洋群岛。我国明代抄本《回回药方》中所列举的"安息香"，是产于阿拉伯的一种树脂，是《医学法典》和伊本·贝塔尔《药物学》（又名《药典》，MATERIA MEDICA）两书中的一种"野棕榈的果实"。其最佳者，颜色是透明的，如同牛皮提炼的胶。伊本·贝塔尔另记载了一种"麦加的安息香"，是埃及棕榈及其果实。阿魏是产于波斯、印度及中亚（包括我国新疆）的一种树脂，为印度、阿拉伯医方中的常用药。石蜜即冰糖，古希腊医学家兼本草学家迪奥斯科利兹（Dioscorides，公元 1 世纪人）、医学家盖伦（Galien，131～201 年）均认为，它原产于印度，是用甘蔗榨制而成的。冰糖以及砂糖，在阿拉伯方剂中是常用药。《回回药方》分别称之为"锭子砂糖"、"法尼的砂糖"。可见，鉴真和尚带往日本的，多是阿拉伯医学的常用药，也是唐代中国人购自西方的珍贵商品。这表明，阿拉伯医学常用药在唐代已大量地输入中国，仅在扬州一处就有相当大的进口量；中国的泉州、扬州等港口，不仅是阿拉伯商品的终点站和中转站，还是阿拉伯人在太平洋地区进行航海贸易的基地，更是中古时期国际贸易网络中的一个中间环节，也是东、西方各种文化的交汇之所。

　　唐末至五代中国社会的动乱，使大食商人东来的航程缩短了。马来半岛成了中国与阿拉伯两国商人的换货处。大食人仅以苏门答腊、印支半岛沿海地区，如占城等地为其商业基地。同时，他们为恢复同中国政府间的贸易也做了试探和努力。主要表现为，伴同东南亚诸国派往中国的国使，同中国进行朝贡贸易。比如，唐昭宗天祐元年（904年）六月，授予福建道的三佛齐国（今印度尼西亚的苏门答腊）入朝奉使、都番长蒲诃粟宁远将军之职。其后，占城国（今越南南方）于北宋开宝五年（972年）遣使蒲诃散到中国朝贡。以后又于北宋皇祐五年（1053年）、嘉祐元年（1056年）分别派蒲思马应（伊本·易斯马因）和蒲息陁琶（伊本·海塔巴）来贡方物。三佛齐又于开宝四年（971年），遣使李何末（拉赫曼）以水晶、火油来贡。五年又来贡。七年，又贡象牙、乳香、蔷薇水、万岁枣（椰枣）、扁桃、白砂糖、水晶指环、琉璃瓶、珊瑚树。八年又遣使蒲陀汉（伊本·塔尔汗）等贡方物。其中，李何末所贡之物均属大食国物产。《宋史》言，三佛齐国，其王号詹卑，其国居人多蒲姓。日本史学家桑原隲藏、藤田丰八均考出，蒲姓者即阿拉伯人（大食人）。可见，名为三佛齐等国朝献，实为大食与中国间的朝贡贸易。以后，三佛齐国又于北宋大中祥符元年（1008年）遣使李眉地（拉米德）、副使蒲婆蓝（伊本·穆巴拉克）、判官麻河勿（穆罕默德）来贡，又于天禧元年（1017年），遣使蒲谋西（伊本·穆萨）来贡珍珠、象牙。元祐三年（1088年）又遣使来，副使为胡仙（侯赛因）。以上使者均是大食商人。

勃泥国（今婆罗洲的文莱达鲁萨兰国一带）在太平

兴国二年，遣使施弩、副使蒲亚里（艾卜·阿里）、判官哥心（卡塞姆）等赍表贡大片龙脑一家底（Qadah，阿拉伯文，原意为玻璃杯，后为容量单位。今 1 家底约 2.06 公升，与《宋史》所言"凡一家底并二十两"之说大体相合）、第二等八家底、第三等十一家底、未龙脑二十家底、苍龙脑二十家底。凡一家底并二十两；龙脑版五、玳瑁壳一百、檀香三槲、象牙六株。以上诸人名，均为阿拉伯语人名。所言家底，乃大食国内通用的量器名。上述情形，为侨居勃泥国或经商于那里的阿拉伯商人在中国的贸易活动。在福建泉州市舶司尚未建立时，"元丰五年（1082 年）二月，其王锡理麻嗒复遣使贡方物，其使乞泉州乘海舶归国，从之"。这表明勃泥国确有了解泉州港的航路，以便到泉州进行贸易活动的意图。

在中国与阿拉伯的海上贸易中，须提一笔的是，从唐代到元代，中国商人及其商船泛海去大食国的也很多。阿拉伯历史地理学家叶耳古卜（897 年卒）讲过："亚丁，它是萨那的口岸，那里有中国船队的码头。"麦斯欧迪在记述非洲东部沿海的情况时写道：麦代尔岛［上的居民］是黑人，他们有座叫巴兰德的城市，此地的土著人专事拦路抢劫、绑架及杀人的勾当。然而，中国人的船队上，商人备有武器和猛火油，其船队人数为 400 位商人与 500 名武士。因此［人们］不能对他们及［同船的］其他客商有所图谋，也不能袭击他们的主船（《时代的报导》）。元代阿拉伯王子阿布肥达（1273～1331 年）指出，"阿曼是个巨大的城市，该城有一港口，信德、印度、中国、赞吉（东非桑给巴尔一带）的海船均停泊在那里"。"苏哈尔是阿曼的首府，在波斯海（今波斯湾）中再也没有比它更大的城市"。他所讲的阿曼城就是苏哈尔。

摩洛哥人伊本·白图泰（1304～1377 年）讲，"中国海域只能由中国船只航行"。"中国船只共分三类……大船有十帆，至少是三帆……每一大船役使千人：其中海员六百，战士四百，包括弓箭射手和持盾战士以及发射石油弹的战士……此种巨船只在中国的刺桐（泉州）城建造"。这表明，中国人同阿拉伯人一样，在印度洋的航海贸易中发挥了重要作用。中国的海船到过巴格达，也到过东非。

传统商品的种类与特色

首先看看大食从中国求购的中国货。《道里邦国志》写道："从广州至泉州为八日程，泉州之物产与广州同。从泉州至江都为二十日程。江都之物产与广州、泉州同。"这说明唐代大食商人认购的几种主要商品在这几个港口城市都有。该书又写道："在龙编，有中国石头、中国丝绸、中国优质陶瓷。""在此东方海洋里，可从中国之东海岸输入丝绸、宝剑、花缎、麝香、沉香、马鞍、陶瓷、斗篷、肉桂、高良姜。"伊本·法基赫约于 903 年记述中国时写道："中国人冬夏均著丝绸衣服，其男子因地面低洼潮湿而同时穿五层丝绸裤子。""伟大崇高的真主使中国独具制造各种工业品的

特技，因此，他们有中国的丝绸、陶瓷、马鞍，以及
其他各种精密而机巧的器械。"阿拉伯人写的《中国印
度见闻录》讲，中国拥有黄金、白银、珍珠、锦缎和
丝，有精美的陶瓷。这些关于唐代中国情况的记载，
无一不提到丝绸和陶瓷，并且都是先提及丝绸、后提
及陶瓷，这表明当时的大食最重视的是丝绸。到了北
宋年间，中国仍然是用缯帛、罗绮（丝织品）、瓷器、
姜、桂皮等药材换取外国商品，进口的阿拉伯土产以
乳香、象牙、龙涎香、血竭、没药为主。

　　元朝与中亚、西亚的交往十分密切。大食人对中
国的了解比过去更为具体。麦木卢克朝的阿拉伯作
家——大马士基（1256～1327年）曾讲："最好的铁
是中国铁"，"用中国铁制的犁头翻地翻得快"。中国泉
州的《清源留氏族谱》卷三也讲，五代时的泉州长官
留从效"岁丰听卖买，平市价；陶器、铜、铁泛于蕃
国，取金贝而还，民甚称便"。这表明，中国的口岸很
久以来就一直将中国铁销往国外。大马士基还讲，中
国有一个地区叫"瓷器地"。这个瓷器地应指中国沿
海诸省区，为元帝国的东南部。4世纪以来生产于杭
州湾南岸的越窑青瓷，到了唐、五代、宋时期，也生
产于福建地区。此外，福建省吉水县地方烧制的黑釉
瓷（天目）、德化县烧制的白瓷，还有省内诸窑烧制
的青瓷、白瓷、青白瓷，均为大宗出口商品。另外，
"瓷器地"也应包括江西，即生产影青、白瓷及彩绘
青花瓷的景德镇地区及其他诸省区。此诸种瓷器多是
从泉州、广州等口岸出口的。"瓷器地"乃阿拉伯人

创造的一个经济地理术语，其义表明，中国瓷制业的发展到了元代有一个飞跃。大食人采购的诸般中国商品中，陶瓷已跃升到首位。这是其生产工艺大提高的必然结果。

再看看从阿拉伯进口的商品。唐代至五代，大食国输入中国的商品种类繁多，但记载不详。直到宋代，才对阿拉伯人的商品有了具体记载。《宋会要辑稿》讲，南宋高宗绍兴六年（1136 年）八月二十三日，提举福建路市舶司上言："大食蕃国蒲罗辛造船一只，船载乳香投泉州市舶。计抽价钱三十万贯，委是勤劳，理当优异。"南宋泉州提举市舶司赵汝适在《诸蕃志》中讲，"（大食）土地所出，珍珠、象牙、犀角、乳香、龙涎、木香、丁香、肉豆蔻、安息香、芦荟、没药、血竭、阿魏、腽肭脐（海狗肾）、硼砂、琉璃、砗磲、珊瑚树、猫儿眼、栀子花、蔷薇水、没石子、黄腊、织金软锦、驼毛布、兜罗绵、异缎等"。此外还有一些阿拉伯的药材，其中最具特色且又最为名贵的是一些有机矿物药，如无名异。北宋太宗赵光义淳化四年（993 年），大食国船主蒲希密率商船队抵达广州，由于年老染疾而不能进京城朝见皇帝，于是派其助手李亚勿携带着土特产来进献。除了乳香外，李亚勿又献了一块无名异。李时珍《本草纲目》说："（宋）《开宝本草》志曰：无名异出大食国，生于石上，状如黑石炭。番人以油炼如麤石，嚼之如饧。"经查实，此无名异乃是原产于埃及和阿拉伯半岛也门地区萨那一带的沥青柏油胶。因阿拉伯人在制作木乃伊（干尸）时利用此矿物，令人的尸体不腐烂，因此，这种矿物也被名为"木乃伊"。所谓无名异，乃是阿拉伯语"木乃伊"的汉字音译。它除了具有防腐作用外，还能治病。宋代人唐慎微《政和本草》卷三讲，无名异"味甘平，主金疮、折伤、内损、止痛、生肌肉"。《本草纲目》补充道，它能"消肿毒、痈疽，收湿气"。中世纪的阿拉伯医学家拉齐、伊本·西那指出，无名异在上述功效之外，还能治中风、面部神经麻痹、头痛、耳内肿痛、羊癫痫、肺部大出血、咳喘、尿道炎，还能解蝎子毒。

另一种产自阿拉伯的矿物药是摩娑石。此药名首见于宋代人朱彧的《萍洲可谈》卷二，其中讲道："有摩娑石者，辟药虫毒，以为指环。遇毒则吮之立愈。此固可以卫生。"周去非《岭外代答》、赵汝适《诸蕃志》也提到它。直到明代，去过阿拉伯的马欢在《瀛涯胜览》中也提到它，称之为"撒白值"，原来，摩娑石、撒白值皆为"黑琥珀"（煤精石）的阿拉伯文名称。摩娑石即摩西（犹太人、阿拉伯人先知的名字）石，阿拉伯人呼做"穆萨石"。摩娑石内含有焦油等芳香族烃化物，故可抵御毒蛇和各种虫毒。也因此，唐慎微《政和本草》讲，它解一切药毒、蛊毒。

无名异、摩娑石一类阿拉伯药品是由大食人带到中国的。它们既是销往中国的商品，也是阿拉伯商人、水手的保健药品，同乳香、没药、芦荟、龙涎香一样，逐渐成为中医常用药。中国人在同阿拉伯人做生意的过程中大大地增加了自己的医药知识。

阿拉伯商人在中国

从唐代中叶起，来华的阿拉伯人已不可胜数。他们在中国境内的活动范围很广，但多数集中在首都、州城等大城市，尤其是沿江、沿海的港口城市或商业都会。当时，扬州、泉州、广州的阿拉伯人数以万计，其中，广州的胡商曾多达十余万人。唐代的阿拉伯商人同波斯商人一起经营珠宝和药材生意。这方面的资料多见于北宋人李昉主编的《太平广记》，其中讲道：贞元（785～804年）年间，居住在广州邸店中的大食商人得知商人崔炜手中有一颗阳燧珠，就用十万缗钱将它买走。购得此珠之后，"胡人遽泛海舶归大食去"。另有一苏州的守船者，于元和初（806年）将一枚"径寸珠"卖到扬州胡店，获钱数千缗。唐建中（780～783年）年间，乐安人任顼将一枚径寸珠带到广陵（扬州），卖给了大食商人，竟"以数千万为价而市之"。另外一位叫韦弇的中国商人，他在四川得到三件珍宝，即碧瑶杯、红蕊枕、紫玉函，后于开元（713～741年）年间将它们卖给了大食商人，大食商人"以数十万金易而求之"。大食商人早在贞观初（627年）年就曾将一枚叫水珠的国宝献给了唐太宗李世民。这些故事反映出，阿拉伯人在中国的珠宝生意十分兴隆。珍珠既是理想的装饰品，又是名贵的药材，无论是在中国，还是在阿拉伯，在医学上用珍珠医治风科病、起镇静作用；同时也可用于眼科治白内障；还可以美容，去除痘疮、疗毒。至今，中国藏族传统成药"然纳桑培"又名"七十味珍珠丸"，以珍珠为主药，治偏瘫和高血压有特效。而产于阿拉伯半岛所邻之红海和波斯湾的珍珠因日照强烈，海水盐分高而质地优良，光泽美，颗粒大而圆，自古就是西亚波斯、阿拉伯商人的传统商货。阿拉伯珍珠进入中国市场，不仅为中国人提供了理想的消费品，而且也将阿拉伯的文化介绍到了中国。

大食国的商人在中国还做香料、药材生意。由于这些香料也是药材，故中国人习惯称之为"香药"。《太平广记》的"句容佐史"一节讲，句容县县令派人将一状如麻鞋底的药材带到扬州卖给大食商人，大食商人定其价高达两三百贯文。居住在扬州的一位中国药商卢二舅同大食商人有买卖关系，故货源丰富，他家里存放和养植的名花异木"若在云霄"，绚焕夺目，诸般药物皆殊美。在五代、宋代，阿拉伯商船队从大食运来的药材以阿拉伯海一带生长的乳香（薰陆香）、龙涎香为主。其主要进口港是福建省的泉州。其数量之大以万斤计。阿拉伯商人因此而获厚利，因此，在中国的外商有了雄厚的资金积累，这使他们在中国开展了一种新的业务——金融业。

在唐代，扬州等地发达的工商业、运输业和对外贸易使市场上流通着大量货币。商业资本亟待集中、蓄积以便于再投入，于是产生了金融业。因此，除普通商店外，还有一种资本雄厚、能经营大宗贸易的中间商人组织，名曰邸店。《唐律》曰："居物之处为邸，沽卖之所为店。"邸店是一种兼营货物存放批发和银钱保管拨兑的货栈。所有的人都可以在这里存储钱财，兑换黄金。扬州的大食人就有开办这种邸店的。如《太平广记》卷十七"卢李二生"一节记，有李生者，"知橘子园，人吏隐欺，欠折官钱数万贯"，甚贫穷。一次偶至扬州，遇见友人卢二舅。卢二舅慷慨地送两万贯钱给他，并交给李生一根挂杖，让他拿这根挂杖到大食店取这笔钱。于是他带着挂杖至此店，大食店见此挂杖，惊曰："此卢二舅挂杖，何以得之？"依言付钱。李生因此还清了债务。此故事反映出豪富的大食商人开邸店的情景。

此外，扬州大食人所积蓄的大量钱财，还捐助国用，帮助唐朝政府解决财政方面的困难。唐朝对他们手中的资金多有征用，安史之乱后尤其如此。《太平广记》卷四〇三"紫䖝羯"一节讲，乾元中（758～759年），国家以克复二京（长安、洛阳）而粮饷不济，当时，监察御史康云间，"为江淮度支（税务长官），率诸江淮商旅、百姓五分之一，以补时用"。他委派录事参军李惟燕总其事。有一佛门僧人要捐百万钱，于腋下取出一个小瓶，大如手掌，用它抵百万钱。有一位大食商人真的用百万钱将小瓶买走。这个商人来到扬州。扬州长史邓景山知道此事后就询问他。他答道："瓶中是紫䖝羯。人得之者，为鬼神所护，入火不烧、涉水不溺，有其物而无其价，非明珠杂货宝所能及也"。邓景山又让此商人捐一万贯钱，"胡乐输其财，而不为恨。瓶中有珠十二颗"。从大食商人"乐输其财"的态度看，他们对中国政府是支持的。

　　大食商人在中国重大商港的经营活动，对中国古代的外贸机关和海关——市舶司的建立具有直接的促进作用。以福建的泉州为例，为便于管理进出口贸易，北宋元祐二年（1087 年），宋哲宗从户部尚书李常之请，在泉州设置了市舶司。因泉州与广州相比，更接近中国腹地，与南宋都城临安相去不远，是国内海运所及之地，故使它兼有内航和外航之利。从而使泉州作为东海航路和南海航路交会点的地位也突出起来。因此，泉州在海外贸易业的地位日重于偏远的广州，成为不受广州管辖的直接放洋港。由于泉州水域的特点是暗礁少，且有乘御季风之便，故《诸蕃志》载，下南洋，西去大食的中外船只均从泉州起航。据说，元代中国的航海家汪大渊两次浮海，皆自泉州始。明成祖年间，郑和一行也是从泉州直下南洋的。元代的大食商人也直抵泉州，从而使泉州市舶司贸易关税的收入激增。其商业利润超过广州，成为中国的第一大海港。之所以如此成功，乃是因泉州市舶司对大食商货抽的税最少。元世祖至元三十年（1293 年）"夏四月，己亥，行大司农燕公楠、翰林学士承旨留梦炎言：'杭州、上海、澉浦、温州、庆元、广东、泉州，置市舶司凡七所。唯泉州货物三十取一，余皆十五抽一，请以泉州为定制'。从之"。元世祖命令诸市舶司取则于泉州一举表明，泉州管理得法，其地位与作用在诸市舶司之首。元代泉州的大食侨民成千上万，那里供他们祈祷用的清真寺就不下四所。20 世纪以来，在泉州发掘出大量的元代阿拉伯文墓碑。在数以百计的花岗石上镌刻着从南宋到明代的阿拉伯人的死者名字和出生年代，有的还写明其祖居地。例如，1935 年拆卸泉州通天门（北门）时获得一青花岗石墓碑，高 60 厘米。阿拉伯碑文为：　"死者阿拉伯人，名叫忽辛（Hussien），卒于回历 707 年（1307 年，元大德十一年）。"另外，在今福建省省会福州市郊也有一处元代穆斯林墓地。在墓地中有一亭龛，其拱形门楣上刻有大食国著名数学家兼诗人海雅姆（1132 年卒）的四行诗。足见，由于从阿拉伯、波斯来的商人左右了泉州进出口业务，并为此而长期居住下来，遂形成了庞大的大食商人社区，连同他们的文化和宗教生活也一度带进来。泉州也由于这些阿拉伯侨民的活动而远近闻名。阿拉伯王子阿布·肥达曾准确地描述过泉州港湾的地理："刺桐，她是泉州，听一些可信的旅行者讲，她取可以榨油的橄榄（Zaytūn）一词为其名称，刺桐是中国的一个码头，听到过那地方的旅行者讲，她是一个著名的城市。她是一座位于海湾上的城市。诸海船可以从中国海驶入这个被提及的海湾而抵达她。它（海湾）宽约 15 海里（Mīl）。她（泉州）临一条河，位于河的入海口。一些见过她的人讲，她的区域延伸到与海相距达半日程的地方。她有一个淡水湾，诸海船经过它时可驶抵她。她比哈马（Hamāh，伊拉克的一个城市）略小。她有残断的围墙，是鞑靼人将它毁掉的。她的居民饮用前面提及的那个水湾的水和她的诸井之水。"文中所说的宽 15 海里的海湾应是泉州湾；文中所讲的河应是晋江；文中提到的淡水湾应是后渚湾。"鞑靼人"是阿拉伯人对蒙古人的早期称谓，这里是指元兵攻占泉州时对它的破坏。当时的泉州成了中国人同阿拉伯人相互认识、了解的窗口。这一切同与阿拉伯人为两国间的贸易所作出的贡献是分不开的。在南宋时，泉州的贸易税收已成为政府的主要进益之一。《宋史》记载：宋之经费，茶、盐、矾之外，惟香之为利博，故以官为市焉。建炎四年，泉州抽买乳香一十三等，八万六千七百八十斤有奇。宋朝从泉州的海外贸易中获利后，为进一步发展它，则对能招徕阿拉伯商人的市舶纲首及建立殊勋的大食富商量功封官。绍兴六年（1136 年），"知泉州连南夫奏请，诸市舶纲首能招诱舶舟、抽解物货、累价及五万贯十万贯者，补官有差。大食蕃客啰卒贩乳香直三十万缗，纲首蔡景芳招诱舶货，收息钱九十八万缗，各补承信郎。闽、广舶务监官抽买乳香每及一百万两，转一官；又招商入蕃兴贩，舟还在罢任后，亦以此推赏"。这一做法，为阿拉伯商人日后参与中国政务提供了机会，也是他们即将成为名实相符的中国官员的一个过渡。南宋末年，阿拉伯人蒲寿庚主掌了泉州市舶司，"总海舶"、"擅蕃舶利者三十年"，即是此举的结果。在阿拉伯人的参与下，泉州一跃成为举世瞩目的海上都会。伊本·白图泰曾为这样的泉州写道："这是一巨大城市，此地织造锦缎和丝绸，也以刺桐命名。该城的港口是世界大港之一，甚至是最大的港口。"从以上情形看，阿拉伯商人同中国人做生意是历史悠久的，为中国古代经济发展作出过较大成绩。

三　阿拉伯文化与中国

 伊斯兰教在中国的传播

众所周知，伊斯兰教原本是阿拉伯人的宗教。伊斯兰教的经典《古兰经》原本是用阿拉伯文表述的。因此，伊斯兰教向中国的传播，也就是阿拉伯文化向中国的传播。可以肯定，651 年来华的大食国使节已经把伊斯兰教的教义向中国人做了介绍。《古兰经》应是在宋、元时期来华的阿拉伯人携入的。我国新疆的喀什于 10 世纪出现了维吾尔族建立的伊斯兰政权。如果有《古兰经》的印刷本或手抄本，那么，它也应首先出现在喀什。当时，有很多维吾尔族学者从喀什等地翻山越岭前往阿拉伯帝国的首都巴格达求学。《突厥语大词典》的作者是 11 世纪的中国维吾尔族学者、喀什市人——马哈穆德。他在阿拉伯帝国首都求学时，用阿拉伯文于 1074 年写成此书。他在书中用阿拉伯文字母拼写突厥族（包括维吾尔族）语言词汇的读音。他介绍了中亚地区各民族、突厥各支族的起源及其历史文化，也介绍了突厥民族衣食住行以及疾病治疗和药物情况。因此，《突厥语大词典》是一部珍贵的类书。由此可知，阿拉伯文化在北宋年间已传入新疆的西南部。

　　唐代来华的大食人，凡属阿拉伯血统的，都是信奉伊斯兰教的穆斯林。穆斯林必须坚持每日的宗教功课，即要完成五功。其一是念功，即念诵《古兰经》；其二是礼拜，要在一天之内做五次祈祷，要叩拜真主，叩拜要正对阿拉伯半岛麦加所在的方向，要诵读清真言——"万物非主，惟有真主！穆罕默德是真主的传信者！"要赞颂真主的美德，要感念真主的恩惠。要请求真主宽恕自己的愆过，要求得到真主的帮助。这五次祈祷分别是晨礼、午礼、晡礼、昏礼、宵礼。每星期五，穆斯林要会聚在清真寺做大礼拜，亦称聚礼。其三是斋戒。回历每年的九月（莱埋丹），一切成年的健康的穆斯林都要在白天戒除任何饮食。天天如此。在这个月里，穆斯林只能在日落之后的夜间进饮食。因此，回历九月被称做斋月（斋戒之月）。斋戒的目的是练意志、练思想、练身体。其四是交纳天课（天税）。就是将每个人财产中的一小部分奉献出来，由专人管理，用于济困扶危。目的是养成人们乐善好施的美德，使个人的财产成为清洁的。其五是朝觐。每位有经济能力且身体健康的穆斯林，应在有生之年至少去一次伊斯兰教的圣地——阿拉伯半岛的麦加，朝觐其圣寺（又称做禁寺）——克尔白。这是真主的命令。《古兰经》讲："的确，为人类所创造的第一所房子就是在麦加的那所引导全世界的吉庆的天房，其中有一切迹象，有伊布拉欣礼拜的地方。进到里边的人都是平安的。凡是能办到的人都应为安拉而朝觐天房。"每年朝觐的时间是回历十二月九日至十二日。朝觐在天房中要吻拜嵌在墙上的玄石，以此在心灵上与真主相触。以上这种宗教文化一直由中国各穆斯林民族继承下来。在中国社会中具有广泛的影响。

在黑衣大食朝，皈依伊斯兰教的埃及人、波斯人、叙利亚人、中亚突厥人在人口数量上超过了纯阿拉伯血统的穆斯林。因此，晚唐以来，来华的穆斯林中也有非阿拉伯人。他们根据宗教生活的需要，在聚居地相继建造了清真寺。

广州现有古清真寺——怀圣寺，相传是唐代阿拉伯人来华者所建。它大约建于 8 世纪。寺内建有高大的塔，它在清真寺中称拜楼。夜间礼拜，穆安津（招呼穆斯林来礼拜者）携灯上塔时，塔外远眺，有如灯塔，故有光塔之称。这座寺因此又叫做光塔寺。清真寺是礼拜之所，但由于广州的大食商客依靠的是航海贸易，因而对季风（信风）出现的时刻特别留意。所以，建塔之人别出心裁地在这座叫拜塔的顶端安置了一只随风而转动的金鸡。金鸡便成为风向标。住在广州的大食商人根据金鸡报来的季风信息可以张帆远航，也可以盼来归帆抵港。方信孺的《南海百咏》中，有咏这座番塔的诗："半天缥缈认飞翚，一柱轮囷几十围。绝顶五更铃共语，金鸡风转片帆归。"与方信孺同为 12 世纪人的南宋岳珂，曾在童年时看到怀圣寺内有阿拉伯文碑。对此，他在《桯史》中写道："堂中有碑，高袤数丈，上皆刻异书，如篆籀。"如今的怀圣寺在元、明、清各朝几经修葺下，壮丽的光塔仍基本上保持着它始建时的雄姿。

与怀圣寺齐名的，是广州流花桥畔的宛葛思墓。据传，这是座唐代古墓。墓主人是唐初来中国传播伊斯兰教的宛葛思。它同怀圣寺、光塔一同成为阿拉伯伊斯兰文化传入中国的历史见证。

宋、元时期，中国同阿拉伯的海上贸易十分兴隆，致使大批阿拉伯人侨居在福建省沿海诸港口，其中尤以泉州为最多。因此泉州也建造了清真寺。保存至今的圣友寺成了这方面最重要的历史文物。圣友寺又名麒麟寺，始建于北宋大中祥符二年（1009 年），位于泉州通淮门大街，占地十余亩。有层楼、高塔，坐北向南。大殿四壁皆由大小不等的白花冈石砌成，殿的圆顶和四周墙壁上都雕刻着《古兰经》经文。大殿正门门楣上三行阿拉伯文浮雕系《古兰经》第二章第125～127 节经文。大门高约 20 米，宽 4.5 米。拱形大门上刻有《古兰经》第三章第 18～19 节经文。工程细致而浩繁，是一座典型的阿拉伯式寺院建筑。

杭州是南宋的京城，当时叫做临安、行在。阿布·肥达《地理志》已记有"行在"一词。可见，它是中外商货荟萃之地，也是个著名的国际贸易港。阿拉伯人在杭州也建有清真寺，现存的一座是南宋末年重修的，叫做真教寺，又因它形似凤凰，故世人也称它为凤凰寺，位于今市区文锦坊西。相传它始建于唐代。寺殿结构不用木架，只用砖砌，顶部呈穹隆形，故被称为无梁殿，壁面为砖砌，全属伊斯兰教风格。

据史书记载，760 年以前，扬州城居住着成千上万的阿拉伯人和波斯人。因此，唐代扬州应有清真寺多所。但由于唐肃宗上元元年（760 年）发生了唐将田神功在扬州大杀大掠胡商，穿地掘墓几遍全城之惨祸，遂使唐代扬州的伊斯兰文物荡然无存。现在市内的清真寺——仙鹤寺建于宋德祐年间，是西域来的穆斯林补好丁（Bahā'Dīn，意为"宗教之光"）创立的。

除上述外，还有北京牛街清真寺、西安化觉寺、新疆喀什艾提卡尔清真寺，都是建筑历史悠久的大清真寺。像新疆的艾提卡尔寺及吐鲁番的苏公塔，其建筑风格又同内地的寺宇不同，是波斯式的。而北京、西安、宁夏、呼和浩特的清真寺则受汉文化的影响较多，飞檐斗拱，雕梁画栋，雄伟壮丽。这些各具特色的礼拜寺正体现中国文化与阿拉伯文化的交流与融合。

伊斯兰教传入中国的另一个重要标志是《古兰经》的传入。完整的一部《古兰经》是何时传入中国的，因年代淹远虽难于查考，但因诵念、学习《古兰经》是穆斯林宗教生活的基本需要，所以中国清真寺的主持——阿訇（即教长）必会让其学子们——海里凡（义为"继承者"）在学习《古兰经》之前抄写经文。由此推论，抄写经文的历史应始于唐代。北京东四清真寺至今保存着一部手抄本《古兰经》，其抄写时间为1318 年，抄经者为穆罕默德·伊本·艾哈迈德·伊本·阿布都拉赫曼。此人肯定是位阿拉伯人。也可以说，在中国人手抄本《古兰经》出现之前，阿拉伯的《古兰经》已传入中国多时了。因此，整部《古兰经》入华时间不晚于元代。清朝末年的一位中国阿訇，人称"花巴巴"，以书写的经文既多又好而闻名。民国年间，访问埃及的马松亭先生，将花巴巴抄录的一部《古兰经》赠给了埃及国王福德一世。此经深受埃及国王喜爱。福德国王逝世后，新国王法鲁克将它郑重地存放在福德皇陵的正殿内。

 ## 中国穆斯林的生活习俗

伊斯兰教义的精髓是崇拜独一的神——真主。阿拉伯语称之为"安拉"。西亚闪族人是一神教的创立者和拥护者。犹太人创立的犹太教、基督教都是一神教，但是，与伊斯兰教相比，仍是不够彻底。伊斯兰教认为真主是没有形象的，因此，反对一切偶像崇拜，反对用任何人或物与真主相比较。因此，在穆斯林做宗教祈祷的地方，不得出现任何人或动物的肖像，以此表示对真主的崇拜与敬畏。

为了表示对真主的敬畏和对信仰的虔诚，穆斯林在祈祷和触摸《古兰经》时，都必须用清水洁净自己。如果是只洗手、脸、肘，则为"小净"；如果是沐浴全身，则为"大净"。因此，世世代代的宗教仪规使穆斯林养成一种讲究卫生、喜爱洁净的习俗。中国的回族、维吾尔族的家中都有供自己大净、小净的浴室，室内用悬壶之水淋浴，每日用喷淋之水洗脸。因此，中国穆斯林开设的餐饮、食品店也被公认为是最清洁的。

这种习俗显然是受阿拉伯人风俗影响的结果。

在饮食方面，阿拉伯人、犹太人等西亚地区的闪族人有一些共同的习惯，就是不吃污秽不洁的肉食，也不饮酒。穆斯林在饮食的选择上是很严格的。伊斯兰教将这种习俗变成了宗教的清规。《古兰经》说："信教的人们呀！你们要食用我赐给你们的洁美的食物。"（第 2 章 172 节）穆斯林禁食的东西很多，主要的有四种：猪肉、自死物、血液和酒。理由是自死的动物的血没有从体内全部流出，血液中难免有致病之物。《古兰经》讲："饮酒是魔鬼的行为。"（第 5 章 90节）穆罕默德先知也说过："酒是万恶之源。"

除了猪肉外，阿拉伯穆斯林对肉食的猛兽、猛禽，如虎、豹、狼、狗、鹰、鹞等也不吃，并且也不吃奇蹄目、不反刍的驴、骡等牲畜。

阿拉伯半岛炎热，干旱少雨，除了很少的草场外，没有多少适于农耕的土地，因此只适合吃草的牛、羊、骆驼生存。以粮食为主食的猪在那里无法生存。再由于猪有啃食腐败肮脏之物的习性，被视为不洁之动物。为了穆斯林的健康，《古兰经》明确指出："真主只禁止你们吃自死物、血液和猪肉。"（第 2 章 172 节）于是不吃猪肉便成了穆斯林的一条禁律。在伊斯兰教传入中国之后，中国的回族和维吾尔族等十个民族接受了伊斯兰教。这些穆斯林民族因伊斯兰教规而不吃猪肉，以后经过长期的演变，不吃猪肉成了这些民族的习俗。如今，知道这些伊斯兰教文化常识的非穆斯林民族，都能尊重穆斯林的这类习俗和禁律。在中国，每位自认为是一个纯正穆斯林的人，都不饮酒，不食猪肉，同阿拉伯人一样遵守着宗教规定。

从唐代起，就有不少阿拉伯人在中国定居下来，经过世代繁衍，成为中国回回民族的重要组成部分。因此，阿拉伯人的生活方式和谋生方法也被带到中国社会生活中。

阿拉伯人善于经商，因此也把各种商业知识传给了中国的回回民族。宋、元以来，很多阿拉伯商品，如宝石、药材的名字和性状，已广为人知。绿宝石的名字——祖母绿（助木刺）、刚玉宝石的名字——鸦鹘、亚姑，均为阿拉伯语的汉字音译名。"猫睛石"一名，也是阿拉伯人起的。因此，元代陶宗仪《南村辍耕录》将这些宝石称作"回回石头"。从北京地区的回民看，不少人世世代代开珠宝店。开珠宝店已成为他们的民族职业之一。另外，从唐代起，就有阿拉伯人向中国官员介绍西方药物知识的。段成式《酉阳杂俎》一书就记录了很多产自阿拉伯帝国的药物，如番红花（詹匐花）、茉莉花（耶悉茗）、水仙花（捺祗）、血竭、紫矿、没食子、龙涎香等。如今在中国已家喻户晓的茉莉花，已遍植大江南北。中国人用它制成茉莉花茶。殊不知，它的原产地是阿拉伯的叙利亚，它是由阿拉伯人移栽到中国的。与传统中医相比，阿拉伯医学别具特色。元代回回人中行医卖药的人很多，这种民族职业也一直流传至今，很多回族人，如赵炳南等，都成了中医学界的翘楚。

在饮食方面，中国穆斯林同阿拉伯人一样，善于制面食，尤其会做加进蜂蜜和糖的甜食。每逢节庆之日，从阿拉伯到中国，各地穆斯林都用植物油煎炸"散子"、"油香"、薄脆、果子（油条），并做各种蜜饯。另外，穆斯林的主要肉食是羊肉。阿拉伯人自古就善于烧烤羊肉。有烤全羊、烤羊肉串、烤羊肝，做羊肉汤，羊肉汤里加茴芹等西亚的香料。这种习惯在中国回族、维吾尔族中不仅保持着，并且有了新的发展。中国穆斯林将阿拉伯人的传统吃法同中国汉族、满族的吃法结合起来，羊肉的吃法翻出了新花样。西北地区兴吃羊肉泡馍，北京的回民善于用火锅涮羊肉，此外还擅长做羊头肉、炒羊蹄筋。小吃中有羊骨汤馄饨，据说，烧卖也是从阿拉伯地区传进来的。无论中国穆斯林生活在农村还是城镇，千百年来都有养羊、养蜂、挤奶、制蜜的习俗。回民餐馆的另一种传统食品，就是皮薄馅大的羊肉盒子，即肉馅饼，受到各民族的喜爱。而这种食品正是从阿拉伯埃及的肉馅饼演变来的。在回民菜系中还有一道烧牛尾，吃起来可口。另外，回民还将烤骆驼、烤羊、烤鸡的方法用于烤鸭。中国穆斯林在饮食上继承了阿拉伯人的烹调方法和风格，又吸收了中国传统食品的制作经验，因此形成了一种独具特色的饮食文化，颇受中外美食家的好评，更受到各阶层中国百姓的欢迎。如今，当人们品尝穆斯林餐饮时，会亲身体会到阿拉伯人的饮食文化在其中的影响。

阿拉伯人在接受伊斯兰教的早期，就受到其先知穆罕默德的提倡学习的劝谕。当时的阿拉伯民族处于半开化的状态，没有文化就要受异族的欺侮。所以，穆罕默德讲："学习对每个穆斯林男女都是天职。"并讲："你们要从摇篮学习到坟墓！""你们要寻求知识，哪怕远在中国！"要求穆斯林不断提高文化和思想水平，要活到老学到老。在他的大力提倡和鼓励下，阿拉伯人不仅将本民族的传统文化发扬光大，而且认真地学习了希腊、波斯等国的科学、文化和艺术，大力兴办学校和图书馆、科学院和医院、天文台，将各国的科学技术古文献都尽可能地翻译成阿拉伯文，同时向各国学习了治理国家的方法。因此，在公元8、9世纪，出现了阿拉伯的黄金时代。当时的阿拉伯在政治、经济、文化、科学、艺术各方面都很发达。

中国的穆斯林，尤其是回族，一直遵循穆罕默德的教诲，一方面，他们对幼童学习汉文化很重视，致使很多人有了深湛的汉学功底，成为著名的文学家、史学家和艺术家。另一方面，他们坚持经堂教育，让每个穆斯林从小就能读懂阿拉伯文的《古兰经》。此外，为了强体健身、保家卫国，他们历来重视学习武艺、学习医道。因此培养出不少武术家和医生。在元、明时期，回回民族曾将阿拉伯、波斯文的天文历法和阿拉伯医学书籍翻译成了汉文书。在20世纪的抗日战争和解放战争中，中国回族、维吾尔族等穆斯林各民族人民，在中国共产党的领导下，为抵御外侮，争取民族的独立、人民的解放，建立过人民的武装，为人民的解放事业前仆后继，流血牺牲，作出了不朽的贡献。

至今，他们仍积极参与国家的政治和经济建设，充分体现了他们较高的文化素质和崇尚学习的优良传统。

 ## 3　阿拉伯文学艺术在中国

　　唐代中国称阿拉伯帝国为大食，但大食国文化的内容却不仅仅是占统治地位的民族——阿拉伯人的民族文化及穆斯林文化。它还应包括世世代代生活在阿拉伯帝国疆域内的其他古老民族的文化成分，比如，古巴比伦文化、古埃及文化、古波斯文化及古希腊文化等。在中国的盛唐时期，大食国与中国一东、一西并世而兴，两国的各种人员交往频繁。文化艺术间的相互交流与借鉴也成为宫廷文化的时尚。比方说，唐朝和大食都从中亚地区学习到打马球，因此都设置了马球场。两国又都从马来半岛学习到斗鸡，于是在各自的京城也都兴起了斗鸡。

　　在宫廷音乐方面，唐代中国一向重视吸收异邦、外国的曲调。唐玄宗李隆基是位多才多艺的天子，他不仅精于骑射，善于诗赋，还博通音律。他搜集各国的乐曲，并按特色、声调的不同，将之与传统的中国音律（宫、商、角、徵、羽）谐和对应起来，以便于演奏。《唐会要》记述了天宝十三载（754年），太乐署（为他掌管乐曲的官署）供奉的曲名。由于阿拉伯乐曲的声调与中国的"太蔟商"调相谐，因此，唐玄宗就将太蔟商调改称"大食调"，即阿拉伯调。由于这个阿拉伯调所奏之曲铿锵有力，并有羯鼓（羊皮鼓，阿拉伯语呼之为"冬不拉"Tabl)击节，故节奏感强。所以，唐玄宗规定，凡演奏威武雄壮的曲子必须用大食调。因此，颂扬其曾祖唐太宗李世民盖世武功的秦王破阵乐、大定乐、英雄乐、武成升平乐等曲子，都是用大食调来演奏。这表明，阿拉伯乐曲对盛唐时期的中国宫廷音乐已产生了重要影响。

阿拉伯人的歌咏同诗歌是相互依存的。尤其是阿拉伯的早期文学，都是口传的、供人吟唱的歌词，其文学形式则是一些叙事诗、赞美诗、抒情诗。阿拉伯诗歌的长短很随意，长的有数百句，上千行，阿拉伯人将这种长诗叫做悬诗。这种诗有隔句押韵的，也有句句押韵的。其诗体和韵脚同汉武帝所创立的柏梁体相同，也同乐府诗相类。

然而在中国，到了南北朝时，这种句句押韵的柏梁体诗日渐稀少。这是由于诗与歌逐渐分离，乐府诗不再充作歌词了。到了唐代初期，长诗很少见，代之而兴的是七言八句的律诗。但是到了盛唐时期，超过八句的律诗之长律重又大量出现，乐府诗体被诗人们大量使用。这种情形尤见诸工于律诗的杜甫。他的《饮中八仙歌》这样写道：

> 知章骑马似乘船，眼花落井水底眠。汝阳三斗始朝天，道逢麹车口流涎，恨不移封向酒泉。左相日兴费万钱，饮如长鲸吸百川，衔杯乐圣称避贤。宗之潇洒美少年，举觞白眼望青天，皎如玉树临风前。苏晋长斋绣佛前，醉中往往爱逃禅。

李白一斗诗百篇，长安市上酒家眠，天子呼来不上船，自称臣是酒中仙。张旭三杯草圣传，脱帽露顶王公前，挥毫落纸如云烟。焦遂五斗方卓然，高谈雄辩惊四筵。

杜甫的其他诗作还有比这首诗长数倍的。这类诗与阿拉伯诗的用韵是相同的。这种柏梁体的长律复兴于盛唐之际，当然与诗人们的仿古、拟古之诗兴有关，但与唐代诗赋与歌咏重又"联姻"更有关。在唐玄宗的宫廷诗班、梨园乐队的唱和下，很多诗、词又成了供吟咏的歌词，被谱了曲。学习外国的歌曲已成为当时中国文化上层的时尚，因此，阿拉伯诗歌的曲调和韵律都会直接影响唐代中国诗歌的创作，对唐代诗歌的格律变化也会有相当的促进作用。杜甫等著名文学家又特别注重学习、吸收异域文化。这不仅表现在他赋诗赞美大食宝刀，而且反映在他所结交的朋友也是外国文化的鉴赏者。他的挚友郑虔对西域诸国的药物很了解，他因此写了一部包括阿拉伯药物在内的《胡本草》，他的另一位挚友岑参于天宝年间（742～755年）供职于安西都护府，长期生活在丝绸之路上，他同西域诸胡国人士有频繁的接触。他的诗作多是描写西域风光和异国风情的，被喻为"边塞诗人"。因而，郑虔、岑参与杜甫三人的文学作品都会更多地借鉴阿拉伯诗歌的艺术风格与特色。足见杜甫长律诗的出现，应与阿拉伯文学艺术传入中国有关。

另有一位阿拉伯人在中国学习汉学成绩卓著，他为自己取了个中国名字——李彦升。由于有才学，他被汴州刺史、宣武军节度使卢钧推荐给中国皇帝——唐宣宗李忱。大中二年（848 年），李彦升以进士及第显名。这表明，在中国文化界，阿拉伯人与中国人的交流是十分密切的。

在谈到唐代诗歌时，不能不想到李白。李白的作品在风格上与众不同，意境深邃，诗情豪放，成就卓越，千古传诵。其成就的取得，固然与他熟读天下文章的积累有关，但也与他那狂放不羁的思想性格有关。其诗文的艺术特色与其非凡的生活经历有关。

李白出生于 701 年，卒于 762 年。李白出生在何地至今是个谜。清代人王琦编《李太白全集》尽收有关李白生平的史料。其中，范传正于唐宪宗元和十二年（817 年），即李白于当涂县（今安徽省马鞍山地区）去世后 55 年，为李白撰写的《唐左拾遗翰林学士李公新墓碑文》讲道：

> 公名白，字太白，其先陇西成纪人。绝嗣之家，难求谱牒。公之孙女搜于箱箧中，得公之亡子伯禽手疏十数行，纸坏字缺，不能详备，约而计之，凉武昭王九代孙也。隋末多难，一房被窜于碎叶。流离散落，隐姓易名。

这是后人对李白世家情况的追述，事迹是可靠的。碎叶是古丝绸之路北道上的城市，唐代前期是为中国西北行省（安西都护府）所辖的边陲重镇。这里讲，李白祖上奔亡于碎叶后又"流离散落"。

在李白临终之际，当涂县令李阳冰在李白的病榻前，将李白口授的自己的身世记录下来。有些内容记在《草堂集序》中，其文曰："李白，字太白，陇西成纪人，凉武昭王暠九世孙。蝉联珪组，世为显著。中叶非罪，谪居条支。易姓与名，然自穷蝉至舜，五世为庶，累世不大曜，亦可叹焉。神龙之始，逃归于蜀，复指李树而生伯阳，惊姜之夕，长庚入梦，故生而名白，以太白字之。世称太白之精，得之矣。"

李白祖上从隋末到唐中宗神龙年间（705～706年），在西域的异国度过了88年。其间，包括李白在内，李氏一门约有四代人出生在外国。李白说他家居条支。条支，是汉代传入中国的西域国名。李白的诗句有"洗兵条支海上波"，从而可以证明，唐代人所言的条支同汉代的条支是同一个地方，是一个邻海的国家。它就是学术界公认的濒临波斯湾的伊拉克，历史上又叫做巴比伦尼亚、美索不达米亚。其地面包括阿拉伯半岛。据阿拉伯史学家比鲁尼（973～1048年）《史前遗迹》一书的记载可知。"条支"（Tawz）应是上古波斯帝国——阿契美尼德王朝（公元前550～前330年）的一位国君的名字。他和他的儿子（也叫条支，Tawz）在巴比伦的塞琉西亚进行过有效的统治。在汉代，"条支"当作国名，被古波斯人介绍给了班超的副使甘英。条支自古就是灿烂的两河流域文化的摇篮，是古巴比伦文化的发祥地。以后又成了波斯帝国、阿拉伯帝国的政治中心。李白世家数代人居住在这里，必然受到多种民族文化的熏陶。隋唐时期的条支，除了有伊斯兰教、犹太教、基督教这三种一神教的广泛影响，还一直保留着古巴比伦王国时期就已出现在那里的星辰崇拜这种原始宗教，其中尤以拜月教的根基最深。巴比伦的豪兰（Ḥarrān），从巴比伦时代直到14世纪，一直是拜月教的圣地。那里有拜月教的圣殿，殿内供奉着月神。在前伊斯兰时期的漫长岁月中，星辰崇拜为阿拉伯人普遍接受。很多阿拉伯人的名字就叫做"太阳的奴仆"（拜日者）、"月亮的奴仆"（拜月者）。在伊拉克地区已伊斯兰化数世纪后，豪兰又成了一种新的拜星教——萨比教的圣地。星辰崇拜者对天文学、星占术有较深厚的知识基础，因此，那里也成了天文学家的摇篮。与天文观测和星占有密切关系的事物，如水晶球、玻璃制品受到星辰崇拜者的青睐。由于李白一家世居条支，因此也会受到这种文化、信仰的影响。这表现在李白一家人的名字上。

李白，字太白。据说，其母"惊姜之夕，长庚入梦"遂生李白。长庚星，即金星、太白金星。《史记·天官书》讲："太白者，西方金之精，白帝之子，上公、大将之象也。径一百里。太白，即金星也。"根据这种星象知识，李白那种一向以天才自比、怀抱远大的思想，当与"太白"有上公、大将之象的宿命意识有关。阿拉伯人也认为金星是众星宿中的主星。菲利浦·西提著的《阿拉伯通史》讲："欧扎（势力最大，他是金星〔Venus〕）的崇拜流行于麦加东边的奈赫兰。据凯勒比的传说，他是古莱氏人中最受尊敬的。……

当伊斯兰教兴起的时候，阿卜杜勒·欧扎（欧宰彦的男仆）是一个被人爱好的名字。"阿卜杜勒·欧扎的意思是"金星的奴仆"、"崇拜金星的人"。可见，太白有"金星"之意。

据史料记载，李白的女儿叫李平阳，取平和的太阳之意。太阳被巴比伦人列入"七曜"（日、月、金、木、水、火、土星）。李白的妹妹叫李月圆，取的是月亮之意。李白的两个儿子，一个叫明月奴。用阿拉伯文化解释，明月奴义为"崇拜明月的人"。这是一个典型的拜月教者的名字。李白的另一个儿子叫颇黎（玻璃的古名），它是阿拉伯语"水晶，精制玻璃，透明结晶体"（Balluri）的汉字音译。它应与巴比伦占星家们用以问卜吉凶的水晶球有关。

从以上情形看，李白一家人在条支生活时确实接受了阿拉伯人的星辰崇拜文化。这种星辰崇拜思想对李白的生活遭遇与艺术创作也确实起到了明显的作用。

唐朝宰相贺知章初识李白时，认为他是天下之奇才，是从天上下凡的仙人。他称李白为"谪仙"。李白也自认为是金星下凡，有上公、大将之相。因此，在政治上应有大作为，应忧国忧民，以其治国安天下的大才来辅弼明主。换句话说，他认为自己是干大事的人，因此在言行上不拘小节，轻财好施，气概非凡。他一直期盼着唐明皇能重用他。为此，他曾吟道："天生我材必有用，千金散尽还复来。"然而，唐朝的腐败使政治现实始终与他的政治怀抱相抵牾。他的夙愿无法实现。

星辰崇拜意识还表现在李白的诗歌创作中，集中表现为一种清真脱俗的爱月思想。历代文学评论家已公认，李白确有一种爱月思想。他对月亮的吟咏可谓最多，并为读者描写出一种空明、高旷、幽远的意境。他在《把酒问月》一诗中写道：

> 青天有月来几时？我今停杯一问之！
> 人攀明月不可得，月行却与人相随。
> 皎如飞镜临丹阙，绿烟灭尽青辉发。
> 但见宵从海上来，宁知晓向云间没。
> 白兔捣药秋复春，嫦娥孤栖与谁邻？
> 今人不见古时月，今月曾经照古人。
> 古人今人若流水，共看明月皆如此。
> 惟愿当歌对酒时，月光长照金樽里。

这首诗揭示出人生短暂与月亮永恒之间的变与不变的辩证哲理，表达了李白爱月而欲向往、高攀之情。诗文也反映出，李白才干不得施展，政治理想无法实现的苦闷与凄怆的心境，表达了他无法向人述说的心灵上的孤寂和担忧时光空度的焦急心绪。他只能将思想交付给明月。明月成了他诉说衷肠的对象。为此，他曾吟道："天下无人知我心，惟有举杯邀明月。"这种非凡的精神世界说明，他对月亮有近乎崇拜的思想。李白为儿子取名"明月奴"也是这种爱月思想的体现。

李白世家长期居住在阿拉伯的经历，使他的世界观多少也受到一神教的影响。一神教只崇拜独一的神——造物主。李白诗曰:"不睹诡谲貌,岂知造化神。"他认为有主宰宇宙的神,即"造化神"确实存在。具有这种思想,就不会再崇拜其他任何的神与凡人。一次,唐玄宗召见李白,李白借酒力而醉意朦胧地上了金銮殿。他见了唐玄宗,竟然衣冠不整地"颓然舞拜"。这是对皇上的大不敬。但他却行若无事。他在为玄宗草答蕃书时,居然让皇帝亲手用匙喂他粥喝,让皇帝的宠臣高力士为他脱下靴子,让皇帝的宠妃杨玉环为他研墨。这些举动表明,李白蔑视天子的九五之尊、蔑视等级森严的封建礼教。世俗权贵根本不放在他的眼中。他在《梦游天姥吟留别》一诗中写出"安能摧眉折腰事权贵,使我不得开心颜!"表现出他高度蔑视封建权贵的反抗精神并与封建权贵决裂的大无畏的气概。他的宇宙观和勇气决定了他的诗文敢于直抒胸臆,有磅礴的气势。

唐玄宗开元年间有一位侍御宫廷的歌女——念奴。据传,念奴长得娇美。宋代大文学家苏轼所填的"念奴娇"词牌当与此女子的名字有关。她演唱时,歌声嘹亮,余音绕梁,百转千回,吐词清晰,情感充沛。闻者无不为之倾倒,喧哗的饮宴为之顿时悄然。因此,她深得皇室贵胄、朝臣显宦的喜爱,成为盛唐时期名噪一时的歌唱家。唐代诗人元稹的《连昌宫词》对她的演唱这样描写道:

飞上九天歌一声,二十五郎吹管篴。

逡巡大遍凉州彻,色色龟兹轰录续。

为了合乎诗词格律所定的平仄声，此词选用了凉州、龟兹这两个地名来代表广大的西域地区。其中包括了大食国。词中这两个西域地名主要用来喻指西域诸部的乐曲、歌曲。因此，这分明在说，念奴擅长唱西方各国的歌曲，她有可能是位西域人。

一个中国女子取名作"念奴"，这在中国文化中，其含义令人费解。但是，若从阿拉伯语看，却让人一目了然。众所周知，伊斯兰教的经典是《古兰经》。"古兰"（Qurān）的阿拉伯语含义并不深奥，它是动词"念、读"的词根。因此，"古兰"可直译做"念"。反之，"念"也可作"古兰"解。前已述及，"奴、奴仆"在阿拉伯语中义为"崇拜者"。由此可见，"念奴"在阿拉伯语中，正是"《古兰经》的崇拜者"之意。念奴生活的年代，正值《古兰经》在大食国全境广泛传播之际。阿拉伯人叫这名字是可能的。况且，唐朝有款纳外国人的风气，大食国有可能为唐朝荐献歌舞艺人。因此，念奴应是一位阿拉伯女歌手。唐明皇的梨园乐队演奏阿拉伯歌曲，这恰好同念奴相唱和。从而形成盛极一时的宫廷艺术——梨园文化。念奴也在盛唐文化中占有一席之地。

元代陶宗仪《南村辍耕录》卷27"杂剧曲名"一节记有一些"双调"的名称。其中一个叫"阿纳忽"。它是阿拉伯语"歌唱"、"歌咏"一词的音译。这表明，称"阿纳忽"的，一定是种阿拉伯歌曲。另一个"双调"名叫"雕剌鹄"，也是阿拉伯语词，义为"玻璃水瓶"。再有一个叫"忽都白"，还是阿拉伯语词，义为"讲演"。这些阿拉伯名称出现在汉文书中，表明元代已有不少阿拉伯曲调、唱词传到中国。

此外，《南村辍耕录》卷28"乐曲"一节记有大曲、回回曲。大曲中有"桑哥儿苦不丁"、"阿厮阑扯弼"。这两个曲名均与阿拉伯人的姓名有关。"桑哥儿"为阿拉伯男子名。"阿厮阑"在阿拉伯语中义为"狮子"，源出于塞尔柱突厥人的语汇。回回曲中有一曲名为"马黑某当当"。马黑某是阿拉伯人名"穆罕默德"的音译，意思是"被赞颂的人"。回回曲中还有"伉里"、"清泉当当"。这些回回曲也多是从阿拉伯传入中国的。

除了诗歌、乐曲外，阿拉伯的双陆（六）棋弈法也于南宋高宗绍兴二十一年（1151年）之前传入中国。当时，洪遵著有《谱双》，即各种双陆棋的棋谱介绍。其中记有"大食双陆毯图"上面绘着两个阿拉伯人在下双陆棋。还记有"回回双陆"，由此可见，阿拉伯人的棋艺也传到了中国。

四 中国与阿拉伯的 科学技术交流

 中国科学技术的西传

中国的黄河、长江流域是东方文明的发祥地。中国是一个文明悠久、科学技术发达的国家，历史上有很多发明创造，有些传到西方后，为其文艺复兴、工业革命创造了大发展的条件，对人类的进步产生过重要影响。

中国汉代发明了造纸术，用植物纤维法制了蔡伦纸。当中国普遍地使用纸张时，包括阿拉伯人在内的西方人仍在用羊皮和莎草叶当书写的材料。唐天宝十载（751年），中国军队与大食军队在中亚的怛逻斯（塔拉兹）发生了激战。战后，不少中国工匠被大食掳去。那以后，中国工匠帮助他们在撒马尔罕建了造纸厂。它是穆斯林世界的第一个造纸作坊。纸的应用为阿拉伯人带来了工作效率和经济、文化方面的繁荣。8世纪以来，大食国将各国的科学书籍大量地翻译成阿拉伯文，并且有更多的科学家在著书立说，还有政府的税收文册，这一切都亟须良好的纸张。因此，中国的造纸术又从中亚的撒马尔罕传到了阿拉伯帝国的腹地。794年，大食首都巴格达开设了一座造纸工场。此后，大马士革、也门等地也办起造纸作坊。9世纪末，造纸术传入埃及。10世纪末，埃及生产的这种纸张终于彻底取代了他们使用了数千年的莎草纸。11世纪，纸张在埃及大量生产，且已出现了其他用途，甚至用于蔬菜的包装上。12世纪，中国的这种造纸术才经过摩洛哥传入西班牙等欧洲各国。

与造纸业相互依存的印刷术也发明于中国。中国于隋唐之际发明了雕版印刷术。在唐代雕版印普贤像，始于玄奘法师。唐太宗李世民用此法将长孙皇后所选《女则》10篇付梓。9世纪，扬州、越州的民间用雕版法将白居易、元稹的诗集于长庆（821～824年）年间刊刻。现在留存的最早的印本书是于唐懿宗咸通九年（868年），由王玠刻印的《金刚经》。

中国的印刷术可以大量地印制宗教经典和各种文书，受到阿拉伯人的注意。在唐代，雕版印刷法传到大食国。阿拉伯人用它印制了《古兰经》，保存至今的最早的印刷品是埃及在10世纪的制品。20世纪50年代，在埃及出土了30块雕刻着阿拉伯文的木版，其阳刻方法和板框式样同中国的雕版完全相仿。这种方法又传到了西班牙，科尔多瓦王朝的君主已用来复制政府公文。

15世纪中叶，欧洲人开始用雕版印刷术印书籍。第一本雕版印刷的阿拉伯文书籍是在意大利的威尼斯印制的。1485～1499 年在威尼斯从事印刷出版业的亚历山大·帕格尼尼神父，主持出版了阿拉伯文的《古兰经》，并流传到穆斯林世界。中国印刷术的西传，为各国节省了大量的劳动力，迎来了欧洲文艺复兴和资产阶级启蒙等文化运动的新时代。

公元前 3 世纪，中国人已发现磁石对铁有吸附作用。1 世纪初，王充《论衡》指出，磁针有指极性，即可以判定方向，于是称之为"司南"。11 世纪，中国已能生产经过磁化的钢针——指南针。沈括（1031～1095 年）《梦溪笔谈》卷二记述道，在使用指南针时，有磁偏角现象产生。他还介绍了指南针在不同场合下的四种用法。其中的水浮法，即用磁针横贯灯芯草浮在水上，可用于航运业中。浮针的出现，对磁针导航技术的出现与发展意义重大。宋代人朱彧《萍洲可谈》一书记载了他的父亲朱服在北宋元符（1098～1100 年）、崇宁（1102～1106 年）年间，在广州观察到中国的海船："舟师识地理，夜则观星，昼则观日，阴晦观指南针。"这是中国史书首次记述指南针用于航海的情况。北宋宣和五年（1123 年），徐兢奉使高丽，也看到中国船使用指南针，"惟视星斗前迈，若晦冥则用指南浮针拨南北"（《宣和奉使高丽图经》）。

中国人利用指南针制成的航海用罗盘叫做针盘。针盘可在 48 个方向上定位。这种指南针航海罗盘大约产生于 11 世纪。英国的科学史家李约瑟甚至推测，它于 9、10 世纪就用于航海。赵汝适是南宋时的泉州市舶司的长官。他的《诸蕃志》一书讲："舟舶来往，惟以指南针为则，昼夜守视惟谨，毫厘之差，生死系矣。"这种指南罗盘在印度洋的航海贸易中，很快被阿拉伯人发现和使用，并于 12 世纪，由阿拉伯人应用于地中海上的航行。于是，意大利商船也采用了它。

在使用罗盘以前，对天体位置的观测是指示航行的唯一方法。大海上的航行只能是夜观星斗，昼观太阳。中国元代人使用过通过观测星宿的高度以确定船只所处的纬度的方法。此法被称为"牵星术"。牵星术的工具是牵星板。马可·波罗于 1292 年从中国回意大利，乘的船是中国海船。船行到印度西海岸的马拉巴尔，他看到北极星位于水平面二肘上。这个观测结果应是利用牵星板观测的海员告诉他的。可见，牵星术在航海上已普遍使用。但在 12 世纪，阿拉伯人已利用此法牵星过洋了，他们使用牵星板的历史要比中国早。因此，中国明代的牵星术是从阿拉伯人那里学来的。其实，罗盘法和牵星术都是必不可少的导航技术，一并使用才能准确地定出方位。可见，在漫长的海上交往中，中国人和阿拉伯人在航海技术方面有过密切的交流。

火药，也是中国人的发明。现在，火药种类很多。伟大的化学家诺贝尔是黄色炸药（火药）——梯恩梯（三硝基甲苯）的发明者。然而西方生产火药的历史源头在中国。中国火药的西传，乃是今天化学炸药生产的开端。

火药不仅能点燃发焰，而且能爆炸。中国隋唐年间的医学家孙思邈有一《丹经内伏硫磺法》药方，其中就有火药的配方，即硫磺、硝石、皂角子（炭的替代物）。这是用"伏火法"将硫磺等药混制而成的。唐宪宗元和三年（808年），清虚子在《铅汞甲辰至宝集成》中记的火药方子是硝石二两，硫磺二两，马兜铃三钱半。可以说，火药产生于唐代那些炼制丹药的人之手。

横贯中亚地区的丝绸之路在7至9世纪受到当地民族政权势力的阻隔而梗塞。因此，中国火药的知识传入阿拉伯是经过海洋贸易之路实现的。唐、宋年间，生活在中国沿海、沿江诸港口城市的阿拉伯人把一些中国的医药知识传回阿拉伯。火药，起初是当做药类为人所晓的。火药中的主要成分硝被传到了阿拉伯，阿拉伯人称之为"中国雪"（Thalj Sīnī）。波斯人称之为"中国盐"。医生可用硝治癫痫病。但军事家尚未去利用它。出生于西班牙的阿拉伯人伊本·贝塔尔（义为"兽医之子"，1248年卒）撰写的《药典》罗列了1400余种药。其中有一味叫"巴鲁的"，义为"火药"。该书介绍道："这就是中国雪。过去，埃及古代医生这样叫它。今天，人们又称它做'巴鲁的'。"这表明，"中国雪"就是"巴鲁的"。阿拉伯人又讲"巴鲁的"是火药。因此说明，13世纪以前的阿拉伯人已明了硝和火药之间存在着密切的关系。阿拉伯人将硝用于燃烧方面，当始于13世纪。

中国用于军事上的火器传入阿拉伯，当发生在1258年的蒙古军攻打大食国首都巴格达之际。早在成吉思汗西征中亚的1218年，蒙古兵在中亚的阿姆河用兵时就曾用过"毒火罐"、"火箭"、"火炮"等火器。

其孙旭烈兀在 1258 年攻打巴格达时，曾用过叫"铁瓶"的火器。它很可能就是"震天雷"、"铁火炮"。

巴格达陷落之后，蒙古兵西进，又攻克了大马士革城。原来的伊斯兰帝国仅剩下埃及等北非地区。1260 年，继续西进的蒙古军队在大马士革以南的地方受到埃及地方政权——麦木卢克（周致中《异域志》中所称的眉路骨国）军队的抗击。麦木卢克的首领（苏丹）——盖拉温大胜，蒙古军惨败，并有很多人被阿拉伯人俘去。这些俘虏中就有火器制造者和军士们随身携带的火器。阿拉伯人称这些从中国来的火器为"契丹火枪"和"契丹火箭"。这是因为 13、14 世纪时，波斯人和欧洲人将契丹人当做中国人，习称中国为契丹。

13 世纪末至 14 世纪初，阿拉伯人把蒙古人传去的"火筒"和"突火枪"发展成两种"麦达发"。如今，阿拉伯语"麦达发"为"大炮"之意。第一种麦达发是根短筒，筒内先装上火药，再装入石球，让石球的位置在筒口。点燃引线后，火药发作，将石球射出击敌。第二种是一根长筒，方法与第一种基本相同，筒内装的是铁球或铁饼，并安放一枚箭。火药发作后，箭也飞出射人。这种"麦达发"成了现代铁铸大炮的始祖。在这以后，欧洲人才得以出现洋枪、洋炮、炮舰，使人类社会告别了中世纪。

对阿拉伯人影响最长久、最广泛的是中国的陶瓷业。这从阿拉伯语中与"中国"相关的词义也可以看出。阿拉伯文"中国的"、"中国人"这个词另有一种含义，即"瓷器"。阿拉伯文"中文、汉文"这个词，又做"中国瓷器"解。可以说，阿拉伯人已将"瓷器"一词当做"中国"的代称。之所以如此，乃是由于中国生产的陶瓷优美、珍贵，质量堪称世界第一。中国是精品瓷器的故乡。

最古老的陶器产生于公元前 3000 年初的埃及。当时的埃及已经能生产铜绿色的、闪耀着青绿色光泽的碱性釉陶器，距今约 5000 年之久。到了 7 世纪的阿拉伯伊斯兰时代，中东地区陶瓷市场的传统制品开始受到来自中国的陶瓷的冲击与影响。中国陶器以铁为呈色剂的灰釉品种于南北朝有了新的发展。4 世纪初的浙江出现了半瓷体的青瓷系陶器。杭州湾的越窑继承了这种技术，从隋朝至北宋时期都有大量生产。这种橄榄色或青绿色的青瓷系陶瓷，就是向中东地区输出的越窑瓷。唐、五代、北宋时期（618～1126 年），福建地方有了同类产品。江西省景德镇烧制的透明的青白瓷（影青）和白瓷及福建、广东两省的同类瓷器很有特色。它是以瓷土为原料的优质瓷器，使中国陶瓷出现了一个大飞跃。此后，世界各地的陶瓷界开始采用中国的这种瓷器的生产技术，并生产仿制品。另外，中国华北以磁州为制陶中心，在那里生产白釉、黑釉及白釉黑彩的陶器。河北的定州可烧制宫廷、显贵使用的高级白瓷。到了元代，中国瓷器在青瓷、白瓷、青白瓷和黑瓷的基础上又有新的花样，即出现了青花、五彩、釉里红等。其明显的变化是，彩釉中出现了钴釉。据说，这是中国瓷窑业吸收了伊斯兰国家制陶业的手艺后才出现的。明、清两代，不同类型的陶瓷器仍在大量生产，被喻为金彩的五彩描金瓷器工艺也盛行起来。如今，在北京、扬州、上海等地的博物馆、清真寺里都珍藏着明代成化年间的彩绘瓷碗、瓷钵、瓷盘，上面烧有阿拉伯文。这很可能是为阿拉伯、伊斯兰国家的客户特别制订的。

根据阿拉伯文史书的记载可知，唐代中国的瓷器已让阿拉伯人赞不绝口了，可以说，从唐代至今，中国瓷器对阿拉伯的输出从未中断过。如今，从大量的历代中国瓷器及其残片留存在阿拉伯一事就可证明这一点。

阿拉伯建于642年的福斯塔特城，乃是现在的埃及首都——开罗城的前身。据日本陶瓷专家三上次男的调查，在福斯塔特遗址仓库里的陶片中，中国陶瓷片就有1.2万多片，其种类也相当丰富，质量也很高。从8世纪的唐代到17世纪的清代，中国各朝的陶瓷残片在那里都可以找到。在景德镇烧制的洁白素地的瓷器上，用鲜艳的钴蓝描绘出的花纹、鸟兽纹或风景、人物的青花瓷被埃及人视为珍品。据说，完整的元代青花瓷器，现在全世界只有200件左右。然而，这种非常优秀的元代青花瓷片从福斯塔特遗址中发现了800片。虽说只是些碎片，但对于研究元代青花瓷却是非常珍贵的资料。这表明，在漫长的历史交往中，埃及开罗市民是何等地富有，多么地好奇、喜爱中国的瓷器。也表明中国瓷器在阿拉伯人的心目中是何等的尊贵和高雅。

另外，埃及与中国一样，是四大古代文明的发祥地之一。因此，埃及人的文化素质和科学技术水平是相当高的。他们善于仿制中国的陶瓷制品。在福斯塔特的古代陶片中，大约有百分之七十到八十都是在某一点上模仿中国陶瓷的仿制品。这些仿制品几乎是在被仿制的中国瓷器输入埃及的同时被迅速仿制出来的。

除了福斯塔特，埃及地中海岸上的亚历山大港、南部阿斯旺水坝附近的杰贝勒阿达都有中国陶器的考古遗存。甚至在尼罗河的发源地埃塞俄比亚和东非各港口都发现有中国外销瓷的碎片。

在阿拉伯人的故乡——阿拉伯半岛上，历代中国的各种瓷碎片在今阿曼苏丹国东海岸的苏哈尔港的旧市街的地下，在巴林国首都附近的清真寺废墟和海滨均有发现。

另外，在黎巴嫩的巴勒贝克城发现有中国宋代龙泉青瓷碗残片，残片的内外两面都是莲花瓣纹。这里还有画着流畅的花草纹的优质的元代青花瓷碗的残片。

在叙利亚的哈马发掘出 950～1400 年间中国生产的白瓷、青瓷、青花瓷的碎片。在两河流域的美索不达米亚也有大量的中国瓷器碎片被发现。底格里斯河上，位于巴格达城以北 120 公里处有古城萨马腊（阿拉伯语意为"见者喜"）。萨马腊建于 838 年，是大食王的临时都城，废置于 883 年。这里发现有中国的青瓷、白瓷，还有 12～13 世纪的龙泉窑青花瓷片。此外，在忒息丰（Ctesiphon）也有这种龙泉青瓷片。当然，还有很多地方都发现了中国古代陶瓷的碎片。如上事实说明，中古时期以来，阿拉伯人在当时的集市上和店铺里可以经常看到、买到各种中国陶瓷器，大量的优质瓷器被他们收藏起来。阿拉伯人是中国瓷器的最大买主。绘有阿拉伯文的中国瓷器应当是为当时的阿拉伯陶瓷商订制的，无怪乎当今的国际学者们将中国与阿拉伯之间的不少于1.5万公里的海上航程誉为"陶瓷之路"。这些珍藏于阿拉伯各地的中国陶瓷及其碎片，也成为中国同阿拉伯友好交往的历史见证。

 传入中国的阿拉伯科学技术

从唐代中国人认识阿拉伯人开始，阿拉伯的科学文化也逐渐被中国人所了解。与中国社会最密切的是阿拉伯人的医、药学和饮食学。其次是与航海贸易有关的天文学、历法学和数学。

首先是天文学方面。中国同现今的阿拉伯，尤其是同埃及在天文学方面的交流大约是从汉代开始的。中国同巴比伦地区在星历、天文方面的交流也很早。

上古时期两河流域的巴比伦人就已经将天体的星图与历法相结合地进行了观察。他们认为一周年内12个月的相互接替、季节气候的轮回变化都是固定的、有规律的。这与诸天体周期性的位置移动有关。为此，这些西亚人将每个月份同太阳经过某星座的位移联系起来。他们将太阳所经行的圆形路线叫做"黄道"。黄道又称十二个月所对应的十二个星座（黄道十二宫：

摩羯宫、人马宫、天蝎宫、天秤宫、双女宫、狮子宫、巨蟹宫、双子宫、金牛宫、白羊宫、双鱼宫、宝瓶宫）平均分成十二等份。因此，每个月份都有一个与之相对的星座。此外，巴比伦人为了计时，又定每周为7日。每日都有代表它的星辰。这些星辰是：太阳、月亮、金星、木星、水星、火星、土星。因这七种天体比较明亮耀眼，故称之为"七曜"。由此而定的历法叫做"七曜历"。其特点是，以太阳在黄道上公转一周所需的365天又四分之一天为一年，因此也被称做"太阳年"、"阳历年"。如今国际通用的公历年就是循此七曜历而定型的。英国著名的自然科学史专家李约瑟综合了学者们的共识之后认为，中国虽然不曾采用过七曜历，但它确曾从伊朗文化区传入中国。437年，甘肃的北凉（匈奴族）被刘宋攻破时，北凉太史会赵𫤵曾将一批天文书籍献给了宋帝。其中便有一种《七曜历数算经》。梁代的庾曼倩（520～570年）曾注释过《七曜历术》和一些数学书籍。在《隋书·经籍志》的记载中，带有"七曜"字样的书有22种。这些巴比伦数学、天文学，特别是星历计算学，均因中国同波斯及中亚其他民族国家之间的交流而传入中国。中国传统历法则与源于巴比伦的太阳历不同，而以月亮（太阴）在天空中运行的规律而定，故谓之太阴年。由于月亮在每个月份里并不是每天都显现，它显现的时间为28天略有余，中国人历来是以测定月亮与诸星宿所对的位置变化来记时的，因此，也就为在这28天中月亮所对的天体命名，称之为二十八宿。以月亮行走的轨迹规定的年、月、日的历法就是阴历或农历。

在古代中国，历法的制订与星占是密切相关的。星占乃是问卜吉凶，预报灾异的大事，在中国，历法都是由皇帝亲自掌管、过问的，以此防备被统治者利用星占而"妖言惑众"，做出不利于他进行统治的事情来。因而，与之相关的历法的推行权也只能掌握在帝王手里。各种非官方的历法，多被视为异端邪说而加以禁止。

唐代以来，由于各国使节、学者、僧侣、商人、旅行家大量来华，这些人必然使用着本国的历法，因此，七曜历又被介绍到中国上层文化界。除了阿拉伯人，当时的印度人、波斯人、古叙利亚人、埃及人、罗马人、希腊人等西域诸国人早就使用着"七曜历"。这种阿拉伯地区的古文化也被中亚的粟特人，即昭武九姓胡人所接受。"安史之乱"的首领安禄山、史思明两人就有这九姓胡的姓氏和血统。因此，七曜之历在安史之乱以后，也在禁断之列。《唐大诏令集》卷109介绍，在唐大历三年（768年）正月，唐代宗李豫下了一道《禁天文图谶诏》。其中写道："其玄象气局，天文图书，谶书，七曜历，太一雷公等，私家并不合辄有，自今以后，宜令天下诸州府，切加禁断。"这表明，8世纪的唐代已有阿拉伯地区的七曜历法传入中国，并曾被政府明令禁止过。唐代人李涪撰《刊误》一书讲到七曜历，他讲，唐代人贾耽（唐德宗贞元年间，即785～804年间任宰相）雅好世界地理，对阿拉

94

伯文化与历史地理很熟悉。他曾撰有《日、月、五星行历》。这表明，七曜历作为一种科学和学问，在中国士大夫阶层依然受到重视。1975 年，我国的文物工作者在河北省宣化地区发掘了一座墓葬，即辽代天庆六年（1116 年）张世卿墓。墓顶有彩绘的星象图。这幅图既有中国古已有之的二十八宿，又有巴比伦的黄道十二宫。其画采取了以北极为中心，将主要星宿投影在一个半球状的凹面上（相当于地球北半球所面对的天空）。图的中心嵌有一面铜镜，四周绘有昌莲花。莲花之外绘有日、月、五星（七曜）及北斗星。再外就是二十八宿星官图形，最外圈画的是十二个小圆，圆中绘有黄道十二宫的图案。画法是中国特色。这种综合了中外天文成果的星象图，在我国尚属首次发现。它是古代中国吸收过阿拉伯天文学、历法学的有力证据。

另一种阿拉伯历法——太阴历传入我国应与来华的阿拉伯穆斯林有直接关系。在伊斯兰教创立之前，西亚的闪族文化中就有崇拜月亮、太阳和五大星辰的拜星教。古亚述人在巴比伦创立了拜月神的宗教。其发源地在伊拉克的豪兰城。几千年来，这种星辰崇拜不断流传下来。操阿拉马（阿拉美）语的闪族人在这里世代生息。其中一些人成了古叙利亚人，并接受了基督教，即唐代中国人所说的景教。他们使用的闪族语——阿拉马语，也就被定名为古叙利亚语。它又是景教徒之间使用的宗教用语。这些人对星占学、天文学，包括以黄道十二宫为标志的七曜历的知识颇为熟知。他们对月亮的运行（白道）规律也有系统的了解。在阿拉伯帝国诞生以后，很多天文学家、数学家都出自这些景教徒。又由于他们与希腊、罗马人在基督教文化上有渊源，他们对希腊、罗马的科学有着丰富的知识，并将各种希腊文书籍译成古叙利亚文（阿拉马文）和阿拉伯文；他们同时又与阿拉伯人有血亲关系，生活在同一块土地上。因此，他们在著书立说时，将古巴比伦、希腊的天文学知识都介绍给了阿拉伯人。大食国的著名科学家、出生于中亚花拉子模的比鲁尼（1037 年卒）撰写的《史前遗迹》，对这些景教徒的天文、历法进行了系统的介绍。其中，这些阿拉马人的后裔为月亮显现的 28 天中每天所到的星宿（即阿拉伯人的二十八宿）起名叫"月站"（Manzil）。可见，阿拉伯人是西方古代天文学的最后继承者，并由他们再介绍给了中国。

阿拉伯人有太阳年和太阴年两种历法。太阳年供农耕收获之用，太阴年供宗教仪式和历史记年之用。来华定居的阿拉伯人在春播秋收方面和历史记年方面充分地使用着华夏古有的农历（阴历）。但在宗教生活方面，由于必须望月，所以阿拉伯人的太阴历一直沿用下来。所言的伊斯兰历或回历多少年，指的就是太阴年。

这种太阴年为十二个月。月亮圆缺一次约历 29 日 12 时 44 分 2.8 秒。一年下来用时为 354 日 8 时 48 分 33.6 秒。因此，太阴年规定奇数月每月 30 日；偶数月每月 29 日。因此，一周年 354 日，所余的时分，积累三年约得一天。因此，每隔两三年，必须置闰日一天。太阳年是 365 日多，太阴年却只有 354 日有余，比太阳年少 11 天有余。因而，积至 32 个太阳年时，就多出一个太阴年（回历年）。这样，太阳年（公历年）长，太阴年（回历年）短，时间久了，相差颇大。比如说，今年是阳历（公历）1994 年，回历纪元年是阳历 622 年，回历（太阴历）年至今为 1415 年。然而，从 622 年至今，阳历年才过了 1372 年，回历与公历已相差 43 年。据计算，回历年每过去 2400 个太阳年（公历年），或 2572 个太阴年，才有一日之差。这足以表明回历的太阴年的数法是十分精密的。元朝来到中国的阿拉伯天文学家扎马鲁丁等人于至元四年（1267年）撰写并进奉给元世祖的《万年历》就应是这种用之长久而不需变动的回历（太阴历）。元世祖曾下令颁行过《万年历》。据说，元代郭守敬创制的新历——授时历也因吸收了《万年历》的成分而比较精确。可见，在历法上，中国向阿拉伯人学习的很多。

　　元朝中国政府对阿拉伯天文学非常重视。1271 年左右，元世祖令在上都（今内蒙古自治区多伦县东南境内）设立回回司天台官属，扎马鲁丁领导司天台的工作。司天台应有天文台的职能。扎马鲁丁又向元世祖进呈了 7 件阿拉伯天文仪器，被叫做"仪象"。它们是：浑天仪（咱秃哈剌吉）、测验周天星曜之仪（咱秃朔八台）、春秋分晷影堂（鲁哈麻亦木思塔余）、冬夏至晷影堂（鲁哈麻亦渺凹只）、星盘（兀速都儿剌不）、斜丸浑天图（苦来亦撒麻）、地球仪（苦来亦阿儿子）。这些仪器名字皆为阿拉伯语。

兀速都儿剌不，乃阿拉伯语"星盘"（ə1-Usturlāb）的音译。这种阿拉伯人使用的星盘在明代又一次由欧洲的耶稣会士利玛窦传入中国。当时，中国学者李之藻写了一本书——《浑盖通宪图说》，详细介绍了它的结构、原理、制法和用法。须指出的是，这种阿拉伯星盘上的观测照准器是一个铜条，铜条两端有立耳，立耳上有一觇孔。铜条贴着盘面旋转，人眼通过这对立耳上的两个觇孔进行观测。以后，由郭守敬制的简仪中的窥衡同这个带立耳的铜条照准器的形状完全相似。在这一点上，元代人郭守敬创制的简仪很可能从阿拉伯星盘上得到过启发。

在元上都的回回司天台中，除了上述的阿拉伯天文仪器外，还收藏有阿拉伯的天文书籍。其中一部叫《麦者司的造司天仪式十五部》，此书可能就是托勒密（1世纪希腊血统的天文学家）写的《天文学大成》。该书为15卷，与"十五部"相吻合。阿拉伯原书名为Magest，又恰与"麦者司的"的读音相吻合。这表明，古希腊、埃及的天文学知识经过阿拉伯人之手传到了中国。

明朝开国皇帝朱元璋对利用阿拉伯天文、历法一事很重视。洪武十五年九月（1382年10月），他曾传谕朝官吴伯宗、李翀与元代遗老、阿拉伯天文学家海达尔、阿达兀丁、马沙亦黑、马哈麻等人合译阿拉伯天文书4卷。第二年此书译成。后收集在《涵芬楼秘笈》内，名为《明译天文书》。在此书的《说杂星性情》一章里，介绍星分六等。这是"星等"概念在我国汉文书中的初次出现。该书的星表同欧洲保存的波斯天文学家阔识牙尔（921～1029 年）的《完备的天文表》中的星表是完全相同的。

明宪宗成化十三年（1477 年），南京司天监监副贝琳撰写了《七政推步》，书中详细地介绍了阿拉伯天文学。其中也有星表，包括 277 颗恒星的星等和黄经、黄纬，并第一次做了中、西星名的对照工作。

从以上情况看，阿拉伯天文学和历法学对古代中国天文学、历法学均有较大的影响。中国天文学家从中获益匪浅。

天文与数学是分不了家的。阿拉伯数学也传到了古代中国。当然，应用数学的范围并不局限于天文学。中国同阿拉伯在数学方面的交流应首先发生在两国间的贸易方面。

大食国销往中国的土特产很多，如非洲的象牙、犀角（也产于孟加拉湾），索科特拉岛上的血竭、芦荟、紫矿，波斯的阿魏，印度古吉拉特的胡椒、香料，南洋的瑇瑁（龟甲），阿拉伯的乳香、龙涎香。宋代以来，这些舶来品的数量也大增，乳香一项，每次常在万斤以上。品类不同、档次多样，因此在交易时，须用代数学的联立方程去计算税值和利润额。这反映在南宋的中国杰出数学家秦九韶（1202～1261 年）的数学专著——《数书九章》里，例如，"推求物价"题云："问榷货务三次支物，准钱各一百四十七万贯文。发拨沉香三千五百裹，瑇瑁二千二百斤，乳香三百七十五套；次拨沉香二千九百七十裹、瑇瑁二千一百三十斤，乳香三千五百十六套、四分套之一；后拨沉香三千二百裹，瑇瑁一千五百斤，乳香三千七百五十套。欲求沉、乳、瑇瑁，裹、斤、套各价几何。"按如今的代数式可设 x 为沉香每裹价贯数，y 为瑇瑁每斤价贯数，z 为乳香每套价贯数。在用各项之间的最大公约数 25 约分之后，则可列成下面的三元一次联立方程：

$$140x + 88y + 15z = 58800$$

$$792x + 568y + 815z = 392000$$

$$64x + 30y + 75z = 29400$$

经演算，答案与《数书九章》的相同。该书"答曰：沉香每裹 300 贯文，乳香每套 64 贯文，瑇瑁每斤 180 贯文。"诸如此类的算题尚多，从中可以看到数学在中国和阿拉伯之间的贸易中得到了充分的运用，两国商人在用于贸易的计算方法上肯定有过不少的交流。

然而，文化层次较高的数学家之间的交流仍然离不开国家的官方推动。

阿拉伯地域辽阔，从西班牙到中亚，阿拉伯语成为应用广泛的国际语言。尼罗河畔的开罗与中亚的撒马尔罕在中古时期都曾扮演过伊斯兰世界的科学文化中心的角色。因此，从阿拉伯帝国到蒙古贵族统治的诸伊斯兰国家，科学著作，包括数学著作在内，绝大部分仍是用阿拉伯文写成的。在现今的世界各大图书馆中仍收藏着一定数量的用阿拉伯文写的古代数学著作。它们都是手抄本。因此，人们笼统地称之为"阿拉伯数学"。其实，按其内容看，却包括了许多民族的穆斯林数学家的精神劳动。在这些数学家中，下列几位颇有名望。首先是阿拉伯帝国黄金时代的花拉子密（al - Khowarizmi，780～850 年）。他出生于中亚地区咸海附近的花拉子模（今希瓦绿洲一带），曾任黑衣大食第五代王麦蒙的司书官，著有《积分和方程计算法》。此书的拉丁语译本在欧洲一直使用到 16 世纪。在10～12世纪有阿尔·巴塔尼（929 年去世）、艾卜·维法（940～998 年）、欧末尔·海牙姆（1044～1123？年）等人。元世祖的弟弟旭烈兀率兵攻占巴格达后，在今伊朗西北部的麦拉伽（Marāghah）山麓修建了一座天文台，著名的天文学家兼数学家纳速拉丁·徒西（1201～1274 年）在这里工作。在他的主持下，编制了著名的《伊利汗历》。15 世纪，帖木耳的孙子兀鲁伯又于撒马尔罕建造了天文台，编造了有名的《兀鲁伯星表》。著名的科学家阿尔·卡西（1436 年卒）是撒马尔罕天文台的主持人之一。9～15 世纪，伊斯兰国家的数学，在世界数学史上占有一定的地位，在算术、代数学、几何学、三角学、圆周率的计算等方面都有重要的贡献。而这一切工作都属于阿拉伯科学文化的范畴。

据 20 世纪 50 年代以来的中国数学专家们的翔实考证，中国数学在中古时期同阿拉伯数学确实有过交流。这一点，过去鲜为人知。

首先，中国数学对阿拉伯数学等西方数学有过明显的影响。中国科学院的研究员杜石然先生经过考证推断，约成书于 1 世纪的中国的《九章算术》第七章"盈不足"算法，在 9 世纪已传入中亚地区。该章第一题为："今有人共买物，人出八盈三，人出七不足四，问人数、物价各几何？"由于花拉子密著有《盈不足算书》，因此，发端于中国的盈不足术也应在 9 世纪流传到了大食首都——巴格达。

"盈不足术"西传后，其阿拉伯文的名字是"hisāb al-Khattāyn"，直译后，它的意思是"契丹的算法"。契丹乃是古代中国北方的少数民族，耶律阿保机于 916 年建立了契丹，国号辽（916～1125 年）。其后裔耶律大石在辽亡的前一年（1124 年）率师西走中亚，在中亚建立了西辽（1131～1211 年）政权。西辽被中亚穆斯林各国叫做喀喇契丹，义为"黑契丹"。由于契丹人（辽与西辽）长期统治着中国北方，因此，外国人将辽国当成中国。久之，也就将中国读做"契丹"。这种称谓从 10 世纪到 15 世纪在阿拉伯数学界均很流行。因此，阿拉伯人讲的"契丹算法"可以理解为"中国算法"。由此，阿拉伯人已认为"盈不足术"是"中国算法"。

伊利汗国成立初年，建议旭烈兀在伊利汗国首都马拉伽成立天文台的纳速拉丁已对中国的历法与数学有所了解。这是因为研究天文学的基础是数学。据《多桑蒙古史》言，"旭烈兀曾自中国携有中国天文学家数人至波斯，其中最著名者为 Fao – moun – dji（音近"冯梦吉"三字。——笔者注）博士，即当时人习称先生者是也。纳速拉丁之能知中国纪元及其天文历数者，盖得之于是人也"。当时蒙古统治者颇信星占之术。Fao－moun－dji博士是充当这类星占学家前往马拉伽的。因此，中国的数学知识也会因这几位中国人至波斯而传到那里去。在15世纪的蒙古帖木耳帝国，兀鲁伯编的天文表中也有一编是专门论述中国历法的。这种论述也离不开中国数学的演算。

随着文化交流的发展，阿拉伯的数学知识也逐渐地传到中国。这要从中国接触阿拉伯数目字开始。有证据表明，阿拉伯数码最早出现在8世纪的唐玄宗天宝年间。它首先出现在大食国打造的阿拉伯金币上。这些数码印在金币上仅表明造币的时间在回历多少年。因此，尚无计算方面的意义。有数学意义的阿拉伯数码于元代传入中国，并且是与阿拉伯伊斯兰天文学的传入有直接关系。1956年冬，在西安市郊区的元代的安西王府的旧址发掘出几块铁板。上面刻有用"东阿拉伯系统"的数码刻画出来的"纵横图"（见图示一。图示二为其数码的翻译）。这是阿拉伯数码传入我国的物证。据《元秘书监志》记载，至元十五年（1278年）扎马鲁丁曾为安西王推算过历法，并有司天台3位官员作了"见习随侍"。这几块铁板纵横图可能就是这些人制作的，或者是由他们带到安西王府的。

从元世祖忽必烈于至元四年颁行扎马鲁丁的《万年历》起，到清代康熙年间的司天台回回科的废止，阿拉伯天文学、历法学、数学在历朝统治者的重视之下，被政府推行、使用了400余年。阿拉伯数学书籍也于元代传入中国。

图示一　元代西安安西王府的阿拉伯数码"纵横图"

28	4	3	31	35	10
36	18	21	24	11	1
7	23	12	17	22	30
8	13	26	19	16	29
5	20	15	14	25	32
27	33	34	6	2	9

图示二　"纵横图"的翻译

据元朝的王士点、商企翁所著的《秘书监志》第七卷"回回书籍"条内所记："至元十年，北司天台（即元大都北面的元上都的回回司天台）申：本台合用

文书，计经书二百四十二部"，其中"本台见合用经书
一百九十五部"共十三种，"提点官（即扎马鲁丁）
家内诸般合用文书四十七部"共十三种。在司天台
"合用经书"十三种之中，有四种是数学书籍，即：

①兀忽列的四擘算法段数十五部；

②罕里速窟允解算法段目三部；

③撒唯那罕答昔牙诸般算法段目并仪式十七部；

④呵些必牙诸般算法八部。

这四种书没有流传下来，人们只能根据书名来推断书
的内容。其①中的"兀忽列的"，即为阿拉伯语人名
Uqlīdis 的音译汉名。这个阿拉伯文人名若由操波斯语的人
来念，则将 q 音读成 gh 音（类似法语字母 r 的发音），就
会读成 Ughleedes。这个读法与"兀忽列的"的读音完全
吻合。据此读音可知，"兀忽列的"正是古希腊几何学家
欧几里得（Euclid，约公元前 330～前 275 年）的阿拉伯
名。另外，"擘"（音 bò）字，为剖分之意，"四擘"则
可能有开平方、开立方的意义。过去，学术界对"兀忽列
的"四字是否就是指欧几里得，一直委决不下。现在可以
肯定，它正是欧几里得的名字。这表明，欧几里得的《几
何原本》的阿拉伯文译本(Uṣūl al-Handasati)确实已于元
代传到中国。据说，最先研究欧几里得《几何原本》的中
国人是元宪宗蒙哥（元世祖忽必烈的亲兄，又是他前任中
国皇帝）。《多桑蒙古史》卷四言："成吉思汗系统王以蒙
哥皇帝较有学识，彼知解说 Euclide 氏之若干图式。"也就
是说，蒙哥能解欧几里得的一些几何题。

第②种书名里的罕里速，可能是阿拉伯人基福提

（1167～1248 年）撰写的《哲人史》（TA'RīḤ AL-HUKAMĀ'）提到的呼罗珊人哈里速（al-Hārithu al-Khurāsānī）。哈里速是欧几里得《几何原本》的解释者。"窟允"应是阿拉伯语形容词"有能力的"（Qawīyyun）的音译。"罕里速窟允"当为"有能力的哈里速"之意。此人应是第②部书的作者。

第③种书名中的"撒唯那"，我同意已故北京大学马坚教授的理解，它应是阿拉伯语名词"舟、船"（Safīnā）的汉字音译。其中的"罕答昔牙"是阿拉伯语形容词"几何的、几何学的"（Handasiyyā）的汉字音译。因此，"撒唯那罕答昔牙"的字面意思为"几何学之舟"。它应是这第③种书的阿拉伯文原名。

第④种书名中的"呵些必牙"是阿拉伯语形容词"计算的"（Hisābiyyā）的汉字音译。

可以肯定，以上 4 种回回书籍都是阿拉伯数学书籍。它们在元朝正式成立不久前就已经输入中国了。

传入中国的回历（伊斯兰历）的五星计算方法，起源于希腊天文学。明代的贝琳《七政推步》一书指出，用这种方法求行星的经、纬度时，已用上了三角函数。这在我国天文学史上还是第一次。而且对明末清初的人们学习西方天文学知识起到了引导的作用。

阿拉伯医学的输入与中国的《回回药方》

唐代中国同阿拉伯在医、药方面的具体交流是很充分的，但事隔千载，当时的图籍多亡佚，故很难估计基本情形。然而，有些故事略可对此说明一二。

唐天宝年间，镇守中国西部边疆的高仙芝曾经向大食长老请教过诃梨勒（诃子）的药用。

唐代人段成式《酉阳杂俎》对大食国的很多药物都有正确的描述。然而，书中直接提到大食国之处极少，提其邻国波斯、拂菻的地方很多。对此应当做些解释。

唐玄宗时的中国佛教僧人慧超撰《往五天竺国传》言：

> 又从波斯国北行十日，入山，至大寔（大食，指今美索不达米亚，即亚俱罗）国。彼王住不本国，见向小拂临（拂菻）国住也。

这里讲的正值白衣大食朝。所谓"彼王住不本国，见向小拂临国住也"，是指大食王将其政权中心从阿拉伯人的祖居地和宗教圣地——阿拉伯半岛的麦加、麦地那移到了靠近小亚细亚的叙利亚的大马士革，并定都于那里。慧超又言：

> 又小拂临国，傍海。西北即是大拂临国。此王兵马强多，不属余国。大寔（大食）数回讨击不得，突厥侵亦不得。

这里讲的"小拂临国，傍海"就是地中海的东岸地区叙利亚。文中所言"西北即是大拂临国"，指的是拜占庭罗马帝国。其首都是君士坦丁堡（今土耳其共和国的伊斯坦布尔）。这里所言"大寔数回讨击不得"，指的正是白衣大食王数次派军队进攻君士坦丁堡，其中一次是大食王阿卜杜勒·麦立克·本·麦尔旺的儿子麦斯赖玛（739 年去世）亲率大军，水、陆并进地围攻过君士坦丁堡，但因城坚垒高，终未克其城。这里讲的"突厥侵亦不得"，指的是生活在里海沿岸的可萨（阿萨）突厥与拜占庭持久相争，但没有夺得疆土。可见，中唐时期的中国人已明确地将亚洲的叙利亚当做小拂菻（拂临）。因此，段成式所讲的拂菻语名词，或者是指大拂菻国人的希腊语，或者是指历史悠久的阿拉马语的最后一支——古叙利亚语。这种语言通用于两河流域和叙利亚。在阿拉伯语成为大食国官方用语之后，这种古叙利亚语仍是医学、数学、天文学界的学术语言。由于景教僧（聂斯托里教派的基督徒）在阿拉伯的黄金时代，将大量的希腊文古书译成古叙利亚语文，又由他们转译成阿拉伯语文，因此，大量的古叙利亚语词汇被引入阿拉伯语。再由于阿拉伯人的政权长期统治这个小拂临地区，因此，使原本操古叙利亚语的居民和阿拉伯人在语言上出现了融合，至今，只有极少数黎巴嫩等地的人还在使用古叙利亚语。由此可以看到中国唐代段成式所接触到的拂菻语词大多是古叙利亚语。这种语言的不少词汇如今已成为阿拉伯语名词。事实表明，《酉阳杂俎》中的不少拂菻语名词，可被看做是阿拉伯语名词，其读音是基本相同的。比如，书中所言的"拂菻呼为底珍（底称实）"正是指阿拉伯语中的无花果（Tīn）。《酉阳杂俎》言，"野悉蜜，出拂林国"，此野悉蜜正是阿拉伯语素馨花（Yasamīn）的读音。素馨花的原产地也正是叙利亚。该书言，"捺祇，出拂林国"。这捺祇正是产于叙利亚的水仙花，其阿拉伯语读音为 Narjis。《酉阳杂俎》言，"没树，出波斯国，拂林呼为阿缫。"阿缫，正是阿拉伯桃金孃（Āsu）的音译汉语名；没树的"没"也正是桃金孃于波斯语中读音（Moord）的汉字音译。

还有一些本草名称，《酉阳杂俎》记为波斯语词，比如，将紫矿呼做勒佉（Lakki），将橄榄称作齐暾（Zaytūn），将波斯皂荚（今名又呼为腊肠树、印度金链花）呼做忽野簷默（Khiyār shanbar）。其实，这些称谓也是阿拉伯语的。有的产于阿拉伯，尤其是橄榄。之所以将它们全当做波斯语名词，或认为它们是波斯国土产，盖因唐代中国对波斯文化更为熟悉。从三国时至段成式生活的时代，波斯国同中国的官方交往已有 6 个世纪之久。加上波斯人长期统治阿拉伯半岛，原来只知道大食人是"波斯之别种"。因此，在唐代人心目中，波斯文化已涵盖了阿拉伯文化。其实，"波斯胡人"中，应有不少是阿拉伯人，波斯物产中也有不少是阿拉伯的。因此可知，阿拉伯产的不少种药材在唐代已陆续地传到了中国。只不过，多以拂菻语、波斯语的词汇出现在汉文史书中。本着这种认识，我们看到段成式《酉阳杂俎》还介绍了阿拉伯人传入中国的树脂类药瑞龙脑和产于阿拉伯海的阿末香（龙涎香），产于地中海、欧洲、阿拉伯的蕃萄花（番红花）、安息香树，产于伊拉克的无石子（没食子），产于阿拉伯海上的索科特拉岛的紫矿（紫胶），产于阿拉伯、波斯的波斯枣（椰枣）、偏桃、齘齐（古蓬香脂），产于埃及的开罗和亚历山大港的波斯皂荚（清泻山扁豆），产于波斯、阿拉伯的蜜草（甘露蜜）。

大诗人杜甫的挚友郑虔写过《胡本草》，明代名医李时珍看过此书，说书中所收"皆胡中药物"。此书中必有不少阿拉伯药物。

阿拉伯药物与中国药物相比，有很多共同之处，对自然界的植物、动物、矿物药，两者皆充分利用。但阿拉伯药有两个特色是传统中医药所不及的。一是利用树脂类，二是利用有机矿物药。唐代末年的李珣已认识到这种情况。他在《海药本草》一书中讲，薰陆香（乳香）"是树皮乳，是树脂"，这里指的乳香是像如今橡胶工割出的胶一样，从乳香树皮中流出的白色汁液。该书又言，没药乃"波斯松脂"，麒麟竭（血竭、龙血）为"紫矿树之脂也。"

北宋年间，阿拉伯船商献给宋太宗一块无名异。以后，阿拉伯人又传入摩娑石。无名异是沥青柏油胶、摩娑石是黑琥珀，即煤精石。这些矿物中含有烃基化合物和芳香族化合物。摩娑石内还有焦油的成分。因此，它们能解虫毒和蛇毒，又能医治中风、肝硬化、肿毒，还能止咯血，粉碎肝胆结石、膀胱结石、利尿。

传统观念认为，上了官修本草书或药志的胡药应算作正式的医药，因为它被传统中医们认可了。因此，人们也敢于用之于临床诊治。唐代中医书中已采用了一些阿拉伯药物。尤其是在唐高宗显庆四年（659年）由中国朝官苏敬主纂的《新修本草》已将产自大食国各地的多种药物列入其中，并且对本草的性状和主治功能做了具体的分析。现做若干介绍。

有一种叫"绿盐"，又称做"盐绿"。"味咸苦、辛平、无毒。主目赤泪出，肤翳眵暗"，"云以光明盐、硇砂、赤铜屎，酿之为块，绿色。真者出焉耆国，水中石下取之，状若扁青、空青，为眼药之要。"此即铜的化合物或铜锈，其主要成分为碱性碳酸铜或硫酸铜，因石中有结晶而呈翠蓝色。也有用人工制成的，即用铜屑为原料，再同热醋与之化合。但最直接的办法正如《新修本草》所言的"赤铜屎"法制成，即让尿与铜、硇砂（氯化铵）等反应生成。所谓"真者出焉耆国"，是因焉耆位于古代东、西方的文化走廊——丝绸之路上。从西域转输来的物品一般都要途经中国新疆的焉耆，因此，内地（中原）人约略地讲"出焉耆"。实际，此物在南北朝时就从波斯传入中国。然而，绿盐的真品或曰正品则是产于阿拉伯地区。阿拉伯语称之为"咱哥而"。阿拉伯药学家伊本·贝塔尔《药典》讲："绿盐生于矿藏中，或生于塞浦路斯的含铜的石头上。"众所周知，阿拉伯语中，"塞浦路斯"义为"赤铜"。自古以产精（赤）铜而闻名遐迩名。古希腊人早就用岛上产的盐绿（铜蓝）治眼疾。塞浦路斯属叙利亚和希腊。阿拉伯帝国一直控制着它。

《新修本草》中的紫矿麒麟竭，"味甘、咸，平，有小毒。主五脏邪气，带下。止痛，破积血、金创，生肉。与麒麟竭二物大同小异"。这里讲的是两种药物，一种是麒麟竭，又名龙血、血竭。伊本·贝塔尔讲，它又叫龙血和蛇血，产于阿拉伯也门的索科特拉岛，是一种树脂。紫矿，又呼做紫梗、紫胶。紫矿麒麟竭指的正是它。它是附生于龙血树上的紫胶虫聚成之物。

再一种叫木香，《新修本草》言，"味辛、温、无毒。主邪气，辟毒疫温鬼，强志，主淋露"。"此即青木香也。永昌不复贡，今皆从外国舶上来，乃云大秦国"。永昌（今中国云南省保山市一带）位于中国通往南亚次大陆的一条山间的商路上。这条路可以说是最古老的丝绸之路。西汉年间通西域的张骞在帕米尔以西的中亚看到输往那里的邛竹、蜀布，就是从永昌路传到印度各地的。这表明，中国在唐初以前所用的木香是产于南亚各地的。以后，是经过海洋贸易之路进的大秦国的木香。在唐代，中国史书所言之大秦就是拂菻，主要是指拜占庭帝国——东罗马。由于罗马帝国统治埃及和叙利亚长达 7 个世纪，再由于埃及和叙利亚又是希腊科学、文化的活跃发展之地。因此，《新修本草》讲木香产地——大秦国也应包括阿拉伯帝国疆域内的埃及、叙利亚。伊本·贝塔尔《药典》讲：迪欧斯科利兹（公元 1 世纪的希腊药学家）在其书的第一卷中讲："（木香）其最佳者产于阿拉伯地面，其色微白，香味浓烈。次一种产于印度地面，它是粗糙的，颜色微黑，像黄瓜一样。又一种是产于叙利亚地区的，它是沉重的，其色如黄杨木。"伊本·贝塔尔讲的叙利亚及阿拉伯当是《新修本草》中的大秦。

《新修本草》讲，阿魏，"味辛、平、无毒。主杀诸小虫，去臭气，破症积，下恶气，除邪鬼蛊毒。生西蕃及昆仑"。据伊本·贝塔尔《药典》卷一讲，有一种"是白色的，吃起来是香的，叫做塞莱赫斯的"。塞莱赫斯是大食国呼罗珊省内的古城。其产地在波斯故地，它是阿拉伯人的常用药。

《新修本草》讲，虎魄（琥珀）"味甘、平、无毒。主安五脏，空魂魄，杀精魅邪鬼，消瘀血，通五淋。生永昌"。"今并从外国来"。伊本·贝塔尔讲，它有两种。有产于拜占庭和东方的，也有产于安达陆西亚的。多发现于埃及棕榈树的根部。由此可知，琥珀的主产地在地中海沿岸。过去是由陆路，从波斯传入，到了唐中期以后，由海路，从阿拉伯传入。

《新修本草》的薰陆香，就是宋代以来被叫做乳香的阿拉伯药。其原产地在阿拉伯半岛的马赫拉山地。因其外销港叫"席赫鲁"，故此，商人们称之为"薰陆"。薰陆就是席赫鲁。

安石榴，《新修本草》讲，"味甘、酸、无毒。主咽燥渴。损人肺，不可多食"。据《酉阳杂俎》讲："大食勿斯离国石榴重五六斤。"勿斯离，即阿拉伯语对埃及（Miṣr）的称谓。阿拉伯医学对石榴的利用很早，伊本·贝塔尔讲，罗马帝国的希腊人知道，甜石榴可以健胃，然而却不适于胃热者。但是，酸石榴却治胃热有效，且最能利尿。由此可知，大食国对石榴的药用也于唐代传入中国。

《新修本草》记有底野迦，它"味辛、苦、平、无毒。主百病、中恶、客忤逆气、心腹积聚。出西戎"，"云用诸胆作之，状似久坏丸药，赤黑色。胡人时将至此，亦甚珍贵，试用有效"。此药与众药不同，它不是天然本草，而是一种成药，是公元前 4 世纪约旦城的医生领袖安德鲁玛胡斯创制的一种可解蝮蛇毒的解毒药（Theriaca）。唐高宗乾封二年（667 年），大秦国（拜占庭）国使曾向中国皇帝敬献了底野迦。约旦城在阿拉伯帝国腹地。阿拉伯人常用此解毒药。阿维森纳《医典》列有它的各种成分。这个药方曾于元代传到了中国。

从以上情况看，不少阿拉伯医药在唐代就被记载于中国官方编修的医药书籍中。宋朝的官修药志，即唐慎微等人编写的《政和本草》在唐《新修本草》的基础上又增加不少种阿拉伯药。明李时珍《本草纲目》总其成，收载的药物品类最多、最丰富。由此可见，阿拉伯药物对传统中医的影响是相当大的。

相传，穆罕默德曾讲过："学问有两种，一种是为宗教的教义学，一种是为身体的医学。"这表明，阿拉伯人在诸种科学中，对医学是最为重视的。大食国的历代君主继承了他们的这位先知的思想，对医生的劳动给予较高的报酬。景教僧伯赫帖舒（约卒于 830 年）曾担任两位大食王赖世德和麦蒙的御医，也担任伯尔麦克族公馆的医生，因此积蓄了 8880 万迪尔汗（银汗）。他的后裔一连六七代人都是名医，最后一位名医生活在 11 世纪的后半叶。阿拉伯人对药物学的研究、药材的利用是成绩卓著的。8世纪后半叶，查比尔·伊本·哈彦等撰写了很多关于药剂学的论文，编制了药方集，开设了阿拉伯的第一批药剂工厂，创办了药剂师学校。从麦蒙时代起，想当药剂师和医生的人都要经过考试，不合格者，不发给营业执照。931年，首都巴格达曾对860位医生进行了考试，使庸医都被淘汰了。大食王穆格台迪尔的一位重臣叫阿里·伊本·伊萨，他曾组织一批医生带着药品在全国进行了一次巡回医疗，对百姓施行救济。可知，阿拉伯人对帝国的公共卫生医疗事业是特别关注的。此外，大食王诃伦于9世纪初曾仿照波斯医院的格局创立了伊斯兰世界的第一所医院——巴格达医院。医院被叫做"比玛利斯坦"，这是波斯语词，义为"治病的地方"。不久，又相继在帝国各地建立了34所医院，于892年在开罗建的埃及地区的第一所医院，一直开业到15世纪。11世纪，阿拉伯又出现了巡回医疗队。当时的伊斯兰医院均附设有药房和病房，并为妇女特设病房。有些医院还设置了医学图书馆，并讲授医学课程。可以说，阿拉伯社会在9世纪时就已具备了完整的医疗体系。

阿拉伯人原本是个游牧民族，从事一定的过境贸易，文化素质并不高。但是，当他们走出沙漠时，便以强烈的求知欲向周邻国家索取科学文化知识。在叙利亚，他们吸取了阿拉马文化，这种文化曾受过晚期希腊文化的影响；在伊拉克，他们采纳了曾受波斯影响的伊拉克文化。在巴格达城建成后的不到百天，阿拉伯学术界就已掌握了希腊的亚里士多德主要的哲学著作、新柏拉图派主要的注释，盖伦医学著作的绝大部分，还有波斯——印度的科学著作。古希腊人花了几百年才发展起来的医学，阿拉伯学者在几十年内就把它完全地消化了。由于阿拉伯人吸收了希腊医学和波斯医学的主要内容，阿拉伯医学才逐渐形成并走向辉煌。

产生阿拉伯医学的重要前提，就是对各国古代医药图籍的翻译。最早从事希腊文翻译的是艾卜·叶海亚·伊本·白图利格（796～806年间去世），他曾给黑衣大食国第二代王阿蒲恭弗译出希波克拉底和盖伦（Galen，121～201年）的医学著作。另两位大翻译家是叙利亚的景教僧叶海亚·伊本·玛苏雅（857年卒）和侯奈因·伊本·易斯哈格（Joannitius，809～873年），他们及其弟子几乎将全部古希腊医药著作都译成古叙利亚语（阿拉马语之一种）和阿拉伯语。当时的大食王对他们翻译学术著作的工作奖励有加。侯奈因所译的名著，大食王麦蒙依其译稿的重量，给他以等重的黄金酬劳他。在这种鼓励下，阿拉伯人所掀起的将各国科学著作翻译成阿拉伯文的翻译运动，前后达50年左右，从而抢救了大量的古希腊科学文化遗产。这是阿拉伯人对世界文化史的一大贡献。

继这批伟大的翻译家之后，又出现了许多医学著作家。他们多为波斯血统，但都是用阿拉伯语写作。例如拉齐、麦朱西、伊本·西那。他们的著作继承了希腊医学的哲学理论，吸收了希腊、罗马、波斯文、印度、埃及、中国的医学成分。12 世纪以来，阿拉伯医学、药理学著作被陆续译成拉丁文、波斯文、中文文本，从而对东、西方的医学都产生了深刻而重大的影响。

阿拉伯医学，就其整体言，是在中国的宋、元时期传入中国的。但在唐、五代时就应有其某些方面的医术已为中国所晓。

唐代，已有一些治病健身的成药出现。这些成药来自阿拉伯医学。

《酉阳杂俎》前集卷一言："安禄山恩宠莫比，赐赍（赏赐）无数，其所赐品目有：桑落酒。"桑落，应是熟透后未及人采而自落于地的桑葚。唐《新修本草》及其以前各朝的中文医方书只提及桑白皮、桑寄生等与桑树有关的药材，从未出现用桑葚入药的记述。再有，唐天子将桑落酒赐予安禄山，这表明，它是稀罕之物，应是外国的贡品。据伊本·贝塔尔《药典》卷一所言，西方医学早已使用桑葚来治病了。该书讲："盖伦在其书第七章讲，这是种树。当它的果实成熟了，它就能通大便。若它没成熟，它就起干燥的作用，则变成使粪便特别秘结的药，以至于能医治肠壁上的溃疡，治腹泻有效，并对各种因渗析（渗漏）水分而引发的疾病有改善作用。在与一些食物，如盐肤木的果实捣细、混合后服用为宜。人们很爱喝它与水或果子露酒混合后的饮剂。用成熟的桑葚果汁为药引子，则有助于各种口服药的服用，对此可谓无人不晓。"盖伦的这些有关桑葚的药用知识，当是他在埃及从事研究时归纳的，因此，桑落酒应是从阿拉伯、波斯、希

次，七日效。"这种吹鼻法，阿拉伯人早已使用了。伊本·贝塔尔《药典》"木乃伊"条目言：拉齐在《集成》中讲：……治偏头痛、麻痹、面部神经瘫痪、羊癫痫、头晕有效。方法是：将浸过香薄荷水的 1 哈伯（重量单位，约合 0.062 克重——笔者注）量（木乃伊）吹入鼻子里，即可治好如上诸病。……1 哈伯的量与麝香、樟脑、腽肭脐（海狗肾）同用，或是 1 哈伯的量浸过柳树油（又作"豆蔻油"解），吹入鼻内，可治好年深日久的头痛……［另一种木乃伊］用此药吹入鼻中，可治愈瘫痪、面部神经麻痹等。

拉齐（864～932 年）是唐至五代时人。其后的伊本·西那（阿维森纳，980～1037 年）的《医典》也有与之类似的内容，出现的时间均早于《圣济总录》（1111～1117 年间写书）的记载。再者，《圣济总录》的"吹鼻子去障翳方"所用药都是阿拉伯、波斯人的常用药。足见，这个方剂受到了阿拉伯医学的影响。

自古，传统中医是不分科的。但自北宋元丰年间（1078～1085 年），宋太医局分起科来了。成书于政和丁酉年（1117 年）的《圣济总录》将医术分成十三科。元代人陶宗仪在《南村辍耕录》中追述了此事，认为这十三科为"大方脉（科）、杂医科、小方脉科、产科兼妇人杂病科、眼科、口齿兼咽喉科、正骨兼金簇科、疮肿科、针灸科、祝由兼通言"。用如今的话说，大约为内科、外科、妇产科、眼科、耳鼻喉科、口腔科、儿科、骨科、神经科、传染病科、针灸科等。

西方古代医学，如古代的希腊、波斯和阿拉伯医学，一向是分科的。比如，希波克拉底专事骨科，阿拉伯医学家侯奈因·伊本·伊斯哈格攻于眼科，并著有《眼科十论》。宋代是阿拉伯人同中国的海上交通最为频繁的时期，因此，中国医学也会同阿拉伯医学发生接触，宋代医学的分科，除了有中医学自身发展的动因外，同时，也是它受西亚传来的阿拉伯医学影响的结果。

在使用药引子方面，中医学也借鉴了阿拉伯医学的方法。比如，唐《新修本草》"兔头骨"条讲，"兔皮毛烧为灰、酒服，疗难产"其药引子是酒。到了宋代，唐慎微《证类本草》卷十七"兽部中品"讲，用兔头加乳香制成催生丹。在服用时，用"醋汤下"。此法与伊本·西那《医典》卷二所载"野兔的胃，洗净后，用醋泡 3 日，然后将它服用，就能停止怀孕（即可顺产——笔者注），并能除净子宫的湿液"中的"醋泡"正相一致，它们均采用醋当药引子。由于《医典》比《证类本草》早问世一个世纪以上，因此可以说，中医用醋代酒作药引子的变化，当是借鉴阿拉伯医学的结果。

阿拉伯人的药用蒸馏器也是在这个时期传入中国的。宋代人蔡絛撰《铁围山丛谈》卷五言："旧说蔷薇水乃外国采蔷薇花上露水，殆不然。实用白金为甑，采蔷薇花蒸气成水，则屡采屡蒸，积而为香，此所以不败。但异域蔷薇花之馨烈非常，故大食蔷薇水虽贮琉璃缶中，蜡蜜封其外，然香犹透彻，闻数十步，洒着人衣袂，经十数日不歇也。至五羊效外国造香，则不能得蔷薇，第取素馨、茉莉花为之，亦足袭人鼻观。但视大食国真蔷薇水，犹奴尔。"此书成于南宋初年，可见，阿拉伯人的用蒸馏的方法制取药露的蒸馏器于北宋年间已输入中国，并为广州（五羊）民间所掌握。蒸馏器是制取各种药露的必用设备。元代人忽思慧所撰《饮膳正要》卷三记有"阿剌吉酒"，其中讲道："用好酒蒸熬取露成阿剌吉。"此阿剌吉，乃用蒸馏法产的烧酒。"阿剌吉"，乃阿拉伯语"蒸馏的"、"渗出汗的"（'Araqī）的音译，转义成了烧酒的代称。制烧酒也须用此类蒸馏器。这表明，宋、元时期，阿拉伯人的制烧酒法及其生产设备都传到了中国。

成吉思汗创立的蒙古帝国于 13 世纪初以来，一直重用西亚的阿拉伯医生、景教医生和波斯医生。如黑衣大食王的做法一样，历代蒙古国君主都聘请他们到宫廷里服务。据《鲁布鲁克东行记》（〔美〕柔克义译注）言：元宪宗蒙哥的第二个妃子于 1254 年 2 月重病将亡，一位景教医生用"大黄水"救活了她。元定宗贵由（1246～1248 年在位）就已经从阿拉伯帝国管辖下的叙利亚请来一位景教医生爱薛（义为"耶稣"）为其御医。元世祖忽必烈在立国号"大元"之际，延揽了很多穆斯林医生。当时，由于爱薛"通西域诸部语，工星历、医药"，因此，忽必烈不仅留用他，而且委以重任。他于忽必烈在位的中统四年（1263 年），受命"掌西域星历、医药二司事"（《元史》列传第三十一）。在忽必烈的支持下，爱薛成立了京师医药院，管理伊斯兰医药。他被叫做"回回爱薛"。从此，中国在历史上第一个阿拉伯医学机构出现了。至元十年（1273 年），京师医药院得到充实，改称广惠司，仍由爱薛为长官。他在广惠司工作到至元十三年（1276 年）。以后，为了更好地施展他的才华，忽必烈升了他的官，他"被擢秘书监、领崇福使，迁翰林学士承旨，兼修国史"。于是，他成了御前效力的、为皇帝倚重的高官。他到秘书监工作，实际上是利用他通晓阿拉伯语、波斯语、叙利亚语（阿拉马语）、希腊语的语言专长，为皇帝掌管和研究存放在那里的阿拉伯等国的科学图籍。其中，阿拉伯书籍不少。据《元秘书监志》载，秘书监藏有"忒毕医经十三部"。"忒毕"即阿拉伯语名词"医学、医术"（Tibb）的音译。

由于忽必烈成立的京师医药院、广惠司发挥了良好的作用，因此元仁宗在大德六年（1302 年）六月"丙子，升广惠司秩正三品，掌回回医药"、"掌修制御回回药物及和剂，以疗诸宿卫士及在京孤寒者"（《元史》），从而加强了回回医药的作用。所谓回回医药就是阿拉伯医学体系的穆斯林医药。

忽必烈还于至元二十九年（1292 年），在大都、上都设置了"回回药物院二，秩从五品，掌回回药事"。以后，元英宗"至治二年（1322 年），拨隶广惠司"。据《南村辍耕录》讲，元朝还设有回回药物局。从此后，"回回药物"、"回回医药"成了阿拉伯伊斯兰医药的代名词。回回医学在元代有崇高的地位，又有独立的机构，其作用不在蒙古医学和传统中医之下。

此外，至元十四年（1277 年）六月丁丑日，忽必烈又设置了"尚膳院，秩三品，以提点尚食、尚药局，忽林失为尚膳使，其属司有七"。尚膳院的职能是负责皇室的饮膳和药膳。其膳谱不乏保健疗疾的作用。从延祐到天历年间（1314～1329年）担任饮膳太医的忽思慧撰有《饮膳正要》一书。其中载有多种阿拉伯的药物和药露的名称，如马思答吉（漆树科乳香）、咱夫兰（番红花）、阿剌吉酒（烧酒）等。可见，元代宫廷饮膳中已采用了很多阿拉伯的医药知识。明代人马愈《马氏日钞记》"回回人食事之香料"云："回回茶饭中，自用西域香料，与中国不同。其拌俎醢，用马思答吉，形类地树，极香……又有咱夫兰，状如红花……其煮物用今昔泥，云即阿魏；其淹物有稳展，味与阿魏同，云即阿魏根……麵中用回回豆子，状似榛子肉，味极香美，磨细和于面中，味香，去面毒。"这里讲的状似榛子肉的回回豆子应是埃及豆，又言鸡豆。现埃及、利比亚有产。形状如大粒榛子仁。这表明，阿拉伯药膳到了明代仍然完整地保留在中国穆斯林的生活中。

阿拉伯医术在元代被叫做"回回医术"，从西亚、中亚来的各民族的穆斯林医生都被称做"回回医官"或"回回医人"。其中就有不少来自阿拉伯。他们为中国朝野各界医好了诸多疑难杂症。比如，陶宗仪《南村辍耕录》讲，京城"有一小儿头痛不可忍。有回回医官，用刀划开额上，取一小蟹，坚硬如石，尚能活动，顷焉方死，痛也遄止"。在阿拉伯语中，蟹（Saratān）又义为"癌"、"毒瘤"。《回回药方》将此阿拉伯语名词音译为"撒剌唐"。文中讲"取一小蟹",乃是回回医官为这个儿童做了次切除癌肿的小手术。杜环《经行记》讲大秦国人善"开脑取虫"与此事相雷同。《南村辍耕录》又讲,平江市阊门处有"过客马腹膨胀倒地,店中偶有老回回见之,于左腿内割取小块出,不知何物也。其马随起即骑而去。信西域多奇术哉"。

《南村辍耕录》卷九"奇疾"一节言:"今上之长公主附马刚哈剌咱庆王,因坠马,得一奇疾:两眼黑睛具无,而舌出至胸,诸医罔知所措,广惠司卿聂只儿,也里可温人也。曾识此证。遂剪去之,顷间复生一舌,亦剪之。又于真舌两侧各去一指许,却涂以药而愈。时元统癸酉(1333年)也。广惠司者,回回之为医者隶焉。"文中"也里可温"乃是蒙古语对景教徒的称呼。此聂只儿,同爱薛一样,都成了负责阿拉伯医药的医官。由此可见,阿拉伯医学在元代中国各地很流行,受到广泛的欢迎。

在阿拉伯医学盛行于中国元代的基础上,阿拉伯医药书必会得到流行。有些医方书会被穆斯林的医生世家保存、流传下来。在明代,中国传统医方书里出现了一些阿拉伯医方,也出现了阿拉伯医方书的汉译本。《回回药方》即为这方面的典型事例。

《回回药方》原书共36卷,明代有其抄本。现仅存残本四卷,485页。藏于北京图书馆。全书由汉文表述。其中也夹有大量的阿拉伯文书写的药物名。现存四卷为目录卷之下、卷之十二、卷之三十、卷之三十四。从这四卷书的内容看,这部书同阿拉伯医学的关系极为密切。

卷之十二的内容："众风门"。即医治瘫痪、风湿、风癫紫白癜、风魔胡想类病。载方剂 250 首。

卷之三十的内容："杂证门"。载方剂 370 首。

卷之三十四的内容：治疗金疮、折伤、汤火所伤、棒疮、人牙所伤。并谈针灸。载方剂 129 首。

目录卷之下是《回回药方》的后半部内容的目录。内容涉及治疗咳嗽、胸肺、肠风腹绞痛、泻痢、呕吐、热症、冷症、蛊证、积聚、脚气、脱肛痔漏、消化道、杂症、黄病、妇女病、小儿病、疮疡肿毒、疥癣、气血病。此外还有解毒、避虫兽伤害的方法，制作药剂的方法。

现在，这仅存的《回回药方》四卷残本，也能反映出其原书的结构是系统的，其内容是齐全的。因此，它是一部具有百科全书性质的医书。现将它同阿拉伯医学的关系做一番介绍。

首先是它的语言特征。《回回药方》所包含的语言文字的种类是很多的。除了汉文，还有阿拉伯文、波斯文、维吾尔文。甚至个别名词是古叙利亚文的。

我们阅读《回回药方》最困难之处，就是会遇到大量的外国语的词、句的音译名，即用汉字表示外国话的发音。而这些语句对不了解其底细的人是无法读懂的。其实，它们多是阿拉伯语。阿拉伯语的特殊标志就是有冠词。《回回药方》的很多方剂名都有冠词的译音。比如，"答洼兀里苦而苦迷"，其"答洼兀"是阿拉伯语"药"的意思，其"苦而苦迷"是"姜黄"

之意，或可作"郁金"解。其中的"里"字就是这个"郁金药"的阿拉伯名字中带的冠词 al 的音译。诸如此类的例证还有很多。可见，《回回药方》的诸多方剂是译自阿拉伯文医书的。

《回回药方》同拉齐的医书是有关系的。

拉齐（864～932 年？），波斯血统，出生于波斯古城赖伊（今伊朗首都德黑兰一带）。他是黑衣大食朝最著名的临床医生和多产的作家，曾任巴格达医院院长。他的医学代表作是《天花与麻疹》，其中有世界医学史上首例天花病患者的临床观察记录。其部头最大、内容最重要的著作是《医学集成》，或被叫做《万国医典》。此书于 1279 年被克利摩拿的热拉尔译成拉丁文，在欧洲广为流传，其影响和权威性同阿维森纳《医典》相伯仲。中世纪伊斯兰世界的多种书籍在提到他时，均习惯使用他的原名：穆罕默德·本·宰凯里雅（Muhammad ibn Zakariyā'）。从 10 世纪人伊本·鸠勒鸠勒（987 或 988 年卒）撰写的《医生和哲学家们的分期》到 15 世纪人伊本·瓦尔迪（1457 年卒）撰写的《奇迹书》均如此称呼他。在整个中古时期的伊斯兰文化界，除他以外没有任何人也叫"穆罕默德·本·宰凯里雅"，因此，没有与他重名的。《回回药方》目录卷之下"痔疮类"一节，录有"马哈麻的［本］咱可里牙"这个人名。在"疮痈类"一节，录有"马哈麻［的本］咱可里牙"一名。从对音上看，这两个汉文人名正是拉齐的原名的音译。由于阿维森纳《医典》之中没有提到过拉齐的原名，这表明，写有"马哈麻的

[本] 咱可里牙"的《回回药方》，肯定录有《医典》之外的拉齐的医书的内容。进而表明，拉齐的医书应在《回回药方》成书前的元代就已传入中国。由于拉齐同麦朱西、阿维森纳是世界公认的阿拉伯医学史上最伟大的 3 位医学家，因此，拉齐与《回回药方》联系在一起的意义是非比寻常的。也就是，拉齐的医方书成了《回回药方》的写作素材。《回回药方》的学术价值也应是很高的。

《回回药方》卷之三十记有人名"麻而瓦即"。查基福提（1167～1248 年）撰写的《哲学家史》可知，"麻而瓦即"是 9 世纪至 10 世纪的黑衣大食朝首都巴格达的医生麦尔瓦即（Marwazzī）。他出生在波斯古城木鹿（今土库曼斯坦的马雷）。麦尔瓦即是他的附名。他又叫做艾卜·叶海亚·麦尔瓦鲁吉，是一位景教僧。《回回药方》有他创制的药方"古里古刺纳麻而瓦即方（意为'麦尔瓦即的胡荽籽方子'）"。

除了麻而瓦即，《回回药方》还提到另外几位大食国的景教僧医学家。

第一位是叶海亚·本·玛苏雅。《回回药方》卷之三十记有，"又一方是雅黑牙宾马锁牙是古回回医人造者"。从阿拉伯语发音看，这是个人名，正是黑衣大食著名医生叶海亚·本·玛苏雅（Yaḥyā bn Māsūyah），人们常简称做"玛苏雅"。他的拉丁语名字是 Mesua。他是 9 世纪人（857 年卒），在大食王诃伦·拉希德时代从事将希腊文古医书译成阿拉伯文的工作。他本人有丰富的临床经验和高超的医术。拉希德请他从事翻译工作。被译的医书是穆斯林们在征服安基拉（今土耳其首都——安卡拉的古代称谓）、阿姆利亚和拜占庭各地时获得的。大食王委任他为众翻译的长官，派给他一些书写员供其调用。他相继为拉希德、艾敏、麦蒙及其之后的诸位大食王效力，直到穆台瓦基勒大食王时代。早先，他在伊朗的君迪萨布尔的医学学校工作。后来，到巴格达建立了一所医院。他个人的医学著述达 12 种之多，其中有《本草》、《医用泻药》、《诸毒药及其解法》。据说大食王麦蒙是他的学生。

第二位是侯奈因·伊本·伊斯哈格。《回回药方》卷之三十记有，"又一方虎逎尼宾亦西哈黑药方"。此人名的阿拉伯语原本发音为"侯奈因·伊本·伊斯哈格"，联诵时，读成"侯奈尼·本·伊斯哈格"。由于波斯语将阿拉伯文的 Q 字音念做 Gh 字音，因此，这个人名就被读成"侯奈尼·宾·伊斯哈贺"。《回回药方》的读音是受波斯人读法影响的结果。此人于 809年出生于幼发拉底河畔的希赖（即《后汉书·安息传》的于罗国、《新唐书·大食传》的夏腊、《元史》的旭烈）城，为出身于景教僧家庭的阿拉伯血统的医师。由于他毕生将大量的希腊文著作译成古叙利亚文和阿拉伯文，因此，阿拉伯人称他为"翻译家的长老，是这个时代最伟大的学者和最尊贵的人物之一"。他与叶海亚·伊本·玛苏雅、拉齐齐名。大食王麦蒙任命他为图书馆馆长兼科学院院长、智慧馆馆长。由于这个职务，他负责全部科学著作的翻译工作。他与其子伊斯哈格将亚里士多德的著作《解释篇》译成了阿拉伯文，并著有《眼科十论》。

还有一位是撒剌必荣。《回回药方》卷之三十记有，"又一方补里西於撒剌必荣是古回回医人传者"。这个撒剌必荣正是阿拉伯医师塞拉比雍，其全名为叶海亚·本·塞拉比雍（Yahyā bn Sarābiyyūn），为 10 世纪的医师。他曾用古叙利亚文撰写了一部医书，名为《库纳什》，义为《医术大全》。他的袖珍医方书被译成了阿拉伯文和拉丁文。大食国中地位最高的 10 位医生中必会有他。阿维森纳《医典》卷五记有"伊本·塞拉比雍处方中所传的伽里努斯泻药"。

上述 3 位景教医学家的名字及其方剂出现在《回回药方》中，这表明，不少大食国的景教僧的医书也成了《回回药方》的写作素材。《回回药方》的内容与黑衣大食的古代医书之间关系相当密切。这也表明，无论是在大食国，还是在元代中国，景教医生为伊斯兰医学的形成与推行均作出了卓越的贡献。

如果说阿拉伯帝国的景教医生的主要贡献在于他们将大量的希腊医书翻译过来，那么，帝国的波斯血统的医生的主要功绩在于利用古希腊、波斯、印度、埃及等各国医学文献，写出了门类齐全、内容系统、充满哲理、考据翔实的一批阿拉伯文的医学百科全书。他们的工作是对各文明古国的医药学的继承。他们是古代阿拉伯医学体系的创立者。除了拉齐，还有以下诸位。

第一位是沙卜而撒哈里。《回回药方》卷之三十记有"沙卜而撒哈里是古回回医人"。萨马拉伊撰写的

《阿拉伯医学简史》（上册）讲，伊朗在3～9世纪有一个医学中心，即君迪萨布尔。在萨桑王朝时，波斯君主艾奴细尔旺（531～579年在位）在这里建立一所医院。但实际上，医院又是教授医学和其他科学的学校。景教僧使用的古叙利亚语是这里的教学用语。医术用语为希腊语。药名用波斯文称呼。大食国第二代王欧末尔·本·海塔卜（634～644年在位）征服了它。然而，那里的研究、治疗工作从未停止过。在黑衣大食朝取代了白衣大食之后，波斯故地的医生相继到巴格达谋生。沙卜而撒哈里原本是君迪萨布尔医院的院长，后来随其父来到巴格达。他是波斯血统，于869年去世。阿卜杜勒·哈密德·阿卢吉撰写的《伊拉克医学史》讲，他著述甚丰，其中有《药物的替换》、《药理学》（Aqrābādhīn）、《食物与泻药的分别》、《睡与醒》。《回回药方》记有"加剌八丁"文书。它应是沙卜而撒哈里的《药理学》的汉字音译名。波斯人称之为Qrābādīn，与《回回药方》的"加剌八丁"的发音相同。此外，阿维森纳《医典》卷五也记有他的医方。因此，《回回药方》的写作素材中必有沙卜而撒哈里的医学专著。

第二位是撒哈而八黑忒。《回回药方》卷之三十记有"撒哈而八黑特是古回回医人"，还记有"沙卜而并撒哈而八黑忒文书"。阿维森纳《医典》卷五在记述四味本草的解毒药（Tiryāq）时提及，"塞哈尔白赫特（Sahārbakht）讲，它出自齐亚达的处方"。撒哈而八黑忒就是此人。他的全名是伊萨·本·塞哈尔白赫特。

萨桑朝波斯君主艾奴细尔旺的孙女就叫塞哈尔白赫特。撒哈而八黑忒原本是他母亲的名字。他母亲为波斯血统。他父亲是伊萨·本·马塞尔鸠雅,是景教僧。其祖马塞尔鸠雅是大食王诃伦·拉希德时代的景教医师。其祖孙三代人都在大食王设立的智慧馆从事过翻译、研究工作。据萨马拉伊的《阿拉伯医学简史》介绍,撒哈而八黑忒是君迪萨布尔人。他译过盖伦为阐释希波克拉底医书而写的《解释书》的最后三篇论文。他自己著有《草药功效书》。他的著作流传较广,1832年印度加尔各答出版了他译的三篇论文。《回回药方》提到的"沙卜而并撒哈而八黑忒文书"乃是他与另一位叫沙布尔的医师(很可能就是沙卜而撒哈里)共同署名的医书。这表明,他的医学著作在元代已传入中国。他曾是君迪萨布尔的医学教授,在伊斯兰学术界有很高的威望,其特长在于对本草的了解和利用。

第三位是麦朱西。《回回药方》并未提及他的姓名,而是提到了他写的医书。麦朱西是波斯血统的黑衣大食医生。"麦朱西"是其附名,意为"拜火教的"。其全名为:"阿里·本·阿拔斯·麦朱西"。他于994年去世。他因撰写了《王书》而闻名。这是为了纪念布韦希王朝的君主阿杜德·道莱·方纳·胡斯罗(949～983年在位。布韦希王朝是波斯族人在10～11世纪建于伊朗伊斯法罕、卡兹龙、舍拉子、克尔曼一带的地方民族政府,其势力大时曾于945年间权倾大食国。——笔者注)而写的。此书原名叫《医术全书》。从篇幅看,它比拉齐的《医学集成》要简要。

菲利浦·希提《阿拉伯通史》讲，其后的"欧洲的医生都用功地学习这部书。直到伊本·西那（阿维森纳）的《医典》取而代之"。在古代，很多医学界、文化界的知名人士习惯将其书名简读。侯奈因·伊本·伊斯哈格（809～877 年）的《眼科十论》的注释者称之为"完善的医术"。据《伊拉克医学史》等阿拉伯医史书籍的介绍可知，中古时期的 656 种医药书籍的书名中，只有麦朱西的这部书才有"完善的、完全的"这个形容词。《回回药方》卷三十记有"又一方，是可眉里文书内说"。其中的"可眉里"正是阿拉伯语"完善的"、"完全的"一词的音译。这是因为，中国元、明两代的汉文典籍均将"可"字来表示"喀"（Kā）字音。今阿富汗的喀布尔，《元史》记为"可不里"。我国新疆地名喀什噶尔（喀什），《元史》亦记为"可失哈耳"。也因此，成书于明代的《回回药方》也将产自阿富汗的喀布尔的诃子（诃梨勒）写成"可不里诃子"。因此，本应读做"喀米勒"的阿拉伯语"完善的"一词，在《回回药方》中也写成"可眉里"了。因此，这个"可眉里文书"就是麦朱西的《医术全书》，只不过，书名中的"医术"两字又被古代医生们省略掉了。由于阿维森纳《医典》没有提到麦朱西及其《医术全书》，而《回回药方》却引用了这书的方剂内容。因此说明，《医术全书》是独立于《医典》之外的又一部同《回回药方》有直接关系的阿拉伯文古医书。事实上，由于用了此书的内容，中国《回回药方》的以"失里撒"为名称的处方，比《医典》还多出一种。由于麦朱西在阿拉伯医学史上同拉齐、阿维森纳齐名，他们同是伊斯兰医学史上最伟大的三位医学家。因此，《医术全书》的内容加进《回回药方》之后，使《回回药方》的学术价值被大大地提高了。这也表明，麦朱西的书在元代已传入中国。

最后，介绍一下阿维森纳《医典》同《回回药方》的关系。阿维森纳（Avicenna）是作者的拉丁语名字。其阿拉伯语名字是伊本·西那（980～1037年），别名"艾卜·阿里"，或者叫艾卜·阿里·本·西那。因此，《回回药方》在提到他时，称之为"卜阿里"、"阿不阿里撒纳"。阿维森纳祖籍巴尔赫，波斯血统。其父到布哈拉地区当收税官时与当地人结婚。980年，阿维森纳出生在布哈拉古城的郊区小镇艾夫舍纳。从小聪颖好学，在15岁时，曾为布哈拉的萨曼王朝的君主治好过病，遂准许他每日使用君主的私人图书馆。他利用数年时间在那里学习和研究了用阿拉伯文书写的古代各国的科学图籍，尤其是希腊的哲学、逻辑学、医药学、天文学和数学方面的专著。他也潜心研读了伊斯兰教法学著作。他曾写过《古兰经》注释书，又将古希腊亚里士多德的哲学与伊斯兰哲学进行了比较研究。他同伊斯兰教大哲学家法拉比过从甚密。阿维森纳首先是位伟大的伊斯兰哲学家，有著作传世。在他20岁左右时，他来到里海南岸的戈尔甘（《元史》称作"朱尔章"）生活、工作，以行医为业。在朋友的资助下，他用阿拉伯文写成了不朽的鸿篇巨著——

《医学法典》（简称《医典》）。这是包罗万象而又脉络清晰的医学百科全书。它既有古希腊人的哲学体系方面的论述，又具体指导医生如何治病，还对 700 余种本草做了考据翔实的介绍。其内容不仅有希腊、埃及、巴比伦、印度的古老医术和医方，而且还有不少中国药物性状的描述。13 世纪被译成拉丁文，遂在欧洲基督教诸国得到广泛的流传，被当做医学"圣经"达 6个世纪之久。过去，这部著作是否传到过中国，人们一直无法确定。但《回回药方》与《医典》关系一旦被揭示出来，人们将会发现，《医典》传入中国的时间与它传入欧洲的时间大约是一样的。现将两书的情形作一番比较。

首先，这两部书的体裁是颇为相似的。《回回药方》共有 36 卷，内容分为 36 门。《医典》全书为 3册，共 5 卷，其中的第二卷不分章节，而是 700 余本药的集志，独为一部。第五卷也不分章，仅分为两部，前部是论制备成药的方法与注意事项，内含 12 篇论文；后部为经验方的集锦。《医典》第一、三、四 3 卷是论治病的理论与方法，共 33 章。因此，其各章、部数和在一起为 36 章、部。这在数目上与《回回药方》的 36 门相一致。

再从内容的序列上看，《医典》将接骨、防毒、美容（治癣、秃发、紫白癜风）安排在治病内容的最后3 章。《回回药方》也将相应内容放在全书的靠后部分，即"卷之三十三众疮肿毒门"、"卷之三十四金疮门、折伤门"、"卷之三十五众虫兽伤门"。这些在体裁上的相似之点令人想到这两部医书的关系不寻常。

《医典》与《回回药方》在内容上有很多相同和相似之处，在名称和顺序上能对应起来的处方很多。

例如，《回回药方》卷之三十四"折伤门"的骨科论述同《医典》相比较，《医典》论述较详细，《回回药方》较扼要。但其骨伤科治疗理论是一样的，《回回药方》陈述的肩骨脱臼复位法即为一例，可与《医典》卷四第五章第一篇论文"谈肩部脱臼"相对照。

《医典》讲，肱骨从肩胛骨窝脱臼有方向性，向前、后及上方都不易脱臼，但"至于向下方脱出，则确可脱出很多。特别是瘦人，其肱骨的脱位与复位都是很容易的。但这对于胖人，则很困难。新生儿因难产而脱臼，就是说，以后又没及时复位，那么，它（肱骨）发育得不够长度。臂膀也长得细瘦。其中略好些的，也只是婴儿尚未断臂，不过，其肱骨和桡骨长得细而短。其中的多数人，则会发生骨折，情况好的，多是手臂长得像黄鼠狼的手那样短⋯⋯"《回回药方》对此写道："此等脱离，但向下无向上、向后的理，盖上则有肩胛骨，后则有背骨抵住，向里或稍有脱出的理，瘦人此等脱出与移入皆易；肥壮人则难。若婴儿，初因难下遇此外脱离，不速移入，臂即短了，常有啼号，辏接处瘦了，手如黄鼠的手。"对脱臼状况的陈述，《回回药方》与《医典》是大体一样的。尤其讲新生儿肩部脱臼后不及时复位，将来他的伤臂长成黄鼠狼的小手一样，这些比喻也是相同的。

阿维森纳《医典》同《回回药方》在本草使用上

的相同之处则更多。比如在治红伤方面，《医典》卷四论治疗头破血流时，录有一个"头颅的药"其中使用了芦荟、没药、乳香、血竭四种。《回回药方》卷之三十四亦言："治伤血不止，却将伤口朝上，用冰冰冷，却用：芦荟、乳香、没药、血竭，右各等分为末，却用鸡子清调和，用兔儿毛，或用乱丝展上，此药贴伤，其血即止。"

由于在体裁、内容上，《回回药方》与《医典》皆相仿，因此，《回回药方》不是一般的专科医书，而是一部类似《医典》的综合性的医书，而且是部头比较大的医学百科全书。

更为有意义的是，既然《医典》同《回回药方》相同之处颇多。那么，《医典》肯定是《回回药方》的写作蓝本。《医典》在《回回药方》成书之前就应该传入中国。元代人王士点、商企翁同编的《秘书监志》卷七讲，至元十年（1273 年），秘书监司天台已使用了"忒毕医经十三部"。前已述及，"忒毕"乃阿拉伯语"医学、医术"之意。《医典》之原意为"医学经典"、"医学法典"，可以称作"医经"。因此，阿维森纳《医典》一书应是这"忒毕医典十三部"中的书。过去，中国、外国学术界无任何人用证据来讲清这件事。如今，《回回药方》在中国的出现，已成为《医典》于蒙元时期就已传入中国的重要证据。

五　明、清之际的中阿文化交往

郑和下西洋的壮举，在南亚、西亚诸国产生的重大影响，至使阿拉伯地区的各个地方政权主动派使节访华。1426 年，白葛达（巴格达）首先遣使访华。1430 年，又有阿丹（亚丁）、祖法尔（阿曼苏丹国的南部地区）、木骨都束（索马里的首都摩加迪沙）等阿拉伯国家遣使访华。1441 年，米昔儿（埃及）也遣使访华。尤其是伊斯兰教的圣地所在的天方国（今沙特阿拉伯王国的麦加城一带）自 1433 年以来频繁遣使来华，到 1548 年间，其访华次数达 15 次之多，平均不足 7 年访华一次。这些外交往来促进了中国同阿拉伯的交往，也促进了伊斯兰文化的东传。明清以来，生活在中国的各族穆斯林加强了同阿拉伯世界的文化往来。很多人成了中阿交往的友好使者，成了伊斯兰文化的传播者。其中，有祖籍阿拉伯的，他们在阿拉伯游学和朝觐，带回阿拉伯语言文化书籍和伊斯兰教经典，回国后，又从事大量的介绍、翻译工作，使中国人能具体入微地认识、了解阿拉伯。

王岱舆（约 1570～1660 年），明清之际的中国回族穆斯林学者和经师，著名的译著家。名涯，以字行，晚年别号"真回老人"。金陵（今江苏南京）人。祖籍阿拉伯。明代初年，其先人随贡使到中国，因其先人通晓天文学，明太祖（1368～1398 年在位）时在钦天监任职并有南京敕建净觉寺供其居住，世代免除徭役。因承家学，王岱舆熟悉伊斯兰教义和阿拉伯、波斯典籍。成年后，攻读百家之书，被誉为"学通四教"（指佛、儒、道及伊斯兰教）。后专攻伊斯兰教义，立志用汉文介绍伊斯兰教。长期从事译著，著有《正教真诠》、《清真大学》、《希真正答》等汉文著作，流传颇广。对伊斯兰教的信仰基础、伦理道德、教法制度做了介绍。

刘智（约 1655～1745 年），清初回族伊斯兰教四大译著家之一，字介廉。金陵（今南京）人，出生于虔诚的穆斯林之家。通晓阿拉伯语、波斯语。有译著数百卷。著有《天方性理》、《天方典礼》，又将阿拉伯文"真本"《天方至圣录》译为汉文，此书更名为《天方至圣实录》，此书在民间手抄流传，于 1775 年刊印。又著有《五功释义》、《天方三字经》、《天方字母解义》等书，对阿拉伯人的思想信仰和阿拉伯语文做了介绍。

马德新（1794～1874 年），清代回族伊斯兰教四大译著家，字复初，云南大理人。道光二十一年（1841 年）赴阿拉伯半岛的麦加朝觐，漫游麦地那、开罗、耶路撒冷、伊斯坦布尔、亚历山大里亚等城。

在阿拉伯的八年间，广搜经典，与当地学者共同探讨学问。归国后，写有《朝觐途记》。晚年，他完成阿拉伯文、波斯文译著 30 余种，其中的《宝命真经直解》是中国最早的《古兰经》节译本。其中的《天方历源》、《寰宇述要》等书是介绍阿拉伯天文、历法、地理及历代典章制度的专门译著。

如上的中国穆斯林学者是很多的，他们使中国人对阿拉伯世界不断地获得新的认识，也是他们将阿拉伯、伊斯兰文化传承下来，遂令阿拉伯文学名著《一千零一夜》（天方夜谭）、《阿拉伯通史》等书在 20 世纪陆续出现了中文译本。阿拉伯和中国的友好往来也因此得到长足的发展。

结 束 语

　　以上的陈述，意在反映出中国同阿拉伯在上千年的漫长岁月中，相互间进行过频繁和密切的文化交流。中国和阿拉伯都有过历史的辉煌。都曾为发展民族的科学文化而做过不懈的努力。而中国与阿拉伯之间的交流，就是这样一种努力。如今，我们共同面临着新的挑战，就应发扬友好交往、密切交流的传统，在各自发展的同时，相互学习、促进，走共同繁荣、共创辉煌的道路。

　　中华民族是世界上最伟大的、历史最悠久的、文化最昌明的民族。她有几千年的未间断过的文字写成的历史，这是任何其他民族所无法相比的。中华民族创造的各种文化一旦传到域外，总给其他民族以积极的影响。但同时，她又有最为博大的胸怀，对域外文化一直未中断过吸收、借鉴。各种文化如百川汇海，融入中国文化之中，从而丰富了自己，促进了自身文化的再创造。阿拉伯古代文化传入到中国的汉文化中之后，似乎消失了，不起作用了。其实不然。当你品茗时，所闻到茶上那茉莉花的清香不应忘了，它是来自阿拉伯。当人肩骨脱臼时，如今仍采用阿拉伯人传给我们的那种治法。这表明，我们中华民族自古就善于吸收外国文化，使之与传统中国文化同化、融合在一起。这是一个伟大民族生命力强盛的表现。

参考书目

1. 陈佳荣：《中外交通史》，学津书店，1987。

2. 何芳川、万明：《古代中西文化交流》，山东教育出版社，1991。

3. 张星烺编著《中西交通史料汇编》，朱杰勤校订，中华书局，1977。

4. 陈高华、吴泰：《宋元时期的海外贸易》，天津人民出版社，1981。

5. 〔美〕希提：《阿拉伯通史》，马坚译，商务印书馆，1979。

《中国史话》总目录

系列名	序号	书　名	作　者	
物化历史系列（28种）	30	石器史话	李宗山	
	31	石刻史话	赵　超	
	32	古玉史话	卢兆荫	
	33	青铜器史话	曹淑芹	殷玮璋
	34	简牍史话	王子今	赵宠亮
	35	陶瓷史话	谢端琚	马文宽
	36	玻璃器史话	安家瑶	
	37	家具史话	李宗山	
	38	文房四宝史话	李雪梅	安久亮
制度、名物与史事沿革系列（20种）	39	中国早期国家史话	王　和	
	40	中华民族史话	陈琳国	陈　群
	41	官制史话	谢保成	
	42	宰相史话	刘晖春	
	43	监察史话	王　正	
	44	科举史话	李尚英	
	45	状元史话	宋元强	
	46	学校史话	樊克政	
	47	书院史话	樊克政	
	48	赋役制度史话	徐东升	
	49	军制史话	刘昭祥	王晓卫
	50	兵器史话	杨　毅	杨　泓
	51	名战史话	黄朴民	
	52	屯田史话	张印栋	
	53	商业史话	吴　慧	
	54	货币史话	刘精诚	李祖德
	55	宫廷政治史话	任士英	
	56	变法史话	王子今	
	57	和亲史话	宋　超	
	58	海疆开发史话	安　京	

系列名	序号	书 名	作 者		
交通与交流系列（13种）	59	丝绸之路史话	孟凡人		
	60	海上丝路史话	杜 瑜		
	61	漕运史话	江太新 苏金玉		
	62	驿道史话	王子今		
	63	旅行史话	黄石林		
	64	航海史话	王 杰	李宝民	王 莉
	65	交通工具史话	郑若葵		
	66	中西交流史话	张国刚		
	67	满汉文化交流史话	定宜庄		
	68	汉藏文化交流史话	刘 忠		
	69	蒙藏文化交流史话	丁守璞 杨恩洪		
	70	中日文化交流史话	冯佐哲		
	71	中国阿拉伯文化交流史话	宋 岘		
思想学术系列（21种）	72	文明起源史话	杜金鹏 焦天龙		
	73	汉字史话	郭小武		
	74	天文学史话	冯 时		
	75	地理学史话	杜 瑜		
	76	儒家史话	孙开泰		
	77	法家史话	孙开泰		
	78	兵家史话	王晓卫		
	79	玄学史话	张齐明		
	80	道教史话	王 卡		
	81	佛教史话	魏道儒		
	82	中国基督教史话	王美秀		
	83	民间信仰史话	侯 杰		
	84	训诂学史话	周信炎		
	85	帛书史话	陈松长		
	86	四书五经史话	黄鸿春		

系列名	序号	书 名	作 者	
思想学术系列（21种）	87	史学史话	谢保成	
	88	哲学史话	谷 方	
	89	方志史话	卫家雄	
	90	考古学史话	朱乃诚	
	91	物理学史话	王 冰	
	92	地图史话	朱玲玲	
文学艺术系列（8种）	93	书法史话	朱守道	
	94	绘画史话	李福顺	
	95	诗歌史话	陶文鹏	
	96	散文史话	郑永晓	
	97	音韵史话	张惠英	
	98	戏曲史话	王卫民	
	99	小说史话	周中明	吴家荣
	100	杂技史话	崔乐泉	
社会风俗系列（13种）	101	宗族史话	冯尔康	阎爱民
	102	家庭史话	张国刚	
	103	婚姻史话	张 涛	项永琴
	104	礼俗史话	王贵民	
	105	节俗史话	韩养民	郭兴文
	106	饮食史话	王仁湘	
	107	饮茶史话	王仁湘	杨焕新
	108	饮酒史话	袁立泽	
	109	服饰史话	赵连赏	
	110	体育史话	崔乐泉	
	111	养生史话	罗时铭	
	112	收藏史话	李雪梅	
	113	丧葬史话	张捷夫	

系列名	序号	书 名	作 者	
近代政治史系列（28种）	114	鸦片战争史话	朱谐汉	
	115	太平天国史话	张远鹏	
	116	洋务运动史话	丁贤俊	
	117	甲午战争史话	寇 伟	
	118	戊戌维新运动史话	刘悦斌	
	119	义和团史话	卞修跃	
	120	辛亥革命史话	张海鹏	邓红洲
	121	五四运动史话	常丕军	
	122	北洋政府史话	潘 荣	魏又行
	123	国民政府史话	郑则民	
	124	十年内战史话	贾 维	
	125	中华苏维埃史话	杨丽琼	刘 强
	126	西安事变史话	李义彬	
	127	抗日战争史话	荣维木	
	128	陕甘宁边区政府史话	刘东社	刘全娥
	129	解放战争史话	朱宗震	汪朝光
	130	革命根据地史话	马洪武	王明生
	131	中国人民解放军史话	荣维木	
	132	宪政史话	徐辉琪	付建成
	133	工人运动史话	唐玉良	高爱娣
	134	农民运动史话	方之光	龚 云
	135	青年运动史话	郭贵儒	
	136	妇女运动史话	刘 红	刘光永
	137	土地改革史话	董志凯	陈廷煊
	138	买办史话	潘君祥	顾柏荣
	139	四大家族史话	江绍贞	
	140	汪伪政权史话	闻少华	
	141	伪满洲国史话	齐福霖	

系列名	序 号	书 名	作 者
近代经济生活系列（17种）	142	人口史话	姜 涛
	143	禁烟史话	王宏斌
	144	海关史话	陈霞飞 蔡渭洲
	145	铁路史话	龚 云
	146	矿业史话	纪 辛
	147	航运史话	张后铨
	148	邮政史话	修晓波
	149	金融史话	陈争平
	150	通货膨胀史话	郑起东
	151	外债史话	陈争平
	152	商会史话	虞和平
	153	农业改进史话	章 楷
	154	民族工业发展史话	徐建生
	155	灾荒史话	刘仰东 夏明方
	156	流民史话	池子华
	157	秘密社会史话	刘才赋
	158	旗人史话	刘小萌
近代中外关系系列（13种）	159	西洋器物传入中国史话	隋元芬
	160	中外不平等条约史话	李育民
	161	开埠史话	杜 语
	162	教案史话	夏春涛
	163	中英关系史话	孙 庆
	164	中法关系史话	葛夫平
	165	中德关系史话	杜继东
	166	中日关系史话	王建朗
	167	中美关系史话	陶文钊
	168	中俄关系史话	薛衔天
	169	中苏关系史话	黄纪莲
	170	华侨史话	陈 民 任贵祥
	171	华工史话	董丛林

系列名	序号	书　名	作　者
近代精神文化系列（18种）	172	政治思想史话	朱志敏
	173	伦理道德史话	马　勇
	174	启蒙思潮史话	彭平一
	175	三民主义史话	贺　渊
	176	社会主义思潮史话	张　武　张艳国　喻承久
	177	无政府主义思潮史话	汤庭芬
	178	教育史话	朱从兵
	179	大学史话	金以林
	180	留学史话	刘志强　张学继
	181	法制史话	李　力
	182	报刊史话	李仲明
	183	出版史话	刘俐娜
	184	科学技术史话	姜　超
	185	翻译史话	王晓丹
	186	美术史话	龚产兴
	187	音乐史话	梁茂春
	188	电影史话	孙立峰
	189	话剧史话	梁淑安
近代区域文化系列（11种）	190	北京史话	果鸿孝
	191	上海史话	马学强　宋钻友
	192	天津史话	罗澍伟
	193	广州史话	张　苹　张　磊
	194	武汉史话	皮明庥　郑自来
	195	重庆史话	隗瀛涛　沈松平
	196	新疆史话	王建民
	197	西藏史话	徐志民
	198	香港史话	刘蜀永
	199	澳门史话	邓开颂　陆晓敏　杨仁飞
	200	台湾史话	程朝云

交通与交流系列

汉藏文化交流史话

A Brief History of
Cultural Exchanges between Tibetans and
Hans in China

刘　忠/著

社会科学文献出版社
SOCIAL SCIENCES ACADEMIC PRESS (CHINA)

图书在版编目（CIP）数据

汉藏文化交流史话/刘忠著. —北京：社会科学文献出版社，2011.12
（中国史话）
ISBN 978 - 7 - 5097 - 2849 - 9

Ⅰ.①汉… Ⅱ.①刘… Ⅲ.①民族文化 - 文化交流 - 文化史 - 汉族、藏族 Ⅳ.①K281.1 ②K281.4

中国版本图书馆 CIP 数据核字（2011）第 222340 号

"十二五"国家重点出版规划项目

中国史话·交通与交流系列

汉藏文化交流史话

著　　者／刘　忠

出 版 人／谢寿光
出 版 者／社会科学文献出版社
地　　址／北京市西城区北三环中路甲 29 号院 3 号楼华龙大厦
邮政编码／100029

责任部门／人文科学图书事业部（010）59367215
电子信箱／renwen@ ssap. cn
责任编辑／范明礼
责任校对／郭艳萍
责任印制／岳　阳
总 经 销／社会科学文献出版社发行部
　　　　　（010）59367081　59367089
读者服务／读者服务中心（010）59367028

印　　装／北京画中画印刷有限公司
开　　本／889mm×1194mm　1/32　印张／6
版　　次／2011 年 12 月第 1 版　　字数／117 千字
印　　次／2011 年 12 月第 1 次印刷
书　　号／ISBN 978 - 7 - 5097 - 2849 - 9
定　　价／15.00 元

总　序

中国是一个有着悠久文化历史的古老国度，从传说中的三皇五帝到中华人民共和国的建立，生活在这片土地上的人们从来都没有停止过探寻、创造的脚步。长沙马王堆出土的轻若烟雾、薄如蝉翼的素纱衣向世人昭示着古人在丝绸纺织、制作方面所达到的高度；敦煌莫高窟近五百个洞窟中的两千多尊彩塑雕像和大量的彩绘壁画又向世人显示了古人在雕塑和绘画方面所取得的成绩；还有青铜器、唐三彩、园林建筑、宫殿建筑，以及书法、诗歌、茶道、中医等物质与非物质文化遗产，它们无不向世人展示了中华五千年文化的灿烂与辉煌，展示了中国这一古老国度的魅力与绚烂。这是一份宝贵的遗产，值得我们每一位炎黄子孙珍视。

历史不会永远眷顾任何一个民族或一个国家，当世界进入近代之时，曾经一千多年雄踞世界发展高峰的古老中国，从巅峰跌落。1840 年鸦片战争的炮声打破了清帝国"天朝上国"的迷梦，从此中国沦为被列强宰割的羔羊。一个个不平等条约的签订，不仅使中国大量的白银外流，更使中国的领土一步步被列强侵占，国库亏空，民不聊生。东方古国曾经拥有的辉煌，也随着西方列强坚船利炮的轰击而烟消云散，中国一步步堕入了半殖民地的深渊。不甘屈服的中国人民也由此开始了救国救民、富国图强的抗争之路。从洋务运动到维新变法，从太平天国到辛亥革命，从五四运动到中国共产党领导的新民主主义革命，中国人民屡败屡战，终于认识到了"只有社会主义才能救中国，只有社会主义才能发展中国"这一道理。中国共产党领导中国人民推倒三座大山，建立了新中国，从此饱受屈辱与蹂躏的中国人民站起来了。古老的中国焕发出新的生机与活力，摆脱了任人宰割与欺侮的历史，屹立于世界民族之林。每一位中华儿女应当了解中华民族数千年的文明史，也应当牢记鸦片战争以来一百多年民族屈辱的历史。

当我们步入全球化大潮的21世纪，信息技术革命迅猛发展，地区之间的交流壁垒被互联网之类的新兴交流工具所打破，世界的多元性展示在世人面前。世界上任何一个区域都不可避免地存在着两种以上文化的交汇与碰撞，但不可否认的是，近些年来，随着市场经济的大潮，西方文化扑面而来，有些人唯西方为时尚，把民族的传统丢在一边。大批年轻人甚至比西方人还热衷于圣诞节、情人节与洋快餐，对我国各民族的重大节日以及中国历史的基本知识却茫然无知，这是中华民族实现复兴大业中的重大忧患。

中国之所以为中国，中华民族之所以历数千年而不分离，根基就在于五千年来一脉相传的中华文明。如果丢弃了千百年来一脉相承的文化，任凭外来文化随意浸染，很难设想13亿中国人到哪里去寻找民族向心力和凝聚力。在推进社会主义现代化、实现民族复兴的伟大事业中，大力弘扬优秀的中华民族文化和民族精神，弘扬中华文化的爱国主义传统和民族自尊意识，在建设中国特色社会主义的进程中，构建具有中国特色的文化价值体系，光大中华民族的优秀传统文化是一件任重而道远的事业。

当前，我国进入了经济体制深刻变革、社会结构深刻变动、利益格局深刻调整、思想观念深刻变化的新的历史时期。面对新的历史任务和来自各方的新挑战，全党和全国人民都需要学习和把握社会主义核心价值体系，进一步形成全社会共同的理想信念和道德规范，打牢全党全国各族人民团结奋斗的思想道德基础，形成全民族奋发向上的精神力量，这是我们建设社会主义和谐社会的思想保证。中国社会科学院作为国家社会科学研究的机构，有责任为此作出贡献。我们在编写出版《中华文明史话》与《百年中国史话》的基础上，组织院内外各研究领域的专家，融合近年来的最新研究，编辑出版大型历史知识系列丛书——《中国史话》，其目的就在于为广大人民群众尤其是青少年提供一套较为完整、准确地介绍中国历史和传统文化的普及类系列丛书，从而使生活在信息时代的人们尤其是青少年能够了解自己祖先的历史，在东西南北文化的交流中由知己到知彼，善于取人之长补己之短，在中国与世界各国愈来愈深的文化交融中，保持自己的本色与特色，将中华民族自强不息、厚德载物的精神永远发扬下去。

《中国史话》系列丛书首批计 200 种，每种 10 万字左右，主要从政治、经济、文化、军事、哲学、艺术、科技、饮食、服饰、交通、建筑等各个方面介绍了从古至今数千年来中华文明发展和变迁的历史。这些历史不仅展现了中华五千年文化的辉煌，展现了先民的智慧与创造精神，而且展现了中国人民的不屈与抗争精神。我们衷心地希望这套普及历史知识的丛书对广大人民群众进一步了解中华民族的优秀文化传统，增强民族自尊心和自豪感发挥应有的作用，鼓舞广大人民群众特别是新一代的劳动者和建设者在建设中国特色社会主义的道路上不断阔步前进，为我们祖国美好的未来贡献更大的力量。

陈奎元

2011 年 4 月

⊙刘　忠

作者小传

　　刘忠，安徽怀远人，1956年马列学院研究生班毕业，分配到中共中央党校历史教研室工作。曾任西藏社会历史调查组正、副组长；中国社会科学院历史研究所科研处处长，副研究员。1989年返聘为特约研究员，1993年起享受国务院颁发的政府特殊津贴。

　　著作有《藏族简志》，合著；《藏族社会历史调查》第一、五、六辑，合著；《汉藏文化交流史话》，自著；《敦煌西域古藏文社会历史文献译注》，合译；《英国收藏敦煌汉藏文献研究》，合编。撰写论文约40篇，主要的有《吐蕃古代土地所有制形态初探》、《试论西藏领主占有制的形成与演变》、《敦煌阿骨萨部落一区成员表藏文文书译考》等。

目 录

引　言

　　中国是一个多民族的以中央集权为特点的东方大国，以其历史悠久，文化灿烂，人民勤劳勇敢，富于开拓和创造精神而扬名于世。中华民族是由中国众多（今为56个）民族组成。汉族是中国的主体民族，发挥着与其地位相称的历史作用。但其他各民族也对开拓、缔造统一的中国，作出了各自的贡献。

　　在中国的诸兄弟民族关系中，汉藏民族关系是尤其有重要意义的民族关系。汉藏建立友好关系的历史，由来久远。汉藏文化交流的历史，源远流长。在语言上，属同一语系。藏语、汉语皆属汉藏语系，有共同的特征，如：每个音节都有固定的音调，单音节词根占大多数，词序和虚词是表达语法的主要手段，有表示事物的量词。但它们分属于不同语族，汉语属汉语族，藏语属藏缅语族，在发音、词汇和语法上有很大差别。

　　藏族人的先民自古生活于青藏高原，在极为艰苦的高寒少氧的条件下生息繁衍、劳动和开拓，既创造了远古的高原人文化，又创造了藏族自己的古老而又

1

辉煌的文化。一面立足于自己的创造，一面广泛学习，吸收周边民族和国家的文化，加以消化和融合，形成了具有自己特色的文化体系。在佛教文化上，藏传佛教独树一帜，别具一格，形成了堪与其他地区佛教相媲美的佛教文化。藏族文化在祖国百花盛开的大花园中，是一簇独具芬芳的艳花奇葩。

本书拟从历史、宗教、敦煌学和科技等方面，探讨和论述汉藏民族关系的建立和发展，以及文化交流的历史进程和特点。希望本书能为有兴趣了解这一课题的读者，勾画一个轮廓和提供若干基本史实。

一 高原人的远古文化

青藏高原古今地貌变化

提起青藏高原，尤其是西藏高原，人们总是认为那是高寒荒凉的不毛之地，空气稀薄而又缺氧，不适宜于人类生存；同时，也很难想象这里曾孕育了古人类的高原文化，是人类的发祥地之一。

地质研究表明：距今 1.6 亿 ~ 1.4 亿年，即地质学所说的中生代侏罗纪早期和中期，青藏高原还是一片汪洋大海，只是到了新生代初期，距今约 4000 万年前才开始成为陆地。当时的西藏最多只是低洼的平原。那时的地势东南低，西边高，沼泽湖泊星罗棋布。喜马拉雅山尚未隆起，没有阻挡从印度洋吹来的湿热季风。西藏地区纯属亚热带型，气候湿热，年平均温度为 10℃ 左右，年降雨量为 2000 ~ 5000 毫升。当时的热带作物遍布西藏，仅高等植物就有 4000 余种。

如果说由海底升为陆地大约经过上亿年的时间，那么由平原变为高原也至少经过了 4000 万年的漫长岁月。据地质考察，高原的出现与不断增高，与印度板块嵌入亚洲大陆板块下面，并不断向北推进有关。据研究，西藏抬升到今天的高度，仅是距今二三百万年间的事。这样西藏处于平原状态就会有 3000 多万年时间。造山运动中出现的喜马拉雅山，成为"高中之高"，阻隔了印度洋季风的北上，使高原气候起了质的变化，形成了干冷高寒的大陆性气候。至今西藏高原仍以每年 1～9 厘米的不同速度在增高，其势头没有减弱。

值得注意的是，不少藏文史籍都曾描述过高原古今地貌变化，有的是基于对今天地貌的了解推测过去，有的或基于传说而加工。其中有些过程描述，如《贤者喜宴》描述的远古高原，竟然与地质考察有着相近的看法。该书说："其时，上部阿里三围状如池沼，中部卫藏四区形如沟渠，下部朵康三岗宛似田畴，这些均沉没于大海之中。……后因观音菩萨为处于水深火热中的众生祈祷，热海始变冷却平静，像注入桶内一样，经工布之曲拉消逝，随后使西藏地区面貌清楚地显露出来。"剔除其中的宗教成分，可以说所述大致与地质分析相符合。

 青藏高原是人类又一个发祥地

青藏高原在远古时代是人类又一个发祥地，这是依据地质和考古研究新进展提出的看法。这一看法，目前已为学术界所接受和认可。

一望无际的大草原，北接河源地带，南至刚露头角的喜马拉雅山的脚下，这时活动着一群群类人猿。

现存的"雪人",可能是残存而没有变为古人类的一支。在第四纪时,喜马拉雅山在不断抬升,整个青藏地区也在隆起,气候开始变得越来越恶劣。

从地下发掘的化石、文物来看,至迟在 5 万 ~6 万年前,高原的古人已开始进入旧石器时代。这些古人类,以原始群团的形式,一支一支地迁徙和定居到大江大河流域,那儿既有山又有水,可以穴居野处,也可以依靠山林以采集果实野菜。他们寻找气候温湿、土壤较好的地区,以便由采集向种植过渡,成为最早以农业为生的居民。藏文史书《贤者喜宴》等书,记载了古人类的这一进程:"在西藏还是洪荒年代,在雅鲁藏布江的山南泽当地方,贡波山洞里住着一个母猴,吃着洞外菩提树上的果实,只是感到孤寂无伴,天神帕巴见日色知道了母猴心意,便化成人身与她成亲,生下的子女就是西藏最早的人类。"因子孙繁衍多,"果子野菜不能满足需要,神从天上带来种子,叫子孙沿雅鲁藏布江流域种植为生"。从 1956 年开始发现高原古人文化遗存起,几十年来的考古工作已有很大进展,不断证明高原自古就有人类活动。

在辽阔的大草原上,孕育了更多的狩猎畜牧群体和部落。他们以狩猎和畜牧为生,逐水草而居。他们也有反映自己祖先起源的传说,自认为是"牦牛种"(苏毗人祭神用人或用猕猴)。远古时期的原始人群,有着各自的人种传说,这是正常的历史文化现象。他们中多数被汉文史籍称为"羌人",但又有自己的部落名或地区名。他们分布广,迁徙远,与汉族祖先华夏族关系密切。由于青藏高原的隆起和环境的变迁，属于羌系统的群体和部落，一部分离开了青藏向外迁徙：一支顺今甘、陕往东，受阻后向北移动，直到今内蒙古、东北，有的可能漂洋过海；一支由藏东往四川、云南等地迁徙，发展为后来的藏、氐、羌等族。

高原古人，不仅不是外来，相反是向外迁徙，这也是考古上的一大发现。高原上留居的羌人仍很多，高原上的古族古国的文化有他们的参加创造。藏族的构成应该包括这些古代游牧人的后裔，而不仅是以农业为生的雅隆人。高原上远古的人类，就是今天藏族、珞族、门巴族、羌族、土族等的共同祖先。

直到今天，沿着喜马拉雅山脉的南北麓，仍居住着珞巴、门巴和僜人等。他们有着自己的"创世纪"和祖先起源的传说，有着自己的语言和史前文化。他们的发展比起藏族来要晚一两千年，仍处于氏族社会晚期，即父系氏族公社或家族公社阶段。门巴的多数已与藏族同步，进入了封建农奴制阶段，但有少部分仍停留在氏族晚期的农村公社阶段。从远古起，辽阔无边的青藏地区就居住着高原古人类。他们尽管有迁徙，有流动，但一直生活在那里，繁衍生息。

 高原原始文化与中原原始

文化的密切关系

从远古起就生活在青藏高原上的古人类，在高原条件日益恶劣的情况下，创造了具有高原特色的古代文明和原始文化。从人种学和文化圈范畴上看，高原古人类与高原周边的、中原的，甚至远及河套、东北的各古族都有密切关系。在青藏高原上的一系列考古发现，说明高原上的旧石器、中石器和新石器，在形制上与中原地区发现的同类石器关系密切，但又具有地区的特点。

1978 年，在昌都加卡区卡若村，发掘出距今 4000 多年前的新石器时代的古人类遗址。卡若文化是 1949 年以后发现的西藏高原上有代表性的一种文化，它与黄河上游的原始文化，特别与其时代相近的马家窑文化，有较密切的关系。

卡若文化的特征是非常复杂的。石器中多半为单面进行加工，其基本器形如切割器、刮削器、砍斫器，似属于中国南方的中石器文化传统。但另一方面，又与黄河上游新石器文化有联系。细石器的较多出现，又具有北方草原民族风格。而卡若文化中显示的强烈地方性特点，应该是与本土的旧石器时代一脉相承，并由此发展而来的。从高原远古文化的分布和地域范围来看，藏北和青海南部和东部，是苏毗活动的中心，在早期文化发展上水平较高。阿里地区早期建立了香雄人的文化体系，但后来兴起的吐蕃（即附国）人，吸收了各地早期的文化而更加发展，可说是青出于蓝而胜于蓝。从语言学角度看，羌族语言大量词汇借自藏族，也反映了吐蕃文化发展的高度。毗邻汉族的党项羌，接受了汉唐和吐蕃的影响，以致后来形成了独特的西夏文化。远古人类中被汉文称为羌人的古人，

其活动地域广阔，可能是使高原文化与中原文化出现密切联系或沟通的重要原因之一。（见图1和图2）

图1　卡若远古村落遗址

图2　昌都卡若出土的石器、骨器

藏族族源新说

藏族族源问题，长期以来有多种说法，主要有南来说、北来说和汉藏一元说。这些说法，一直受到人们的怀疑。通过分析，也可以发现其根据不足。

来源于南来印度说，与佛教徒的牵强附会和夸大有关。实际上这一说法也不否认西藏本地有居民，不过说这些居民把南方天竺（古代印度）王子当天神，让他骑在脖子上接运回家，这就是吐蕃王系第一代聂赤（藏语音译，意为颈上为座）赞普，把传说中他是来自天上，改为印度王子从天而降。进入现代，这一说法曾为印度扩张主义者所利用。

起源于北来羌说，主要依据汉文记载。历史上汉文史籍，曾把西部的古族全纳入羌族范围。羌族在历史上长期活跃于青藏高原的大部分地区，是一个很有影响，分布地域甚广的古老民族。这个民族有多个支系，由西往北、往东迁徙和发展，有的进入中原与华夏族会合；有的远徙河套一带，或形成单独民族，或融入其他民族。至近代单独的羌族仅在四川西部和云南北部的若干县中存在，聚居地在四川茂汶县。

古代汉文史书对羌人记载最早，甚至说中国古代的三皇五帝都有羌人的血统关系。后来随着对西部各族的深入了解，对苏毗、羊同、党项、吐蕃、吐谷浑等的记载也日益清楚具体。苏毗立国最早，所以史书上说"西羌最强"，对吐蕃只说其为"西羌属"，政治

9

上曾属于苏毗，而不直书其为羌族。

至于汉藏一元论，这是蒋介石在《中国之命运》中提出的谬说，其目的是否定藏族为单一民族，比起孙中山先生的"五族共和"，是一个倒退和背叛。他的依据之一是，羌人是汉族来源之一，也是藏族来源之一，但这不能称为"一元"。汉藏族各有自己发展历程。某个古族融入两族中，历史上不仅有羌族，甚至还有其他族构成了汉藏民族的来源的一部分，因此一元说是不能成立的。

中华人民共和国成立以后，考古学界在青藏高原上有一系列重大发现，使藏族族源的"南来说"、"北来说"及"汉藏一元说"等，都不攻自破，难以立足。青藏高原从远古以来就有人类活动，这已为众多的考古发现所证实。

1956年赵宗溥先生在黑河、唐古拉山口等地采得打制石器十几件，考证年代为旧石器时期，其绝对年代距今约5万～1万年。1958年，王辅仁先生在林芝首先发现了古代人类头骨。同年，在青海南部托托河沿岸发现了许多旧石器。从1966年起，相继在西藏的定日、聂拉木、那曲、阿里北部、墨脱，青海湟水流域及黄河沿岸、共和县，以及昌都卡若村、拉萨北郊，都发现了各种石器、骨器、陶器等。在藏北才多茶卡湖畔还发现了一处原始的制造石器的场地。经鉴定，上述这些石器分别属于旧石器、中石器和新石器时代。据推算处于新石器时代的林芝人活动时期，为8000～5000年前；卡若遗址为4700年左右。这些都有力地证明高原人类源远流长，它们就是以藏族为主的高原各古族的远古祖先。综合考古学、民族学和历史学研究的成果来看，提出藏族族源起源于本地土著居民论和融合周边他族论，应该说更符合客观事实，是科学发展至今天的唯一正确的结论。

青藏高原古族古国与中原王朝的早期交往

结合考古资料和文字资料，可以看出高原古人类中私有制、阶级和国家形成的轨迹。高原古人类演变和分化出苏毗人、羊同（又称香雄）人、吐蕃人、羌人、氐人、吐谷浑人（这是鲜卑人的一支，从东北迁入高原）等。最早进入国家时代的是以女王为首的东女国。高原上出现过两个女国，一个主要位于今青海南部和西藏北部，汉文称为苏毗女国。苏毗国力较强，经济文化发展程度走在前列。古书称"西羌最强"即指苏毗。隋朝文帝开皇六年（586年），女王曾派使者向隋朝朝贡。隋炀帝时，命大臣裴矩掌管"西域诸胡"，与"中国交市"。诸胡商至中原后，裴要他们"言其国俗，山川险易"，写成《西域图记》三卷。书序说："从敦煌出发，到达西海，凡为三条道路。"又说："三道诸国，也各自有路，南北交通。其东女国、南婆罗门国等，并随其所往，诸处皆可以通达。"看来东女国朝贡，系经由青海甘肃路线，因书中写道："总凑敦煌，是其咽喉之地。"

另一东女国位于西藏高原东部，地处弱水（今澜沧江）流域。

史称，女王号"宾就"，女官称"高霸"。其王有侍女数百人，其所居皆起重重高屋，王至9层，国人至6层。汉文史书记载，"文字同于天竺"，历法以十一月为正月，恐非此东女国。此女国的地理位置不同于苏毗，故与中原王朝联系路线也不同。史书称其曾附于"附国"（吐蕃异称），故曾随附国使者向隋朝入贡，而在唐初又与其他羌人贡献方物，表示臣服。

两个东女国都被汉文史书称为"羌之别种"。两国共同处是都保存母系制的一些残余，但都已进入奴隶制初期。风俗上又多雷同，出产也相似，故汉文史书记载上出现了混淆之处。

党项羌也是建国较早的大部落，位于今青海高原东北部和四川西北部，与苏毗相邻。

位于西藏高原西部的阿里三围地区的香雄（或称羊同）人，建国也比较早，经济和文化发展一度走在最前列。西藏早期最有影响的宗教——本教，就兴起于香雄。香雄文字是远比吐蕃藏文为早的古老文字。独特的香雄文化后来为吐蕃所吸收，成为吐蕃文化的源流之一。唐朝建立后，羊同于贞观五年（631年），遣使赴长安入朝。贞观十五年，因闻中国内地威仪之盛，又遣使朝贡。唐太宗嘉奖其远道来朝，以礼答慰。据史书记载，当松赞干布的祖父辈达布涅赛时期，羊同王里格奈舒以四大臣加强对四大部落的管理，国力增强，经济和文化也有所发展。

地处雅鲁藏布江中下流域的吐蕃部落，历史悠久，与山南母后部落通婚后，王系传承达 30 余代。但真正兴起时间约在 6 世纪末叶，也即达布涅赛赞普（第 30 代）当权时期。

达布涅赛曾派使者入隋朝进贡。史称：隋炀帝大业四年（608 年），附国国王遣使素福等 8 人入朝。大业五年，又遣其弟子宜林率嘉良夷 60 人入朝，欲献良马，以路险不通，请求开辟山道。入朝路线显由康川进京。藏文史籍说：达布涅赛之子囊日伦赞执政时，"自汉地取得历算及医药"。《隋书》只记附国使者欲献良马，但学习中原先进文化当是不言而喻的。这样两次入朝皆为达布涅赛所遣；从中原带回历算和医药时，已是囊日伦赞执政之日。这样从有史记载的 608 年起，吐蕃与中原王朝便有了正式的朝贡关系。

二 吐蕃王朝初期的唐蕃关系

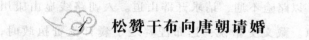

松赞干布向唐朝请婚

6世纪时，雅鲁藏布江中下游流域，逐渐统一于吐蕃人（隋称所建国为附国）。到7世纪初，吐蕃人兼并了苏毗，征服了羊同，统一了卫藏，建都于拉萨，创立了唐朝称为吐蕃的王朝。

当时中原地区经过长期的农民战争以后，建立了唐朝。唐朝经贞观之治，经济繁荣，文化发达，国力富强，成为当时世界之冠。都城长安规模宏伟，人烟繁盛，成为世界上仅见的大城市之一。史书说，"绝域君长，皆来朝贺"，西北诸蕃，皆上书称大唐天子李世民为天可汗。唐天子在诸族心目中享有崇高地位。

吐蕃王朝建立后，贞观八年（634年）松赞干布便派使者到长安，唐朝派行人冯德遐入蕃答聘，从此唐蕃正式建立了友好关系。贞观十年，当吐谷浑王和突厥王子在长安请婚时，吐蕃使者也来到长安为松赞干布请婚。唐太宗答应以衡阳公主嫁给突厥处罗可汗次子，以宗室女弘化公主嫁给吐谷浑王诺曷钵，但却没有答应吐蕃婚事。

吐蕃初次向唐求婚遇到了挫折。贞观十一年，松赞干布经与尼婆罗（今尼泊尔）通好，娶了那陵提婆王之女墀尊公主为妻。但是赴唐求婚使者返回拉萨，向松赞干布报告时却妄说："天子对我们颇为优厚，几乎得到许嫁公主，恰遇吐谷浑王入朝，遂未许婚。"很久以来，吐蕃贵族就想掠夺吐谷浑的牲畜和资财。松赞干布听到使者谎报后，极为愤怒，遂亲率大军20万击吐谷浑，吐谷浑抵挡不住，退至环海一带，丧失了许多牲畜和资财。

当时与吐谷浑世代友好通婚的党项人，也为吐蕃所击溃。松赞干布乘势又进攻唐的边城松州（今四川松潘），松州都督韩威轻敌，结果吃了败仗。这些胜利使松赞干布滋长了骄盛之气，他向左右发大话说："公主娶不来，我就带兵打进长安去。"

唐太宗拒绝了吐蕃的武力威胁，派侯君集等率兵5万，分数路进击吐蕃。松州首战，唐兵夜袭成功，吐蕃兵败，死者千余。原先松赞干布挑起唐蕃冲突时，大臣多不赞成，及至战事长期拖下去，内部矛盾和困难加剧，《唐书·吐蕃传》上说："其大臣请返国，不听，自杀者八人。"赞普连换将相多人，但难以扭转局势。最后赞普任命主和的禄东赞为大相，一面派其入使长安请和，一面引兵返国。

禄东赞是极力主张与大唐友好的贵族。他任大相后，松赞干布以他为正使、智塞恭顿为副使，携带"黄金五千两"和其他珍宝（其中有一名贵的镶嵌着珠砂宝石的金甲），率领从者百人，赴长安再次求婚。尽管松赞干布已与尼泊尔墀尊公主联姻结婚，但高度文明的大唐文物礼仪，仍然吸引着赞普，与大唐建立亲谊关系的心愿仍在激励着赞普。这次赴唐求婚的态度真诚，聘礼十分隆重，加上吐蕃使者禄东赞的应对深合天子心意，唐太宗终于答应以文成公主出嫁吐蕃。（见图3）

图3　（唐）阎立本绘《步辇图》

同时唐天子还任命禄东赞为右卫大将军，并以琅玡公主妻之，赐宅第一座。史书上说："禄东赞曾陈述，不敢奉诏，因'赞普未谒公主，陪臣不敢领命'，太宗虽异其言，终不听。"据《世系明鉴》记述，当时副使智塞恭顿因妒忌禄东赞，乘间建议以吐蕃大臣一人留长安为质，同时以目视禄东赞，东赞知其用意，才慨然回答："我愿为质。"遂接受宅第和娶妻，由副使还报赞普，准备迎亲。

藏戏《文成公主》说吐蕃请婚时，唐天子曾以五大难题测试各地求婚使者。第一难题为丝线穿九曲明珠；第二难题为辨认 100 匹马和 100 匹马驹的母子关系；第三难题为一天内吃完 100 坛酒、100 只羊并鞣好 100 张羊皮；第四难题为夜晚出入皇宫而不迷路；第五难题为从 2500 名年轻貌美的姑娘中，认出谁是公主。吐蕃求婚使者禄东赞以其聪明多智，顺利地通过了五次考试，唐天子终于将美丽多才的文成公主许配给赞普。这个故事，虽不见史书，但千百年来却广为流传于青藏高原的藏族人民间，反映了藏族人民对这次婚事的歌颂和怀念。唐太宗的民族政策，是通过联姻加强汉族与藏族的友好关系。禄东赞的出使，把吐蕃人民的情意带到了长安，他没有辜负赞普的重托，完成了这一重大使命。他是中国历史上对汉藏民族友好团结作出重大贡献的杰出人物。

 ## 文成公主入藏和柏海婚典

　　文成公主是唐朝宗室之女，自幼为唐太宗和长孙皇后收养宫中，犹如亲生女儿般受到钟爱。远离繁华的长安和华贵的宫廷，奔赴荒凉的高原地区，在那里生活一辈子，可能再也不得归宁，这对一位年轻姑娘来说是个多大的考验。同她的皇姑衡阳公主嫁到河西走廊，皇姐弘化公主嫁到青海相比，她要走的路更长，距大唐的心脏长安更远。但建立汉藏友好关系的光荣使命，使这位姑娘毅然决然地奔向高原之国。唐太宗为文成公主出嫁，准备了丰盛的嫁妆，带去的有大批绫罗彩缎、珠宝饰物、家具器皿、许多书籍及药物、谷种、蚕种，以及众多的工匠技师，还派去侍女 25 人和乐队一个随行。因公主信佛，又特地带去一尊释迦牟尼佛像。

入蕃路线选由青海，穿过吐谷浑国境，经原苏毗境内，再入吐蕃境内。据考为：从长安先至龙支城（今青海民和县），西行百里至湟水县（今乐都），西行 60 公里至鄯城（今西宁），再西行 30 公里至临蕃城（今镇海堡），再 30 公里至白水军绥戎城（今湟原西南），西南行 30 公里至定戎城，南行 3.5 公里至天威军（石堡城），西行 10 公里至赤岭（今日月山），入吐谷浑界。经尉迟川、王孝杰米栅 45 公里至莫离驿（今青海共和县），经公主佛堂（今大河坝）、大非川 140 公里至那录驿，入吐蕃界。经暖泉、烈谟海 220 公里至黄河（约当柏海），再 235 公里至众龙驿（札木隆山口），渡西月河 105 公里入多弥西界，经牦牛河、过藤桥 50 公里至列驿，经食堂、吐蕃村、截支桥 220 公里至婆驿，渡大月河、罗桥经潭池、鱼池，265 公里至悉诺罗驿（苏毗）。经乞量宁水桥、大速水桥 160 公里至鹘莽驿（当拉岭），经怒堪海 65 公里至蛤不烂驿，30 公里至突录济驿，经柳谷、莽布支庄及赞普祭神所 125 公里至农歌驿，东南行 100 公里至拉萨。全程约为 2900 公里。

贞观十五年（641 年）正月，文成公主一行从长安起程，直奔河州转青海。唐廷诏令吐谷浑王诺曷钵整治境内道路，准备接送。敦煌藏文文献中记述：诺曷钵为文成公主"筑馆于河源之国"。还说："吐谷浑王和弘化公主，贵族及夫人们与上述诸官……会见了文成公主，双方互致礼问。"又说："文成公主于垒域中部，定其宅。"唐太宗还诏令松赞干布，率兵赴柏海迎亲。柏海即今青海扎陵湖。在吐蕃境内，入藏沿途准备了马匹、牦牛、车船和食物供奉。唐朝派唐宗室江夏王李道宗担任送亲使者，率兵护送入吐蕃境内。文成公主所经过的地方，留下了许多关于这次友好联姻的传说和史迹。有些虽近乎神话故事，但足以反映吐蕃人民对文成公主的欢迎和怀念。

日月山的出现。传说唐太宗为了宽慰文成公主，赠给一面日月宝镜，叫她带在身边，以减少远离家乡的愁思。当文成公主因思乡情绪难以自拔的时候，她毅然丢了日月镜，决心去完成自己肩负的历史使命。从此日月镜化为日月山，屹立于入蕃大道上，作为唐蕃友好的见证。

倒淌河的来源。过了日月山，有一条倒淌河，河水西流注入青海湖。传说文成公主从这条河边起，要弃轿乘马进入草原。她感到离家越来越远，不禁哭泣失声。由于这一哭，竟发生了"天下江河皆东去，惟有此水向西流"的奇事。据说，倒淌河的名称就由此产生了。

在藏族民歌（属"堆谢"类的歌曲）中有一首歌，名叫《唉马林吉》（意为"喂，听一听"），歌词说："不要怕过宽阔的草原，那里有一百匹马欢迎你。不要怕过高大的雪山，有一百头驯良的牦牛欢迎你。不要怕涉深深的大河，有一百只马头船来欢迎你。"在今玉树藏族自治州给古地区的巴塘，这里有关公主停留的传说很多，其中流传最广的是公主教藏民种青稞，推广内地的某些种植经验。在四川甘孜附近，有个叫百南巴的地方，传说着同样的故事。藏区各地关于文成公主传说之多，举不胜举。这些传说，是否真实，姑且不论，但却反映了藏民对文成公主的怀念和歌颂之情。人们绘声绘色编出这么优美动人的故事和歌谣，显示出文成公主入藏在历史上占有何等重要的地位。

柏海婚成，逻些（今拉萨）欢腾。从吐谷浑，经苏毗故地进入吐蕃的道路，为文成公主入藏事先修好。前述东赞留长安为质，恐非事实。敦煌藏文文献中有记载，说："赞蒙文成公主由噶尔·东赞域宋迎至吐蕃之地。"松赞干布提前到了柏海，即在扎陵湖西边山包上安扎大营，修建行馆。先是举行了隆重的迎亲仪式。松赞干布"见道宗，执婿礼甚恭"。婚典就是在行馆中举行的。李道宗以叔父（李道宗是唐太宗的远房兄弟）身份，主持了婚礼。在这里这一对风流人物度过了他们最甜蜜的日子。今天这个名为"周毛松多"的行馆遗址仍在，已变为唐蕃亲密友好的历史见证。

在这里，松赞干布陪同公主和李道宗遍览了河源景物。在送走李道宗后，松赞干布起兵先行返回拉萨。同年四月十五日，文成公主在万民欢庆唐蕃联姻，团结友好的气氛中进入逻些。文成公主住于松赞干布兴建的玛布日山（今称布达拉山）的宫室中。松赞干布以其先祖从未有婚帝女者为荣，"乃为公主筑一城以夸后世，遂立宫室以居"。据说此城似即建于墨竹工卡甲马的城堡，这里称墙廓为 ，音义和汉名完全相同。这里曾是松赞干布的诞生地。但有些藏文史书则记此城为"扎马"（ཁྲ་རྨ་）。估计扎为甲之误。甲马（རྒྱ་མ་）原地名为亚嫩（ཡ་ཉིང་），史家误为山南亚隆。大约在为文成公主筑城后，改称为甲马。有人解意为百地之母，而实为"汉女"，因 རྒྱ་ 也非 ཨ་。当然这一说法尚有待证实。

3 文成公主出嫁吐蕃的深远影响

文成公主出嫁吐蕃对青藏高原上的历史发展，产生了深远影响，现分述于下。

（1）友好交聘往来频繁。唐蕃联姻，结为甥舅之国，汉藏友好，万民翘首企盼。从此奠定"和同一家"的坚实基础。据汉文典籍，有关唐蕃间使节往还情况，自贞观八年（634年）到会昌二年（842年）的209年间，蕃使至唐180次，唐使入蕃一百余次，平均七八个月就有使臣来往一次。贞观二十三年、长庆元年（821年）都是1年之内蕃使入唐4次，天宝十三年（754年）、贞元三年（787年）、长庆二年（822年）都是1年之内蕃使入唐3次。一次人数，由数人、数十人到上百人，最多有数百人甚至千余人的。使臣往来的任务有和亲、告丧、吊祭、修好、会盟、封赠、朝贺、贡物、报聘等项。唐太宗去世，松赞干布派使臣赴长安吊祭。松赞干布去世，吐蕃派人告丧，唐派使臣入藏吊祭。从此以后，结为甥舅之国的唐蕃间，历代赞普去世，皆向唐朝告丧，唐朝派使臣吊唁，一年后入葬时，再派使臣会葬，几成定制，有时连赞普祖母和生母去世也需告哀。赞普即位时，也向唐朝报告。唐朝皇帝去世和新帝继位，也特地派使臣向吐蕃通报。这不仅是一种礼仪，而且也成为双方政治上往来的一项重要内容，甚至双方边界因边将挑起的战争，正在激烈进行时，这一互相通报也一如常仪，不受干扰。

问聘往来中的贡物和馈赠，也是理所当然之事。唐廷丰富的馈赠，使吐蕃人的生活变化也非常明显。如贞观二十三年（649年）六月，唐高宗立，册封松赞干布为驸马都尉、西海郡王，赐物二千段。赞普贺高宗立，上书愿为国讨不忠之臣，因被晋封为宝王，赐杂彩3000匹。从此赐赠之例，一直循遵。如开元二十一年（733年），"命工部尚书李暠使于吐蕃"，"以国信物一万匹，皆杂以五彩遗之"。这样赐例，史不绝书。为便利交通往来，吐蕃境内建立了相当完备的驿站，"百里一驿"（驿有置顿官），对唐使接待殷勤，供应丰富。蕃使进入唐境，也受到同样接待。

（2）促进农业手工业发展。文成公主进藏带去许多谷物种子、工匠技艺，后来松赞干布又请唐朝给"蚕种，酒人与碾硙诸工匠"。唐太宗去世后，又向高宗"请蚕种及造酒、碾、硙、纸、墨等诸色工匠，皆许之"。入藏的汉族工匠技师带去了冶金、农具制造、纺织、建筑、制陶、碾米、酿酒、造纸、制墨等技术。藏民在汉人的帮助下，逐渐掌握了各种生产技术，集市上也出现了更多的商品。文成公主被传颂为民族情谊的象征，被称作阿姐甲莎，意为汉族阿姐，这绝非偶然。许多地方流传着公主教给蕃民引水灌溉，把带来的青稞、豌豆、小麦、荞麦、油菜籽等"黑白五谷"送人，并把耕耘播种的方法和经验，告诉蕃民。遍及西藏高原的水磨使用，问起来源时藏民都异口同声说是文成公主传来的。山南的农民说，二牛抬杠的犁是文成公主所传授的。日喀则的铜匠，甚至奉文成公主为"祖师"。文成公主在西藏生活40年，以高原为家，关心高原人的生产生活。从《西藏王统记》来看，公主入藏后学会了藏语，可以与人交谈自如，还会以藏文形式写诗（她曾写过一首答辩墀尊公主的三段体诗）。她除了在拉萨外，还常在各地巡视和居留，所以广大藏区有那么多动人传说。

（3）物资交流加强。公主入藏给吐蕃带来了汉地的各类器物，带来了体现内地文化的生活方式，使吐蕃商旅增加了对内地器物的了解。吐蕃得到汉地器物，除去唐廷赠与外，使臣往来中多伴有商旅。唐朝对于商旅采取不加限制的态度。武则天当政时，就面临应否禁止或限制吐蕃商旅事，据说当时鸿胪寺接待的吐蕃使人，常住下来了解物价商情，购买绫锦及弓箭等物，有的官员企图干预，唐廷让听其市取，不要阻止他们，说这有利于"威于远夷"。茶早就由内地输入吐蕃。藏语茶的读音与汉语茶同音。唐代茶叶大量输入吐蕃，中唐以后，内地各类茶叶，吐蕃已应有尽有。唐使臣鲁公去吐蕃，在帐中烹茶。赞普碰上问道："此为何物?"鲁公回答:"涤烦疗渴,所谓茶也。"赞普道:"我也有。"遂命取出,指着说:"此寿州者,此舒州者,此顾渚者,此蕲门者……"可见传入吐蕃的茶类甚多。藏族商旅经常往来贸易于吐蕃和内地之间,对于促进两族兄弟情谊和互通有无有重大作用。吐蕃有一谚语说:"来往汉藏两地的牦牛,背上什么也不愿驮,但遇到贸易有利,连性命也不顾了。"说明商旅经商的积极性。还有歌颂汉藏关系的谚语说:"汉地货物大批运进吐蕃,是我们不产这些东西吗?不是,不过要把汉藏两地连在一起罢了。"

(4)生活习俗的变化。吐蕃人原来全都"以毡帐而居",身着毡裘衣。文成公主入藏后,不少人变得"释毡裘,袭纨绮,渐慕华风"。有了碾硙水磨,谷物加工进步了。人们衣、食、住等方面都出现了变化。因此唐代诗人说:"自从公主和蕃后,一代胡风似汉家。"吐蕃人素以赭色糖质物涂面,防风沙护皮肤,也视为一种美观。"公主恶国人赭面,弄赞下令国中禁之。"奇怪的是这种习俗传到了长安。白居易《时世妆》诗中说:"元和宫妆君记起,髻堆面赭非华风。"可见赭面被长安妇女作为时髦风尚了。

(5)文化艺术和宗教的影响。《唐书·吐蕃传》中记载:"吐蕃遣酋豪子弟请入(长安)国学以习诗书,又请中国识文之人典其书疏。"当时不少吐蕃人经过了国学学习,精通了汉语诗文。如才智过人的仲琮:"年少时尝充质入朝,诣太学生例读书,颇晓文字。"他长期在唐充任吐蕃使者,习汉文传统,延及后代。

又如景龙四年（710年），中宗令诸臣作"柏梁体联句"，吐蕃舍人名悉腊援笔写了诗的结句，表明其有深厚的汉文功底。

唐代有许多吐蕃人长住长安，他们"或执戟丹墀，策名戎秩；或曳裾庠序，高步黉门"。他们服装改了不穿毡裘，语言上兼用汉语。他们"习学汉法，目睹朝章"，目的是了解"经国之要，窥成败于国史，察安危于古今"，从而掌握治国安邦之道。同时吐蕃人还把他们的文化艺术带入唐朝长安。唐朝盛行的打马球，就源于吐蕃。当时从上到下，有男有女，皆十分喜爱和积极参与这种竞技。长安有球场25个，另外还有军中球场和私家球场。唐朝20个皇帝中，有15个堪称为"马球迷"。唐玄宗在打球上，也是技艺超群，位居冠首。据史载，一次他曾出马迎战吐蕃马队，终于转败局为胜局。

佛教由内地传入西藏，最早与文成公主有很大关系。史称，文成公主入藏兴建了小昭寺，以供养所携入藏的释迦牟尼佛像。她还协助尼泊尔墀尊公主选择地址，兴建了大昭寺。文成公主热情接待和资助经吐蕃去天竺取经的唐朝僧人，如玄照、玄太等。文成公主带去的乐队中的管弦笙筝等，丰富了吐蕃音乐。这个乐队还留有不少乐器，珍藏于大昭寺内，至今仍于每年藏历二月三十日展出，供人观赏。这批古老乐器，不仅是我国音乐史上的珍贵财富，更是汉藏兄弟友好的重要证物。

（6）历算与医药。吐蕃历法原以麦熟三月为岁首，而在文成公主带来内地的天文历算知识后，藏历也开始采用汉族农历计年法，并以天干地支相配的类似方法计时。文成公主入藏把内地医药学带入西藏，随行有汉医，并有医疗书籍器材，使藏族很快吸取了中原的医学成果。

永徽元年（650年），松赞干布去世，公主派人去长安报丧。高宗闻知十分伤感，为此罢朝数日，并派将军鲜于匡济前往吊祭。文成公主于永隆元年（680年）去世，在藏生活了40年。她死后，藏族人民以两个节日来纪念她：一个是藏历四月十五"沙噶达瓦节"，这是公主到达拉萨的日子；另一个是藏历十月十五，相传是公主的诞辰。每逢节日藏族人民都要穿上节日盛装，到寺院祈祷祝福。

总的说来，吐蕃的经济文化在唐代取得了巨大进展，其重要原因之一是汉藏两族间经济文化交往的频繁，而文成公主入藏则是汉藏友好史中的划时代重大事件。

 松赞干布的历史功绩

松赞干布（？～650年）是吐蕃王系中的第32代赞普，是吐蕃王朝的真正开创者。松赞干布的主要历史功绩，简述如下。

一是统一青藏高原诸部。建立吐蕃王朝后，他采取了许多措施使之巩固。高原的统一对于藏族的形成有重大作用，把分散林立、各自为政的分裂状态下的各类民族部落和种落，抟合一体，没有强而有力的统一权力机构是难以完成的。在统一的吐蕃政权下，各族人民的经济和文化交流加强，也推进了各地各部的自然融合。从松赞干布开始，高原人逐渐以"蕃巴"自称，形成了统一的民族称谓。各地区、各部落的原有称谓，虽仍然存在，但皆开始接受蕃是其民族的统称。

二是大力推进了汉藏的亲密关系。松赞干布主动与唐朝通聘，积极要求与唐皇室联姻，终于迎娶了大唐公主。在其与文成公主结婚后，直到他去世的10年间，唐蕃间从未发生边界纠纷，真是"虽曰两地，实若一家"。甚至他去世后相当长时间，边界居民仍能过着和平宁静的生活。汉藏间的经济文化交流得到鼓励而有长足发展。大力兴修唐蕃间通道，设立驿站，保护商旅，内地各种商货源源不断地输入西藏高原，茶叶、锦缯尤为藏民所喜爱。高原上的麝香、牦牛尾等土特产，也流通于内地，为汉族人民所重视。松赞干布自己向汉族学习，他也号召吐蕃人民向汉族学习。他派遣豪酋子弟入长安国学深造，采用汉族文人掌管书典，重用懂汉文和汉族传统文化的大臣。这些都对汉藏两族人民的友谊合作起了很大作用（见图4）。

三是松赞干布对待先进的经济和文化，始终采取积极和欢迎的态度。他勇于改革，敢于向旧势力、旧传统、旧习俗开战，使奴隶制在战胜氏族制过程中得到了巩固和发展。在文化的倡导上，他派遣大臣之子吞米桑布札等16人去天竺留学，又向于阗学习，在吸

27

图4　松赞干布与文成公主〔布达拉宫〕

收古老的香雄文字和东女国"类似天竺文字"的基础上，创造了一套新的藏文字母，建立了新的藏语书面文字。

他在接受唐朝的文化和科技上，采取了多种途径，或求得书籍和工技，或派人赴唐学习，像蚕种、谷种等则直接向唐朝索取。他对来自印度、尼泊尔和内地的佛教传播，采取了保护和支持的态度。

汉藏亲密关系有一个良好开端，是与松赞干布的努力分不开的。高原的统一和汉藏友好关系的奠定，为西藏归入中国版图打下了坚实的历史基础。松赞干布在与文成公主结婚后，对唐朝怀有特别亲切友好的感情。他为唐朝的强盛而高兴，为唐朝的不幸而分忧。贞观二十年（646年）唐军东征返国，松赞干布"遣禄东赞来贺"，并奉献金鹅。贞观二十一（或二十二）年，唐朝派王玄策率从者30人出使印度。中天竺发兵拒唐使入境，王玄策从者全部被擒，只有王玄策只身一人遁逃至吐蕃。在松赞干布协助下，分兵一千余人，由王玄策指挥，大败中天竺，扬威返国。吐蕃派使者将所俘，献给唐朝。唐太宗去世后，高宗李治即位，加封松赞干布为"驸马都尉，西海郡王"。松赞干布致书高宗之舅父长孙无忌，表示愿意保卫大唐，"天子初即位，若臣下有不忠之心者，当勒兵除讨"，并献黄金珠宝 15 种，请置太宗灵座之前。高宗又晋封松赞干布为"宝王"，同时还诏令把他的石像刻列于太宗之墓昭陵前。这是表示对松赞干布的最高恩宠，同时也是汉藏亲密关系的证物。

永徽元年（650 年），松赞干布去世，蕃使入唐告丧。高宗为之举哀于光华门，又派鲜于匡济入蕃吊祭。作为推动历史车轮前进的英雄人物，松赞干布一生是应该予以充分肯定的。他在缔造祖国统一的事业上立下了不可磨灭的功绩，他是对中华民族的发展有突出贡献的杰出人物。

 唐蕃再次联姻的背景和经过

650 年，松赞干布去世，其子贡松贡赞早亡，故其年仅一岁的王孙芒松芒赞继赞普位。禄东赞摄政，辅佐小赞普，他虽继续坚持与唐友好，但却对吐谷浑加紧兼并。他在吐谷浑驻守坐镇 6 年，终于完成了对吐谷浑的征服。他为芒松芒赞多次派使者入长安，献方物，请求联姻，但皆未获准。

666 年禄东赞去世。其长子钦陵掌国政，任论相职。钦陵的 3 个兄弟赞婆、悉多于、勃伦居外统率重兵。钦陵兄弟统兵专权，不愿与唐再结姻好，为唐边患有 30 年之久。

文成公主于松赞干布去世后在藏孀居 30 载，与钦陵兄弟专国相抗衡，多次亲自为孙辈赞普向唐朝请婚；推进唐蕃友好，为王室取得唐朝的巨大支持。676 年，蕃使请婚，求将太平公主许嫁芒松芒赞。武则天以其女太平公主出家为由推却。679 年，芒松芒赞去世，"吐蕃文成公主遣其大臣论赛调傍告丧"，并为芒松芒赞之子赤都松请和亲。次年，文成公主在藏去世。

赤都松继位之初，钦陵继续专国。赤都松之母（芒松芒赞之妻）赤玛列，继承文成公主遗愿，继续为赞普请和亲。695 年，吐蕃又遣使请和亲。这次武则天派大臣郭元振前往边境察看是否合宜。郭元振复命说："吐蕃百姓疲于徭戍，早愿和亲。只有钦陵不想联姻。"

699 年，长大成人的赤都松，与大臣定计杀了钦陵及其同族党羽，又将地处蕃唐边境的三兄弟解除了兵权。700 年，郭元振再次受命与赞普赤都松在边境会见，返京后力主与吐蕃再次和亲。703 年，吐蕃献马千匹、金两千两，再为赤都松求亲。这次武则天表示同意许婚，出嫁哪位公主却待决定。同年，吐蕃南境诸部皆叛，赤都松亲自带兵出击，因溺水卒于军中。史书说：吐蕃诸子争立很久，最后国人方立其子赤德祖赞。705 年，新赞普年方 7 岁。

同时唐朝政局也有巨大变化。武则天去世后，政权还于李氏。神龙元年（705 年），中宗李显即位。

706年，中宗大封公主7名，有太平、长宁、安乐、宜城、新都、定安、金城，为她们开府，置官属，享受公主待遇。

神龙二年，吐蕃赞普遣其大臣悉董热献方物，实际上这是吐蕃派使臣又一次为赞普求婚。四月，中宗下诏以养嗣雍王守礼女金城公主下嫁赞普。这次终于有了满意的结果。在松赞干布之后，吐蕃曾为历代赞普向唐求婚。有时求婚尚无结果，赞普去世；有时唐廷应允后，赞普突然身亡。这种情况，也许是金城公主出嫁上出现一些荒诞误传的客观原因。

金城公主的童年历经坎坷，虽然她可称是真正的金枝玉叶，是唐皇族的嫡系后代。她祖父为李贤，曾祖父母为高宗李治和武则天。其叔祖父一为中宗李显，另一为睿宗李旦。李贤、李显、李旦三兄弟都曾受到武则天的无端罪责，贬流京外。武则天取唐天下后，便迫令其子李贤自杀。

金城公主生父为守礼，系李贤第二子。守礼因父得罪，与李旦诸子闭处宫内，不出庭院，时达十余年之久。到圣历元年（698年），李旦自皇嗣封为相王，许出外邸，李旦诸子5人都封郡王，与守礼一起始居于京城之外。

武则天去世，守礼因祖母死，带子女返长安。中宗李显即位，恢复守礼故封，不久进封雍王。史书称：守礼宠妾甚多，子女有60人。子女中以金城公主最受中宗喜爱，留养宫中。在封7位公主中因金城最小，置于后。707年，中宗下诏以金城公主出嫁吐蕃赞普。

710 年，中宗送金城公主出嫁后不久即被韦后毒死。同年二月，李旦继位。次年下诏：册封金城公主为皇帝长女。这一册封目的是提高公主地位，"载光本朝，俾乂蕃服"。睿宗李旦在帝位仅有两年即去世。据《全唐文》记载，金城公主此时曾返长安，即"太和中归国"。但汉藏史书皆无记述。

玄宗李隆基于 712 年即位。金城公主在蕃多次致书玄宗，信中皆称玄宗为皇帝兄，按辈分玄宗应为金城叔父，但因政治上需要，玄宗父李旦诏认金城为长女，故以兄妹相称。

吐蕃新赞普赤德祖赞 7 岁继位。祖母赤玛列精心抚育，亲自摄政。赤玛列一直心向唐朝，与唐交往密切，为子孙多次向唐朝求婚。经允婚后，送上厚礼表示感谢。《唐书》载，709 年吐蕃遣使贡方物。"八月，吐蕃赞普使勃禄星奉进国信。赞普祖婆进物，及上中官，安国相王，太平公主有差。"这是赤玛列为求婚成功而作出的答谢。

709 年 11 月，吐蕃派出了庞大的迎婚队伍。史称："吐蕃赞普遣其大臣尚赞咄等千余人迎金城公主。"所派官员都是有较高身份的大臣，赞咄为瑟瑟告身，尚钦藏为金告身。《敦煌藏文吐蕃大事记》中记载，"以尚赞热拉金等迎婚使"。

710 年正月初五，中宗在大明殿观吐蕃善骑者表演马技。在观吐蕃使在苑内打球时，"命驸马都尉杨慎交与吐蕃使打球，帝率侍臣观看"。观毕球戏，中宗还宴请群臣，与大臣作诗联句。皇帝开第一句，然后皇后、公主、王子、诸臣等各作一句。这种诗叫柏梁诗，需才思敏捷的人方能应对。最后诗的结句，应由吐蕃舍人名悉腊完成，人们担心吐蕃人结不好。但名悉腊援笔而就，写出"玉醴由来献寿觞"（意为献上美酒佳酿，祝福大唐皇帝平安长寿），震惊四座。他是吐蕃人学习汉文中的佼佼者。现抄此诗与作者于下，以供观赏。

　　大明御宇临万方　　（皇帝）

　　顾惭内政翊陶唐　　（皇后）

　　鸾鸣凤舞向平阳　　（长宁公主）

　　秦楼鲁馆沐恩光　　（安乐公主）

　　无心为子辄求郎　　（太平公主）

　　雄才七步谢陈王　　（温王重茂）

　　当熊让辇愧前芳　　（上官昭容）

　　再司铨笔恩可忘　　（吏部侍郎崔湜）

　　文江学海思济航　　（著作郎郑愔）

　　万邦考绩臣所详　　（考功员外郎武平一）

　　著作不休出中肠　　（著作郎阎朝隐）

　　权豪屏迹肃严霜　　（御史大夫窦从一）

　　铸鼎开岳造明堂　　（将作大臣宗晋卿）

　　玉醴由来献寿觞　　（吐蕃舍人名悉腊）

 金城公主入藏与拉萨婚典

　　710年，中宗下制书，命筑馆于始平县，为金城公主远嫁送行。制书说明了再次和亲的原由、意义和期望。制书说："赞普及祖母、可敦（王母）、酋长等屡披诚款，积有岁时，思托旧亲，请崇姻好。"回顾了吐蕃想与唐再次联姻积时已久。又说："圣人布化，用百姓为心，王者垂仁，以八荒无外。"表明圣人教化，王者施仁，远在八荒者也不例外。当谈及与金城公主的关系时，说："金城公主，朕之少女，长自宫闱，言适远方，岂不钟念。但朕为人父母，志恤元黎，遂割深慈，为国大计。"说明远嫁公主，意在"更敦和好，宁静边界"。制书表明唐廷对唐蕃再次联姻的重视。

中宗李显亲自至始平（今陕西兴平），为金城公主入藏设宴饯行。席间中宗谆谆嘱咐吐蕃迎亲使臣，要他们转告吐蕃君臣，善体皇上把年幼公主远嫁吐蕃，忍痛割爱的用心。接着又命群臣作诗写词送别。群臣中有张说、阎朝隐等18人，即席各赋诗一首，诗句有"帝女出天津，和戎转属轮"、"旋知偃兵革，长是汉家亲"、"戎王子婿礼，汉国舅家慈"等。诗文热情歌颂了唐廷远嫁公主，加强了汉藏和好，巩固了唐蕃间的甥舅情谊。据史书记载，在这次饯别会上，中宗"悲泣歔欷"很久，难舍难离。事后，中宗下诏改始平县名为金城县，乡名改为凤池乡，地名改为怆别里。同时还诏令赦免始平县犯人，免去百姓赋税一年，以作送嫁金城公主的纪念。

皇上对金城公主的妆奁，安排得十分丰盛。史称："帝念主幼，赐锦缯别数万，杂伎诸工悉从。"因金城公主喜好龟兹乐，特给一个龟兹乐队。藏文史书《世系明鉴》上说：公主嫁奁有绣花锦缎数万匹，各种工技书籍，与王庭所用的各种器具。护送金城公主入藏的人选，几经周折，最后确定为左骁卫大将军杨矩。金城公主入藏的取道，基本上与文成公主路线相同，但又略有区别。从长安出发，于始平饯别，经今兰州到西宁（文成公主未经兰州，取道河州）。由鄯城（即西宁）经石堡城至赤岭。往西进入吐蕃地区。再经尉迟川、王孝杰米栅至莫离驿，又经公主佛堂（今兴海大河坝以北）、大非川，至那录驿（原为吐谷浑南界）。又经暖泉、列谟海至众龙驿。又渡西月河，至多弥国界。经犁牛河（金沙江上游）、过藤桥至列驿。再经食堂、吐蕃村、截支桥、截支川至婆驿。渡大月河（澜沧江上游杂曲）、罗桥至悉诺罗驿。又经乞量宁水桥至鹘莽驿，此即当拉山口，吐蕃为迎金城公主在此凿石以通车。再至野马驿，经吐蕃垦田，至阁川驿。最后到突录济驿，南行经旁多、列乌增至逻些。

至今有关金城公主入藏的传说和史迹，仍在藏民中流传着。青海有一公主浴室就是其中一个，相传公主一行进入温泉山口，抬头望去有一片热气腾起，白雾缭绕着如仙境景象。迎婚使者告诉公主：那里有很多热水泉，为神所赐，它给来往行人增添情趣，沐浴活血，增加热量。公主十分喜爱这个地方，让人在最大泉眼处，修建一所石房，供公主沐浴，人们称为公主浴室。在泉区西边山坡上还修一间大屋，供公主使用。后来这些房屋和浴室，一直为唐蕃间来往使者使用。唐蕃古道上的暖泉驿就建在这里。在拉萨大昭寺的历史记载中，也有不少关于金城公主的事迹和传说。

651 年，芒松芒赞即位，次年即将由文成公主带来的释迦牟尼像移入大昭寺，藏于明鉴南门内，并堵起门，画上妙音菩萨伪装，藏于暗室 60 年。金城公主入藏后，才将这尊佛像，移入主殿供养，主殿遂改为"觉康"（佛殿）。大昭寺内至今珍藏的有价值文物中，还有金城公主使用的炉灶等物。在山南桑鸢寺绘有关于金城公主的一组壁画；山南乃东的登迦颇章乡的旁塘宫，曾由金城公主居住，旁塘宫后来发展为著名的译经场之一：这些都与金城公主有关。

金城公主入藏途中的传说也不少。继松赞干布之后，吐蕃三代赞普陆续向唐室求婚，经过曲折多变，故传说中离奇处也甚多。有的传说公主原来要嫁的是江擦拉莫王子，因王子骑马溺水而死，才改嫁给赤德祖赞。有的地方还传说，因误传藏王去世，金城公主在林芝等地守节 3 年，最后因神鸟指点，才去拉萨完婚。这些都是缺乏真实史料为依据的，或者是讹传，张冠李戴。比如溺水而死的赞普，恰好是赤德祖赞的父亲赤都松，当唐廷答应下嫁公主给他时，他却去世了。

在林芝有一首诗歌是这样写的：汉家公主行至达域龙增歇息，丑恶的乌鸦说了谎言诓语，公主停留下来度过哀痛的 3 年。神鸟大鹏飞来告诉真情："公主莫要愁苦伤悲，去拉萨可见到赞普健壮的御体。我已经赐福你吉祥如意，人们将赶着百匹骏马迎接你，人们将献上百条哈达欢迎你，载歌载舞的百伎美女也会迎接你。赞普在拉萨请公主登上绿松石宝座，簇拥你的是幸福美满的五彩大旗。"

这首民歌，以丑恶的乌鸦和神鸟大鹏给公主以不同指点，给公主造成悲欢起伏，表示了人们对公主的同情和欢迎。金城公主入藏后，在逻些（今拉萨）由祖母赤玛列主持举行了隆重的结婚庆典。全城上下，一片欢腾，庆贺唐蕃间再次友好和亲。有关金城公主入藏一事，《敦煌吐蕃历史大事记》有准确记载："狗年（710年），赞蒙（王后）金城公主至逻些的鹿苑。"《唐书》记载，赤德祖赞仿效其先祖松赞干布，另筑一城让金城公主居住。今天在西藏山南乃东县的颇章村，人们还可以看到一座为金城公主兴建的傍塘宫，其遗址仍然保存。这说明在吐蕃的另一政治中心，也有金城公主的行宫。

金城公主推动唐蕃两次和盟
熄灭边境纷争

金城公主入藏初期，赞普赤德祖赞年岁尚幼，由祖母赤玛列监护，政事则由论相贵族大臣执掌。这时唐蕃间边境上，由于边将企图邀功或掳掠，常出现纠纷和战争。

唐朝的和亲政策，目的在于推进汉藏友好，避免边境战争。景云二年（711年），唐睿宗李旦册封金城公主为"长女"，目的也是提高公主的地位和身份，"俾义蕃服"。但是在唐朝文臣武将内出现了主战和主和的斗争。以张说为首的一批大臣主和，王君㚟等则主战。实际上吐蕃王朝内大臣中也有两派，一派主张与唐友好，一派主张与唐作战。金城公主在藏期间，极力化解唐蕃双方矛盾和误会，及时向唐通报赞普等和好愿望，克服了种种阻力，在促进双方息兵会盟，坚持甥舅友好方面，起了重要作用。在她入藏的 30 年内，促成了唐蕃间两次和盟。

第一次和盟在开元二年（714 年），是在金城公主入藏后的三四年间实现的。唐蕃间争夺云南北部诸族由来已久。景龙元年（707 年），唐派唐九征为姚巂道讨击使，唐与吐蕃展开了争夺。史载：唐军烧掉了铁索桥，切断了吐蕃与洱海交通，还在其地立铁柱刻铭记功。景龙四年（710 年），唐又派监察御使李知古率兵前去筑城，置州县。李知古采取压榨政策，拟杀豪酋，征重税，掠其子女为奴隶，因而激起"群蛮怨怒，蛮酋傍名引吐蕃攻知古，杀之，其尸祭天"。西南诸部重归吐蕃控制。同时在西部边境，安西都护张玄表侵掠吐蕃北境，引起吐蕃不满，但吐蕃仍坚持与唐和亲。唐蕃间这一矛盾现象，是经常存在的。一面在边境运兵打仗，甚至仗打得很激烈；但一面仍在和亲，派出使臣往来如仪如常。金城公主出嫁吐蕃前，西南西北都在打仗，但并未影响唐蕃中枢的和亲政策。开元元年（713 年），赞普祖母赤玛列（没禄）去世，金城公主给唐上书后，唐朝命左清道率李敬摄、宗正卿，持节使赴吐蕃会葬。接着，吐蕃遣其大臣求和。714 年，吐蕃大论坌达延墀松上书唐朝宰相，请求盟会，划界定境。唐朝安排了左散骑常侍解琬，持中宗神龙年间订的誓文参加。吐蕃派尚钦藏达乍布和名悉腊献词。双方议定边境于河源（可能指河源军境内，今青海西宁东南）。此为金城公主入藏后的第一次和盟。

但是如果说唐朝派李知古、张玄表进扰吐蕃边境，"理亏不当"的话，盟誓之文笔迹未干，吐蕃动兵侵入唐境则是一种背约行为了。史称，"吐蕃将坌达延、乞力徐率众十万侵入临洮，军临兰州，至于渭源"，以抢掠唐官营牧场的军马。

唐玄宗派薛仁贵之子薛讷和郭知运、王晙为将，统兵十万迎击，从而发生了洮河会战。吐蕃兵败，唐因吐蕃违犯盟约，把以前金城公主要求兴建的黄河九曲处桥城，全都拆毁收回，边界恢复以黄河为界。从此双方屡有边境征战发生。717年，金城公主上书玄宗，通报了吐蕃拟修好的意图，说："此间宰相向奴奴道，赞普甚欲得和好。"建议玄宗"亦宜亲署誓文。奴奴嫁蕃，事缘和好"。但玄宗认为过去已有誓文，如不信守，签也无用，不愿再签。因此边境战争，一直在时断时续地进行。

727～728年，吐蕃攻陷唐之瓜州晋昌，企图夺取西域安西。唐蕃双方在瓜州、玉门和祁连山下展开了激烈的争夺战，吐蕃大败。唐军在729年，攻占了原为吐蕃占据的石堡城（一名铁刃城，在今青海湟源南）。

吐蕃河西受挫，不断派使请和。皇甫惟明建议唐玄宗接受和议。玄宗以吐蕃往年来书，"悖慢无礼，不与言和"。惟明谏道：开元初年，赞普还是幼童，哪能

39

说这种话，这必定是中国边将伪造书信，激怒陛下，好使边境生事，以便乘机盗窃官物，假报战功，讨取勋爵。现在战事不停，日用千金，河西陇右，因此贫困。陛下试遣使去看金城公主，与赞普面议和事，永息边患。

唐玄宗接受了意见，派惟明与内侍张元方前往吐蕃捎书并看望公主。赞普见到唐廷代表大喜，特地拿出贞观以来唐帝给赞普的诏书等珍藏文物，其中当有高宗先封乃祖松赞干布为"驸马都尉，西海郡王"，后又封为"宝王"的册封。730年（开元十八年），赞普派遣汉语功底好，又熟悉唐朝情况的名悉腊，带上赞普和公主书信、礼物到长安致礼。《册府元龟》上收录了赞普的献书，说：外甥是先皇帝舅宿亲，又蒙降金城公主，遂同一家。天下百姓，普皆安乐。中间为张玄表、李知古等东西两处先动兵马，侵抄吐蕃，边将所以互相征讨，迄至今日，遂成衅隙。

信中提出自己年幼，为边将诓骗，说：外甥以先代文成公主今金城公主之故，深识尊卑，岂敢失礼！又缘年小，枉被边将谗构斗乱，令舅致怪，伏乞垂察追留，死将万足！前数度使人入朝，皆被边将不许，所以不敢自奏。去冬公主遣使娄众失力将状专往，蒙降使看公主来，外甥不胜喜贺。谨遣使论名悉腊及副使押衙、将军浪些纥夜悉腊入朝。两国事宜名悉腊皆知。外甥蕃中已处分边将，不许抄掠，若有汉人来投，便令报送。伏望皇帝舅远察赤心，许从旧好，长令百姓快乐。如蒙圣恩，千年万岁，外甥终不敢先违盟誓。

奉上金胡饼一，金盘一，金碗一，玛瑙杯一，羚羊衫段一，谨充微国之礼。金城公主又别进金鸭盘盏新品物等。

玄宗在回信中说："今有使臣远来，方悉忠诚弥固，舅甥之礼，万里如初，协和之勤，一心逾亮。"给金城公主书上有"远降殊方，底宁蕃落"，"忠节克著，叹美良深"等语。

唐玄宗对名悉腊等，给予特殊优待。同年，唐又派御史大夫崔琳入蕃回聘。唐蕃双方关系自此步入新的时期。734年，唐派使臣张守珪、李行祎与吐蕃使臣莽布支在赤岭（今青海湟源西日月山）立碑刻约。唐派金吾将军监督。协议"以赤岭为界"立汉藏文碑各一座，刻约其上，碑文开章明义，说："维大唐开元二十一年，岁次壬申，舅甥修其旧好，同为一家。"

这是金城公主在吐蕃为了和好息兵，再三努力促成的第二次唐蕃会盟，双方再次庄严重申了汉藏永世友好、和同一家的愿望和决心。金城公主促成之功，像屹立的碑石一样，为后人所赞颂，并永载于史册。

8 金城公主出嫁吐蕃的意义

金城公主与赤德祖赞的和亲，是继文成公主与松赞干布和亲之后，汉藏两族关系史上的又一重大事件。文成公主在吐蕃生活了 40 年（641～680 年）。她逝世后 30 年，金城公主又出嫁吐蕃。文成公主在初唐前期对于吐蕃的文化影响前已述及。而金城公主在初唐后期，继续将唐朝文化输入吐蕃。金城公主在吐蕃赞普幼年嗣位的困难时刻来到吐蕃，代表唐朝对吐蕃王室的有力支持，对于稳定吐蕃政局，发展经济文化，化解蕃唐矛盾，促进唐蕃和好，作出了积极的贡献。

金城公主入藏的意义，具体说来有以下几个方面。

一是代表唐朝对吐蕃王室的支持，有利于稳定吐蕃政局。吐蕃在松赞干布去世后，政局不稳。钦陵兄弟专权几乎近半个世纪。赤都松解除了钦陵兄弟的权力，但不久在南征中身亡。新赞普赤德祖赞由老祖母赤玛列监护。她在文成公主去世后，是王室内坚持与唐和好的中坚力量，她主张向唐继续请婚联姻，这种婚姻关系无疑有利于提高王室威望，巩固赞普地位。因此第二次唐蕃通婚，公主出嫁吐蕃，在双方民族感情和政治关系上都起了良好作用。

二是又一次带入大量唐朝文化。金城公主所处时代，正是大唐国力昌盛的开元之世，唐代的文化艺术吸引了周边各族，甚至远及中亚。同时，唐也大量吸收周边各族的优秀文化。金城入蕃，皇帝给公主的陪嫁，至为丰盛。公主入藏后，又多次为吐蕃请"诗书"。《毛诗》、《尚书》、《左传》、《易经》、《礼记》、《史记》等汉文典籍，进入吐蕃后在吐蕃文化发展上给予深刻影响。敦煌的藏文文献中，有不少此类诗书的译本发现，藏文著述中有不少引自汉文诗书的用典用句。731年，吐蕃使者称公主求《毛诗》、《春秋》、《礼记》等，唐廷中还引起争论，当时于休烈上书，认为"今资之以书，使知用兵权略"，"不可与之"。但是大臣裴光庭等主张:"赐以诗书,庶使之渐陶声教,从流无外。"经玄宗裁决,令人抄送给吐蕃。在音乐舞蹈上,唐对吐蕃也有影响。百年后,刘元鼎入蕃议定长庆盟约时,在吐蕃帐中,仍可以听到《秦王破阵乐》,见到玄宗时创作的《云裳羽衣舞》等这些原为唐代流行的名曲和歌舞,可见当时唐风在吐蕃之盛行。

三是增加了唐蕃间经济上货物的交流。金城公主入藏后,唐室还大量对吐蕃君臣厚礼馈赠,数量也很大。如开元七年(719年)六月,"吐蕃遣使请和",唐朝"大享其使",因赐其束帛,修用前好。以杂彩2000段赐赞普,500段赐赞普祖母,400段赐赞普母,200段赐可敦,150段赐坌达延,130段赐乞力徐,100段赐尚书咄及大将、大首领,各有差别。皇后又以杂彩1000段赐赞普,700段赐赞普祖母,500段赐赞普母,200段赐赞普可敦。吐蕃人一向以羊皮为衣着,丝绸主要从中原输入,虽曾由唐向松赞干布提供蚕种和养蚕技术,可惜都因气候关系未能成功。

公主入藏把内地饮茶习尚传入吐蕃,饮茶成了吐蕃人的生活嗜好。茶叶要由内地提供,而内地又需要周边各族的马匹。唐初马匹的来源较多,突厥、吐谷浑和党项等地都有茶马互市。开元初年,吐蕃占了吐谷浑、党项故地,河西九曲也以公主沐浴地赠给了吐蕃。至此马的来源主要靠吐蕃。开元初年马匹最多时达40余万匹。这些都是以"丝、茶交换",数量和规模也都超出以往很多,也说明经济交往的增加。

四是进一步扶助佛教的发展。金城公主入藏不久,即将文成公主所携的觉卧佛像，移置大昭寺主殿，倡导了吐蕃拜佛之风。当时正值于阗国内禁佛之时，大量僧侣向吐蕃逃遁。金城公主建议赞普，欢迎僧人入蕃，并建寺收容他们。吐蕃传入佛教，由于阗进入也是一路。在公主热心赞助下，山南、拉萨等地形成了新的译经场，汉、藏、于阗僧人齐集一起翻译了不少佛教经典。

五是疏通唐蕃的误会隔阂，化解矛盾，促成两次和盟。金城公主为了促成唐蕃和好，熄灭边事战争，写了不少给玄宗的书信，这些信件都是极有价值的历史文献。信中有及时通知吐蕃赞普大臣停息战事坚持和好意图的，也有劝告玄宗改变不再签约的态度的。从史书记载中看到，金城公主在吐蕃王朝主战与主和的斗争中，有时处境极为险恶。那些主张与唐为敌的人，也有加害公主的图谋。金城公主甚至作了险情出现时，将进入克什米尔躲避的准备。此事虽未成事实，也足见金城公主的处境和坚持和好的不易。

六是中原医学和历算输入吐蕃。金城公主入藏所带技工及书籍中，包括医生和医书在内。医书的名称虽不详，但史称"汉地和尚和医生等翻译了有115品之多的《索玛热咱》"。藏医史称此书为《月王药诊》。当时参加这部医书翻译的人，还有3个藏人，可以说《月王药诊》一书是汉藏两族合作翻译的结晶。据考证，该书在诊脉、验尿、用药，尤其在医学理论等方面完全是或近似是中医内容的一部著作。在历算方面，金城公主入藏时带去的有4部书，即《算学七续圣典》、《八支》、《九部续》、《三部释解》，这是关于五曜、八封、九宫、七曜和 28 个恒星的很多解法，后来全译成了藏文。4 部书目前已不存在，但在藏文类书《白琉璃》、《除锈》中都有记载。

 9 赤德祖赞的历史地位

赤德祖赞是吐蕃第二位与唐朝通婚，也是在位时间最久的赞普。对这位赞普可以提出以下几点概略介绍。

一是坚持与唐和好，表示"和同一家"的强烈愿望。在赤德祖赞执政期间，与唐议定了两次和盟。第一次在金城公主入嫁的初期，即在 714 年，两国边境实现了宁静平息。后来战争又起，717 年，金城公主上书唐玄宗谋求唐蕃和好。几经曲折后，734 年，唐蕃终于进行了第二次和盟，使唐蕃间实现了息兵和好。

二是稳定赞普王族的统治地位。吐蕃王朝的历史中，经常出现王臣间的争权，噶氏家族论钦陵兄弟专权几近半个世纪就是一例。赤都松南征身亡后，赤德祖赞的即位与成长后亲政，都得力于祖母赤玛列、母后和外戚的支持和襄助。与唐朝联姻，也提高了赞普的地位和威望。

但是外戚将领长期领兵，驻防边境，拥兵自重，其利在挑起边战，这既可进行抄掠，又可报功请赏。赞普对其控制上，有时也"无能为力，尾大不掉"。金城公主于 739 年去世。赤德祖赞的统治，又延续了 13

年。在后期出现了统治集团内争夺权位的危机，大约于 754 年，大臣末氏朗氏作乱，赞普终于被杀。755 年，王室才执杀作乱叛臣，放逐巴朗两家贵族，没收和清查了两家财产。最后拥立悉囊南妃所生之子赤松德赞于 755 年继位。

三是支持佛教在吐蕃的初期发展。赞普接受了金城公主建议，向于阗僧人打开大门，建寺收容，提供给养，让他们也参加了翻译佛经、弘扬佛教的事业。自从金城公主将文成公主带来的释迦牟尼像，安置于大昭寺主殿后，从此开始了朝拜供养的风气。赤德祖赞在其被害前一年（754 年），又派巴·桑希、巴赛囊等 4 人前往汉地取经。据《拔协》一书说，唐朝皇帝赐以用金汁写于蓝纸上的经书 1000 卷。他们请求住在五台山附近的日光和尚传法。该和尚赠以《十善经》、《金刚经》、《佛说稻秆经》3 部经典。该和尚还说，如果依上述顺序向赞普宣讲，赞普就会信奉佛教。《贤者喜宴》书中说：桑希被藏族人誉为"聪慧少年"，"他是汉人德武（又说马窦）之子"。桑希等带着上述经书从内地返藏时，赤德祖赞已被其大臣巴第吾等害死。王位由其子赤松德赞继承，这时摄政大臣马尚仲巴杰开始反佛，桑希等转往山南躲避，将经书埋于钦浦山谷中，加以妥善保存。

四是促进了唐蕃的经济文化交流。赞普执政期间，茶马互市、缣马交易在几经波折后，有了进一步发展。733 年，唐蕃间的和盟，经唐朝的惟明、崔琳，吐蕃方面名悉腊等的化解误会，终于促成。这时，吐蕃又主动请求互市，最后确定青海的赤岭和松潘地区的甘松岭两地开展互市。赤德祖赞与其祖松赞干布一样，喜爱汉族的文化。他派和尚去唐朝取经学法，开了赞普中的先例。既学汉族的儒学文化，又吸取中原的佛教文化，在赞普中他是第一位。吐蕃文物典章多师从唐制。吐蕃盛行学习汉文汉语之风，此时汉藏同音同义字很多。可以说，所受汉语的影响始于文成公主，盛于金城公主时期。藏语中汉语借词之多，远远超过其他民族。敦煌文书中汉文书籍以藏文注音的，既有佛经，也有儒家典籍，从中可以看到吐蕃人学习中的刻苦认真精神。至于汉藏同一语系，更是有其远古的渊源关系。

对于从唐蕃战争中所俘的唐人，吐蕃一向区别对待：一无所长者作为奴隶供其劳役；识汉文有技艺的，一律臂刻"天子家臣"，以候使用。据考，吐蕃的文武官名中有不少采用了唐朝官衔，如都督、刺史及地方上的里正，皆来自汉文。对于有才能的武将，吐蕃也往往给予重用，如徐舍人，就是唐朝元勋徐绩之后。至于唐朝的器物、音乐、舞蹈等，赞普也支持吐蕃人学习和吸收，以为吐蕃文化的补充和借鉴。赤德祖赞执政约近半个世纪，他是一位有作为的赞普，在汉藏友好关系的发展上有重大贡献。

三　吐蕃王朝由鼎盛走向
衰落时期

 赤松德赞与唐蕃清水会盟

赤松德赞生于 742 年。755 年，赤德祖赞遭杀害后，赤松德赞继位。他执政于吐蕃鼎盛时期，藏族史书中美誉其为"第二大名王"，列于松赞干布之后。实际上在他的后期，吐蕃王朝走向衰落的征兆，已经显示出来。

藏文史书几乎一致认为赤松德赞是金城公主所生。记述的故事生动而又曲折，先是说金城公主怀孕后，长妃那昂·洗丁出于忌妒，也佯称自己怀孕。金城公主生子后，被长妃用计抢去哺养。在争执中，赞普以检验有无奶汁，以判定孩子属谁。长妃早就请医生用药，使双乳均出奶水，验后判给大妃哺养。到满周岁时，庆典上高朋贵戚满座，当让赤松德赞辨认谁是母舅时，他却认唐朝来人为亲舅，认金城公主为亲娘。布达拉宫、桑鸢寺等著名寺院中都有这类逼真动人的精美壁画，将小赞普认母舅的故事以绘画形式表现出来，供人观瞻。这反映了藏族人民对金城公主的同情和热爱，也反映了吐蕃与唐朝甥舅关系在人们心中的地位。

首先，此王主张甥舅之国应固结邻好。唐朝由极盛走向衰落，较吐蕃为早，"藩镇割据"，削弱了唐朝实力。唐德宗执政后，认识到这一形势，理解到与吐蕃战争的不利，于是对吐蕃主动实行和平息兵的友好政策。建中元年（780年），德宗先派韦伦把在战争中的吐蕃俘虏500人送还吐蕃；下令停止向吐蕃用兵，建议双方协和。诏令地方上的蕃俘也一律发给缣衣遣回，禁止充当奴隶。赤松德赞听到唐朝释俘事，初不相信。待韦伦率俘抵蕃，赞普大喜。他对韦伦说道："我有三恨：一是不知道唐皇帝（代宗）死，未能及时吊祭；二是对皇帝的山陵，未及供献赙礼；三是不知皇帝舅（德宗）继位，发兵攻灵州（甘肃东北部），入扶、文（甘肃南部），侵灌口（四川西部）。"当即派使者向唐朝回报，也开始遣返唐的俘虏。

建中二年，唐使崔汉衡、常鲁入蕃。赤松德赞援引唐景龙二年（708年）诏书规定，希望"唐使至蕃，赞普亲与盟会；蕃使至唐，皇帝亲与盟会"。同时赞普要求，使用平等语言，把敕书中"贡献"改为"进"，"赐"改为"寄"，"领取"改为"领之"。唐廷对此完全接受。建中四年，唐蕃会盟于清水（今甘肃省清水西北），订立清水盟约。皇帝诏令"陇右节度使张镒与吐蕃相尚结赞等盟于清水"。双方约定，各有2000人赴誓坛处，所带兵的一半排列于坛的两百步外，另一半作随从排列于坛下。唐朝方面张镒、宾佐齐抗、崔汉衡等7人，吐蕃方面相尚结赞、将相论悉颊藏、论藏热、宦者论乞力徐等7人，都同时登坛参与盟誓。原商议汉方用牛、藏方用马为牲，张镒提出：汉非牛不田，蕃非马不行，建议以羊、猪、犬三物代替。结赞答应，但塞外无猪，只好以羝（公羊）代替。张镒取出犬、白羊在坛北杀之，血杂混后双方饮歃（"歃"意为嘴唇上涂畜血）。

盟文中说：唐拥有天下，"舟车所至，莫不率从"。"与吐蕃赞普，代为婚姻，固结邻好，安危同体，甥舅之国，将二百年"。盟文对双方边界有所确定，对盟文未记载的，按"蕃有兵驻守蕃守，汉有兵驻守汉守"，不得侵越。盟文将"黄河以北，从故新泉军北至大迹（即大戈壁），南至贺兰山骆驼岭，中间全为闲田"。

这时期，唐因藩镇之乱，日益削弱，而吐蕃却达到了高峰状态。吐蕃的疆域，西达中亚，北至今新疆南部，东至今四川西部及甘肃陇山以西，南与天竺、泥婆罗为邻。在吐蕃的最盛时代，由于对西南、西北各族人民的不断掠夺，王室、贵族、官吏等暴富，进而助长了奢侈之风。藏史记载，赤松德赞曾幻想造一座与东山同样高大的水晶塔，在塔上可以望见"唐朝舅氏城堡（赞普自认为金城公主之子）"，还想用红铜色把黑波山裹起来；或用金沙填塞瓦隆东沟，或把雅鲁藏布江截住使其倒流。这些狂想和豪言，反映了当时吐蕃一度出现的富足称雄情况。

清水盟约后，唐蕃间订有一个军事协议。吐蕃出兵援助唐朝讨平逆臣"朱泚之乱"。唐廷答应胜利后赠给伊（今新疆哈密）、西（今新疆吐鲁番）、北庭（今乌鲁木齐）诸地，并每年送给赞普绢彩一万匹以作答谢。785年，吐蕃大将尚结赞、论莽罗等同唐将浑瑊于武功之武亭川（今陕西武功县）击败朱泚。不久朱泚死，吐蕃要求如约兑现。唐廷答复：吐蕃兵马因天气炎热，未到京城即自动抽回，因此不能完全如约赠给三地，但以"功虽未立，其义可嘉"，特给吐蕃将士彩绢一万匹，以作酬劳。

因此，双方之间战火又起。但吐蕃也因战场上多次失利，兵力不足，以大量童兵编队打仗，内部矛盾尖锐。故在吐蕃用计于平凉结盟失败后，吐蕃将领多批率兵倒向唐朝，吐蕃军事形势开始走下坡路，吐蕃王朝自此走向衰落转化。

其次，在激烈斗争中兴佛建寺赤松德赞继位时，由大臣玛尚仲巴杰、达绕鲁恭辅政。他们是反佛崇本的，以大臣玛尚仲巴杰为首制造了反佛事件。玛尚等认为："前代赞普寿短不吉，皆因改信佛教。"还制定了"不得信仰佛教，学习佛经"的法律。他们毁坏寺庙，把文成公主带进藏的佛像埋入地下（后又迁入孟域）；将信佛大臣二人加罪流放；不准按佛教方式对亡者超度。但佛教力量立即反击。从汉区返藏的巴·桑希等人秘密向赤松德赞陈述了赴汉地取经经过情形。赞普与以桂氏为首的大臣，定计将玛尚仲巴杰骗入地穴后活埋，将达绕恭鲁流放到羌塘，召回派往芒域的桑希和去天竺的赛囊，下令一切臣民，须一律信仰佛教。从孟域又迎回了觉卧佛像，仍供于大昭寺正殿。

依赛囊推荐，迎来了印僧寂护（也称静命），寂护为赞普讲了佛教的基本理论。但当时西藏又发生了天灾人疫，本教势力再度抬头，责备这是推行佛法的结果。赞普为形势所迫，让寂护暂时返印避避风头，临行寂护建议赞普迎请莲花生来藏，以对付本教的一套咒术。赤松德赞待局势稳定，灾祸已经过去，再次抑本兴佛。一面组成了一个更大的赴唐取经队伍，派桑希等30人再往汉地取经拜师。建中二年（781年），唐廷应吐蕃请派"善讲经"僧人之要求，派出文素、良琇，每年一人，一年一轮。同时赞普又派人，迎来莲花生。赞普还决定兴建一工程浩大的寺院——桑耶寺，作为僧人学经的基地。桑耶寺是由莲花生勘察，汉地占卜者测算定址，由赤松德赞开土奠基，历经12年（764～776年）建成的。寺院建筑有吐蕃、汉地和印度的3种风格，经库中有汉、印、藏3种文字经书。据称桑耶寺主殿原为3层楼房，下层房屋建筑式样是采用藏人的建筑形式，塑像仿藏人面貌；中层楼房建筑式样采用汉族建筑形式，塑像仿照汉人面貌；上层楼房建筑式样采用印度建筑形式，塑像仿印度人面貌。可惜在后来达玛毁佛时，桑耶寺几经毁坏，面目全非，后来所建与原先有很大不同。但此寺在建筑上对内地仍深有影响，清朝曾仿照桑耶寺模式在承德兴建了普宁寺。

桑耶寺建成后，从贵族子弟中选了7人，由印度僧人（此时寂护又返回西藏）剃度出家。开始赞普还试图缓和本佛矛盾，让本教徒也在此寺和平共居，各念各的经，各宗各派的法事。但在杀生问题上又起了争执。本教祭祀时要宰杀许多牲畜，而杀生是佛教所不能容忍的，尤其在寺院内。在赤松德赞主持下，辩论两教的优劣。辩论结果本教失败。赞普要本教徒或弃本归佛，或者作纳税百姓；并禁止本教篡改佛经为本教经典。这次制裁对本教是一严重打击。

赤松德赞事后即下令全区上下，必需一律尊崇佛教，从王臣到百姓都要在神前发誓，永不背弃佛教。从791年起，他使藏民一律信从佛教。

七僧人是吐蕃的第一批出家人，他们是：巴·赛囊、巴·桑希、巴果·白若扎耶、恩朗甲哇却阳、玛·仁钦却、昆·鲁盖汪波及藏勒竹。据说其中巴·桑希，就是随金城公主入藏的汉人之子。在赞普的提倡推动下，陆续出家的前后有300人左右。

赤松德赞还广开译场，请印僧、汉僧、于阗僧与藏僧一起译梵文、汉文的经、律、论为藏文。自建桑耶寺后，译经事业也有了发展。

再次，主持顿渐之争与显密之争。在赤德祖赞、赤松德赞两代，前后从长安迎请过一些汉僧，历次唐蕃战争中也有一些僧人被俘入藏，特别是金城公主曾带入汉僧，德宗又派汉僧入藏讲经。这些僧人都以讲经译经为主。

随着佛教在吐蕃战胜本教，以汉僧为代表的顿悟派，与天竺僧为代表的渐悟派，分歧日益严重。顿派和渐派原是汉传佛教中禅宗的南北两派。赤松德赞执政后，于781年曾请唐朝派"善讲经"汉僧入藏，一年一人，一年一轮至藏地讲经传法。唐朝所派文素、良琇二僧，看来皆属禅宗顿门。顿门在四川、河陇地区都有影响。吐蕃占据河西后，汉僧摩诃衍（又称大乘和尚）系顿派，应赞普诏令入藏。汉地禅宗在西藏王室和大臣中迅速传播。王妃中如琳氏等约30人，从摩诃衍受戒，出家为尼。印僧寂护去世后，摩诃衍的影响陆续扩大，大部分藏僧都信奉或跟从摩诃衍。

印汉僧人的矛盾激烈，印僧请来莲花戒入藏，以分胜负。在赞普主持下，双方辩论。最后汉僧败绩。赞普命汉僧按规定，所著书籍埋藏起来，不许再学悟门教法。但这是藏文史书《拔协》、《布顿佛教史》的说法。实际上禅宗在藏仍有其一定影响。

有一敦煌文书《王锡大乘正理诀》，其至记述说辩论结果是汉僧胜利，赞普下令今后听由禅宗顿门自行教修授传。从后来摩诃衍返敦煌后的地位，他与赞普、大臣的书信往来看，说明《拔协》记述恐有失真之嫌。返回沙州的摩诃衍甚至建议吐蕃开禁，允许铁器进入民间，以利打制农具，不误农时。从赞普向沙州另一高僧昙旷所提大乘二十二问来看，所提有一定深度，史称赤松德赞对佛经造诣较深，他曾亲自对《般若经》加过注文诠释，而摩诃衍所主张的从正理诀来看，也是引经据典，科判有力。

顿渐之争结束后，印僧地位提高。佛教中印僧内部的显密之争又开始出现。在赤松德赞的保护和支持下，密宗始终未让显宗得势，其经典仍在大量翻译和传授。从此，藏传佛教中出现了一个显著特点，即其密宗内容比汉传佛教，甚至任何一种佛教的密宗色彩都浓厚。

赤德松赞为长庆会盟奠定基础

赤德松赞，其尊称为赛那累江允，他是赤松德赞的第三子。

赤德松赞时期吐蕃与唐朝关系的特点是：唐蕃关系继续向和好方向发展，边境地区只有小范围的军事冲突。双方使臣往来频繁，继续执"甥舅之礼"。805年，唐德宗李适去世，唐顺宗李诵继位，唐朝派左金吾卫将军田量度、库部员外郎熊执易持节出使吐蕃，吐蕃派论乞缕勃藏到长安，献马、牛和金币，助祭德宗陵墓。顺宗下令将吐蕃礼品陈列于太极廷。唐朝又派卫尉少卿兼御史中丞侯幼平出使吐蕃，通告顺宗即位。

顺宗仅在位一年即去世。806年，唐派使臣到吐蕃告丧，并继续送还战争中被俘吐蕃人。吐蕃也派论勃藏到唐朝吊祭。此后吐蕃年年有使臣到唐朝报聘。

元和五年（810年），白居易起草一封唐宪宗给钵阐布的信。全文现存，信云："况朕与彼蕃，代为甥舅，两推诚信，共保始终。"唐派礼部郎中徐复出使吐蕃，徐到鄯州后折返，却派副使李逢去见赞普，送上皇帝的信。吐蕃派论思邪热到唐朝，送回原先平凉结盟时被扣留而死于吐蕃的唐大臣郑叔矩、路泌的灵柩，并表示愿把秦、原、安乐三州归还唐朝。论思邪热在朝堂向皇帝朝拜，唐朝宰相杜佑代表皇帝答礼。同年，白居易代皇帝起草另一封给吐蕃宰相尚绮心儿的信，强调："朕与彼蕃国，代为舅甥，日结恩信。"信中还说到了唐蕃间长期以来酝酿再次会盟的事。

814 年，吐蕃派使者到陇州要求互市，皇帝下令同意。藏史记载说："由汉地获大量物品……尚论以下俱颁给赏赐。"这是互市中出现的双方货物交流的情景。815 年，赤德松赞逝世。吐蕃使臣论乞髯到唐朝，为赞普去世告丧。唐派右卫将军乌重一、殿中侍御史段钧到吐蕃吊祭。

赤德松赞在政治、宗教、文化等方面，都做了不少有益的事业。他对唐坚持友好往来，重申甥舅之义。在宗教方面，大力扶植和发展佛教。他恢复了桑耶寺僧伽的供养制度，同时又建噶迥多吉央寺；下令不准把僧人当奴仆，僧人不负担差税，继续推行数户民众养僧制度。

他在推动翻译佛经方面，尤为突出。要求翻译时按不同情况，进行音译、意译、直译和改译。对译语准确有严格要求，译语确定后有些还要经赞普亲自审定，并由赞普以诏令形式颁布。这时的翻译，主要是由梵文译藏文，也有少量由汉文译为藏文的佛经。有些藏文史书把赤德松赞这次厘定文字，作为吐蕃历史上厘定文字的首次，认为这对藏文的发展和完善起了巨大作用。从唐蕃所处形势看，双方都拟采取有效措施，推进唐蕃和好进一步发展，准备以和盟形式加以巩固。所以赤德松赞时期实行的政策和措施，对于后来的长庆甥舅会盟成功，起了良好的奠基作用。赤德松赞之功，不可磨灭！

 ## *3* 热巴巾与长庆唐蕃会盟

热巴巾，原名赤祖德赞，汉籍称可黎可足（因他采用汉法建元纪年，又称彝泰赞普），是赤德松赞之子，继位执政始于 815 年。在位初期，继续与唐协商会盟，821 年终于实现了与唐朝最为庄严的甥舅和盟。碑刻盟文正面有藏汉两种文本，意义表达基本相同。盟文写有"舅甥二主商议社稷如一，结立大和盟约，永无渝替"。碑的背面有关于和盟经过的具体记事，写有："唐蕃双方结此千秋万世福乐大和盟约于唐之京师西隅兴唐寺前，时大蕃彝泰七年，大唐长庆元年（821年），即藏历阴铁牛年十月十日，双方登坛，唐廷主盟；又盟于大蕃逻些东隅桑堆园，时大蕃彝泰八年，大唐长庆二年，即阳水虎年夏五月六日，双方登坛，大蕃主盟；其主镌碑于此为大蕃彝泰九年，大唐长庆三年，即水兔年春二月十四日之事也。"

从碑文记述着，唐蕃双方这次会盟前后两次，第一年先在唐朝京城进行，次年在吐蕃拉萨，第三年才将盟文刻石立碑。

吐蕃的历代赞普在这之前都不使用年号。而从热巴巾即位开始采用了汉代建元纪年。年号定为彝泰，

57

可能是祝愿赞普社稷永固，福德长久。但是由于吐蕃国内社会矛盾的发展，统治阶级争权斗争的激烈，这位赞普仅在位 23 年就被刺身亡了。

彝泰是吐蕃史上出现的唯一年号，它反映了唐蕃间的文化交流关系。自从松赞干布迎娶文成公主，赤德祖赞迎娶金城公主以后，双方建立了巩固的舅甥关系。藏族不仅学习汉族的先进的生产技术和科学知识，还派人到唐朝学习大唐的文化和典籍，唐朝也不断派遣使臣和汉僧，去吐蕃了解吐蕃社会的历史、地理和风土人情。这个年号，就是在这一历史背景下由吐蕃赞普使用的。这一年号还有助于弄清前代赞普赤德松赞去世年代。碑文中彝泰七年为 821 年，那么热巴巾继位执政的彝泰元年，应是 815 年。这个推算是准确无误的。

长庆会盟碑中还议定双方应维护开拓已久的唐蕃旧道，使之畅通无阻。盟文说："然舅甥相好之义，善信每须通传，彼此驿骑一任常相往来，依循旧路。"规定了双方于将军谷（大概在清水县去陇山的道路上）交换马匹，绥戎栅以东，大唐供应，清水县以西，大蕃供应。接待上须合舅甥亲近之礼，双方境内应烟尘不扬，无闻寇盗，不再有惊恐之患。盟文中确定的唐蕃边界，大体上维持着清水会盟时所定的双方管辖地段。长庆会盟碑是经过长达 40 年努力才达成的庄严盟约，从此唐蕃间真正进入了一个祥和宁静的友好时期。（见图 5）

继续兴佛教，抑本教。由于吐蕃与唐朝实现了稳

图 5　赞普赤祖德赞时甥舅会盟碑（在今西藏拉萨）

固的和好会盟，吐蕃人民获得了休养生息的有利条件。在这一形势下，热巴巾大力支持佛教发展，推进了藏文和译经事业的规范化。后世藏史甚至将热巴巾，列于松赞干布、赤松德赞之后，尊称为吐蕃王朝的第三位"名王"。

热巴巾是吐蕃赞普中笃信佛教最为狂热的一位。他以长绫系发，拽引地上，让僧人坐在上面讲法。藏文"热巴巾"意为有长辫者，这是其热巴巾称号的起由。他在唐蕃息战以后，授权僧人进一步参政，制定教规和国法；命令属民七户赡养僧人一名；禁止人们对僧人以目瞪之，以手指之，违者要挖眼剁手。他还订了许多其他法律条例，制定了完整的量衡，从升、两、钱的单位起，相当精细。

在译经方面，从这时起以梵译藏为主，以译显教经论为主，对密教经典则加以限制，小乘经论则限制在一切有部范围内。致力于统一佛经中译义、词语和文字体例，是热巴巾的突出贡献。他将所译佛经定本，广赐各寺。有一份敦煌藏文经卷题记，说热巴巾同王妃属卢氏及钵阐布云丹等，曾一起至沙州，赐给佛经新译定本，并出资征调汉蕃等族僧俗人等，大量抄写这些定本，分藏于河陇地区诸寺。可以说，这是促进汉藏佛教文化交流的一大举措。敦煌藏经洞发现数量如此庞大的汉藏文写经，与此赞普的热心倡导写经有密切关系。有的学者说敦煌藏经洞所藏仅是残破不要的废弃写本，看到这些记载或许有助于改变他们的看法。

赞普在组织译经中，对藏文拼写规范化和译词准确化有考究和改进，这使藏文书面语言更为完善。藏文拼音的优点，也大量用于汉文典籍佛经的注音或梵文经典的注音。热巴巾是继其祖父赤松德赞组织译场之后，主持了藏文发展上的第二次重要改革。

热巴巾在主持改进藏文、厘定词汇、修正经典译文的同时，824年又遣使向唐求得五台山图，参照图示在全境开始大建佛寺。他开办了3个学院：一是律仪学院，是研究慧、净、贤律仪的部门；二是讲学学院，是以讲、辩和著为内容的学术部门；三是修行学院，是讲究闻、思、修的修行部门。此外，还建立了三十法部僧人的学习组织。设立这样有组织、有纪律的宗教专门教育机构，突出寺庙在传播佛教文化和思想信仰上的作用，比其祖父赤松德赞来又前进了一大步。

热巴巾在晚年，对权势显赫的钵阐布云丹产生了猜忌。他体弱多病，因心疾不能主持朝政，将朝政委于大论结都那执掌。在权力之争中，大论诋毁王妃属卢氏与钵阐布勃兰伽·云丹通奸，王妃被迫自杀，钵阐布也获罪被诛。838 年，大论结都那等 3 人以扭断赞普脖子办法杀死了热巴巾。另一有功大臣阐钵布娘·定埃增也同遭杀害。政权当即转由热巴巾之弟达玛继承。

 ## 4 朗达玛灭佛与被弑

达磨，别名乌都赞，吐蕃人贬名朗达玛（朗为牛意），汉籍多取用朗达玛，为热巴巾之弟。据史书记载，朗达玛为王子时，从僧人善知识者学法读经，发愿礼佛弘法，尚能遵守与其父兄共同立下的虔诚奉佛的盟誓。但是朗达玛夺取王位的野心，使他和白达那金、觉饶拉隆等本教势力勾结一起，策划夺取王位。这些大臣首先诬裁"大僧相钵阐布勃兰伽贝吉云丹与王妃属卢贝吉昂处玛通奸，行将置于法司，妃极悲愤自缢身死。勃兰伽逃往北方，隐匿地下，潜修护身密法，仍被擒获杀害，剥皮植草，极为酷烈"。接着他们又把王子藏玛逐出拉萨。可以说，他们成功地用了"清君侧"之计。后来他们乘热巴巾酒醉入睡之际，将他勒死，时在唐文宗开成三年（838 年）。

朗达玛在政变阴谋中得逞，于838年执政。开始达磨仍表示崇佛护教。但过了不久，西藏高原上天灾人祸接踵而至。他于是采纳大臣论结都那建议，将天灾人祸归因于信奉佛教。朗达玛向民众宣称："文成公主是夜叉女，她带来的释迦牟尼像是夜叉神。因此吐蕃国内灾祸频起，今当消灭佛教，以安国民。"赞普当即颁发了毁法灭佛命令，主要内容为：

（1）拆毁和封闭一切寺院佛堂，取缔崇佛的仪式和供佛的场所。毁弃和掩埋一切佛像。据说就连文成公主带去的觉卧佛像，也被砸坏了一条腿后埋于地下。

（2）僧人必须离开寺院，还俗回家。那些不愿还俗的僧人，令其脱去袈裟，充当猎人，或者置入屠宰场当屠夫，要他们破戒杀生。

（3）收缴一切佛经，予以烧毁或封存，禁止人们诵读或宣讲。

（4）凡信佛的权贵，必须放弃信仰，改宗本教，否则严厉惩处，反抗者处以极刑。

当时吐蕃本土幸存僧人，纷纷向阿里、安多（青海）和喀木（西康）等地逃遁。蕃地佛教几近绝迹。

《新唐书》记载这时吐蕃情况为"地震裂，水泉涌，岷山崩，洮水逆流三日，鼠食稼，人饥疲，死者相枕藉，鄯廓间夜闻鏖鼓声，人相惊"。反映了当时朗达玛治下饥饿、病疫、惊恐和混乱盛行的严重情景。

朗达玛嗜酒好杀，荒淫无道，凶残专断，引起人民的普遍不满。当时有一僧人拉隆贝吉多杰，匿居于拉萨近郊叶尔巴静修。他恨朗达玛毁佛灭法，决心复仇除害，乃暗藏弓箭，骑着用木炭涂黑的白马，身披内白外黑的氆衣，脸上涂着黑色油烟，于842年（唐会昌二年）化装来到拉萨，正遇朗达玛观看唐蕃会盟碑文时，拉隆贝吉多杰佯做面前行礼的姿态，抽出弓矢把朗达玛射死。然后立即骑马涉河而逃，流水冲掉炭色，反披白衣，洗去油烟，变成了白马白人，用以迷惑追捕士兵的目标。后来他逃往青海，与青海汉僧多名为友，一直隐居，汉僧虽知其是杀死藏王的逃犯，仍与之往来甚密。这也可说是汉藏僧人友好相处的一段佳话。

朗达玛死后，王后与王妃各挟其子，互争王位继承，王室分裂为永丹和奥松两系。

自从赤松德赞执政以来，支持佛教，压制本教，一直是几代赞普的共同政策。佛教是王权的有力支柱，而以本教为宗的地方大臣，一直仇视王室，仇视佛教。朗达玛的登台和被杀，说明这一斗争的尖锐程度。

从吐蕃王朝崩溃看唐蕃舅甥
关系的深远影响

朗达玛执政前后总共5年（838～842年），但给佛教的打击却是致命的。佛教在西藏几乎绝迹，只好再次由外面传入，从内地传入的被称为下路宏传，从印度等地传入的称为上路宏传。按藏传佛教史的分期法，把朗达玛灭佛前佛教在西藏的传播，称为"前宏期"，灭佛后佛教再度传入兴起，称为"后宏期"。

朗达玛的倒行逆施，给吐蕃王朝也敲了丧钟。朗达玛一死，王室陷于严重分裂，大妃和次妃各挟一子，各自拉拢私家党羽，展开了王位之争。处于分裂中的王室，有一点是一致的，即立即派使臣去唐朝报丧。史载："会昌二年（842 年），吐蕃遣其臣论普热来告朗达玛之丧。"唐朝派将作少监李璟入蕃作吊祭使。

朗达玛遇刺身亡后，从此开始了近 20 年之久的王位之争。朗达玛死时，次妃次绷氏已有遗腹之子。大妃琳氏忌妒，遂过继其兄尚延力之子乞离胡为子，时年 3 岁，名叫永丹。永丹由尚思罗辅位，继位为王，实际上由大妃琳氏与尚思罗共同主持国事。按传统，新赞普即位应向唐朝报聘。史称："又不遣使诣唐求册立。"

843 年，吐蕃洛门川讨击使论恐热，以大妃琳氏与同党尚思罗扶持的永丹非王族嫡系，继位赞普是名不正言不顺，于是向各属部宣告："贼舍弃国家的王族，立琳氏子，专害忠良以威胁众臣，又没有大唐册命，怎么能为赞普。"论恐热联络各部成功，于是自称"国相"，举兵回师讨伐，与宰相尚思罗战于薄寒山，思罗败退于松州，最后论恐热以"讨伐叛逆"相号召，得降众十余万，并擒杀尚思罗。

843 年，论恐热又出兵 20 万进攻鄯州（今青海乐都）节度使尚婢婢。史称尚婢婢为羊同人，喜读书，有谋略。面对兵多势众的论恐热，尚婢婢派出特使，携金、帛、牛、酒犒劳其军，并给论恐热一信，信中说："我性好读书，愿解甲归田。"恐热将信遍示诸将，说："婢婢是个书呆子,我得国后,当给他以空头宰相,使他居家读书,别无用处。"乃复信给尚婢婢,表示将来予以重用。婢婢接信后笑道："我国无主,则投附大唐,哪能事此犬鼠!"婢婢乘恐热骄傲麻痹不备之时,发精兵5万,袭击恐热于河州之南,恐热仅单骑逃脱。844年,恐热又纠合部众进攻鄯州。婢婢向河湟一带民众宣告说:"你们本是唐人,吐蕃无主,尽可以联合一起,回归大唐,不要作恐热的兵卒,为他所驱使。"这样便分化和瓦解了恐热的部分力量。849年,婢婢屯兵于河源军(今青海西宁东南),因部下未能执行其策略,为恐热所击败。尚婢婢因缺粮,留拓跋怀光守鄯州,自带残部转走甘川西境。

论恐热从起事以来,旗号是反逆臣,反叛国,用以招集吐蕃诸路兵马,归其制下。但是其狐狸尾巴很快就暴露出来。论恐热因其部众有的叛离,有的降于拓跋怀光,有的散居而去,于是为了稳定部众,便扬言:"吾现在要入朝于唐,借兵五十万来诛不服者,然后以渭州为国城,请唐册封我为赞普,看你们谁敢不服从我!"后来论恐热果然去长安入朝,以其势力孤弱为由,请唐派兵帮助平乱,并请唐朝封其为赞普,表示愿意归唐,但遭到唐廷拒绝。最后要求当"河渭节度使",也未获准。论恐热怏怏离去,在过咸阳桥时叹道:我将举大事,过此河与唐分境。但他的残暴行径,终于导致众叛亲离。866年(唐咸通七年),为归唐的拓跋怀光擒杀。

这时,秦、原、安乐3州及木峡、石门、驿藏、制胜、石峡、六盘、萧关等 7 关，先后归属唐朝。吐蕃边将归降于唐的也不在少数。一向称吐蕃奴部的"浑末"部落，也纷纷投靠唐朝。当吐蕃东方将领倾轧厮杀和军事崩溃之际，沙州张义潮也于 850 年率部起义，河西 11 州又归入唐朝版图。河陇千余老人，为庆祝光复，来到长安。唐宣宗在延喜楼接见，各赐给冠带，众皆解辫易服，欢呼起舞，表现了从吐蕃长期统治下回归大唐的欢乐心情。

从吐蕃内乱中，我们仍可以清楚看到：从将领到一般兵卒，从吐蕃本土居民到边境属部，当吐蕃处于危难时，对于投靠大唐，心理上毫无抵触，视为理所当然，由此也足以证明唐蕃间"社稷如一，甥舅和好"的深入人心和双方友好关系的牢固。

四 从宋代到清代的汉藏经济文化交流

 宋代与吐蕃各部的关系

吐蕃王朝崩溃后，从 10 世纪到 13 世纪，吐蕃没有统一的政权，各地出现了互不统率、各据一方的大小封建主。

在河西陇右居住有若干吐蕃部，其中较大的有六谷和唃厮啰等部。

六谷部左厢首领折逋嘉施，向五代后汉请得封号后，即把河西走廊置于自己的统治之下。宋朝建立后，加强了对凉州地区经营，使之成为马匹重要供应地。六谷部在抵御西夏的扩张中是支重要力量，宋与六谷部保持着密切的关系。六谷部首领经常向宋进贡马匹，宋每次都给予优厚的回赐。

咸平四年（1001 年），宋封六谷部首领潘罗支为朔方军节度使、灵州西面都巡检使，并赐以铠甲器币。潘罗支遇害后，又封其弟厮铎督等。宋规定不准输出弓矢兵器。景德二年（1005 年），西凉样丹族上表求市弓矢时，宋真宗认为样丹抵抗西夏有功，破例"诏令渭州给赐"。次年，六谷部内发生疾疫，宋朝"赐白龙脑、犀角、硫黄、安息香、白紫英等药，凡七十六种"，及时从医药上支持了六谷部民众。宋对六谷部属民与内地的贸易交往，一直采取保护和鼓励的政策。六谷部后因内乱为西夏所灭，其属民退居湟水流域，投奔唃厮啰部。

唃厮啰，藏语"佛子"的意思，原名欺南陵温篯逋，自称吐蕃赞普之后，他在青海所建政权，也以唃厮啰为名。唃厮啰在李立遵和邈川大部落长温逋奇的拥立下，徙居宗哥城（今西宁）。大中祥符八年（1015年），唃厮啰等向宋贡名马，受到宋的赏赐，统辖洮、湟数十万居民。唃厮啰政权建立后，当权者都接受宋的封赐，保持着臣属关系。六谷部被灭后，宋更加密切了与唃厮啰的关系，为了共同的利益，唃厮啰成为抗御西夏的一支重要力量。唃厮啰和宋在边境上也发生过小的摩擦，但总的来说是亲密友好的。

宋为了防止西夏势力南进，加强了熙州和河州地区的防卫力量，推行屯兵营田的政策。宋熙宁时，王韶在熙河一带拓地600公里，招抚蕃族30余万人。招募蕃民充当弓箭手，分置各砦，"每砦三指挥或至五指挥，每指挥二百五十人。人给田百亩，以次蕃官二百亩，大蕃官三百亩。仍募汉弓箭手为队长，稍众则补将校，暨蕃官同主部族之事"。这样，使蕃汉兵制趋于合一，增强了防卫的力量。

宋采取了一些发展农牧业的生产措施，如贷给蕃民官钱种地，年息十分之一，称为"蕃汉青苗助役法"。又推行寓马于农，兼事畜牧，鼓励蕃汉贸易交往等。经过二三十年的经营，熙河二州粮食已自给有余，这对当地和邻近的唃厮啰等蕃部起了很大作用。

宋与唃厮啰在经济上的交往，也十分密切。唃厮啰用农牧产品换回内地的铁器、铜器和纸张等物品。西夏占领河西走廊后，西域各地到中原的商旅，被迫改道鄯州，该地便成了沟通中西交流的要地，这给唃厮啰市场带来空前的繁荣。

唃厮啰政权存在百余年之久。南宋乾道五年（1169年），唃厮啰的最后一代当权人结什角为西夏兵所围，突围时臂被砍断，不久亡故。其侄赵师古继为首领，势力大不如前。岷江流域及其以西以南地区除藏族外，还有羌、青羌、弥羌、马湖蛮等，甚至还杂居有汉族。这些民族早就脱离了吐蕃王朝的控制，由唐朝直接统治。五代十国中的前蜀、后蜀曾在部分地区建立政治机构，统辖当地民族。入宋以来，通过茶马互市，加强了对该地区的统治。据载，大渡河以西以南的耕地，大多为蕃民所有，汉人过河租种土地，需付给收成的十分之一，称为蕃租。由于汉族和其他民族交错杂居，密切了各族人民之间生产和生活上的交流，对促进该地区封建经济的发展具有积极意义。

宋代所需马匹，因北路"马道埂绝"，只有开辟西路马源，在西北的熙州、河州及西南的雅州增设马市。雅安种植茶叶，有悠久的历史，生产的砖茶、乌茶深受藏民欢迎。宋以雅安茶叶和土特产换取蕃民的马匹。

这种官方或民间贸易在历史上称为"茶马互市"。"茶马互市"的开放时间，因地而有不同，或一年一次，或一月一次不等。这种贸易促进了藏汉等族的相互依赖、相互支援的关系。宋也通过"茶马互市"，取得大量马匹。内地以汉族为主的茶文化，对藏区继续产生影响。宋在政治、军事和经济上与吐蕃各部关系比较密切，不仅促进了吐蕃各部向封建化的过渡，同时也加强了藏汉各族人民之间的亲密关系。

元代汉藏文化交流的某些特点

13 世纪中叶，西藏正式归入中国的版图。藏族与以汉族为主的兄弟民族的关系，进入新的历史时期，开始处于同一王朝的版图内，经济文化的往来交流更为密切，有了新的特点。

首先，萨迦代表西藏各派势力归属元朝，建立了元朝对西藏的统率关系。元初建立总制院管理全国佛教事务，如发给僧尼度牒，理问僧人诉讼，刻印佛经，举办法事等。同时还掌管藏区的军政、民政和财政等事务。后因袭唐制，改总制院为宣政院，最高长官以帝师八思巴为总领（见图 6）。"总领"为名誉职称，实际为院使，院使下设同知、副使等官员。院使官秩为从一品，实由历届右丞相兼领。萨迦派高僧在元朝任帝师者有 14 位之多，时间几乎与元朝相始终。元朝采用唐代宣政院，也是吸取中原文化制度的形式之一。

宣政院下设宣慰使司，成为元朝在藏区设置的一

图6 元世祖会见八思巴图（壁画）

级机构。宣政院可向藏区派出院使，或设派出行宣政院机构，巡察各地。藏区受中央朝廷任命的最高长官为宣慰使，其机构为宣慰使司，或宣慰司。其兼摄军事者为宣慰使司都元帅府。

在西藏的宣慰使，多由萨迦本勤兼任。本勤不仅管理萨迦事务，而且是在藏代表元朝的最高行政长官。但本勤一职，一般由萨迦派款氏家族推荐任用。宣慰使司下，一般设有宣抚司、安抚司、招讨司、元帅府、万户府、千户所等，专管某一方面或某一地区的政务。这类机构中僧俗并用、军民通摄是其特点之一。

中央在藏区（包括卫藏等）设置建制，任免官员，由元朝首开其端。这些官员皆纳入品级制内，并遵从内地礼仪服饰规定，从此西藏官场中的礼仪进退就兼有了汉族、蒙古族和藏族自身的服饰文化。品级制起自汉末曹魏的九品中正制，历经各朝后虽有变通，但

仍是等级制的一个重要部分。此一制度向西藏全面推行则始于元代。

元朝帝室与萨迦款氏家族建有姻亲关系。元朝仿效唐朝，下嫁公主给萨迦，并实行封附马为王的制度，据考甚至其称号白兰也是源自唐代活跃于青藏高原的白兰羌国。八思巴之弟恰那曾娶阔端之女为妻（一说为忽必烈之女），经忽必烈封为白兰王。恰那的侄孙琐南藏卜，也娶寿宁公主，被封为白兰王，受金印，领西蕃三道宣慰使（1326年），一度总领藏事。据说他干了若干年后出家为僧，后还俗又恢复原封。琐南藏卜的异母弟一人，也娶公主，被封为白兰王。此人之子又被封白兰王，其孙受封为热孜王。唐朝曾封松赞干布为驸马都尉、西海郡王，后又封宝王。元朝在封婿上也亦步亦趋地学习唐制。（见图7）

图7 元封白兰王金印　　"白兰王印"

萨迦高僧八思巴受命创制蒙古文字，功成后忽必烈封其为"帝师"，并将乌思藏地区13万户指定给八思巴为供养地。八思巴一生效忠于元，从未有贰心。

72

直至圆寂时，忽必烈又封赠帝师以"大宝法王帝师"的尊号。

其次，藏传佛教由西向东传播。元代是藏传佛教向内地传播的开始时期。元朝的支持是这一东传得以顺利进行的重要条件之一。元代以前，藏传佛教只在本土活动，还无力向外传播。蒙古王室崇信喇嘛教，几个王子各有所崇。这时喇嘛教各派也纷纷与蒙古亲贵联系，帕竹和止贡同旭烈兀（因其领地远在伊朗，故一说为海都），噶玛同蒙哥和阿里不哥，蔡巴同忽必烈皆分别有联系。1260年，忽必烈即位后，确定以萨迦作为推崇和扶植的教派。1264年，忽必烈迁都北京，从此以萨迦派为主的藏传佛教，进入北京和其他若干地区。萨迦派高僧在内地建寺传法讲经，开始多以蒙古王室为对象，史称"忽必烈曾随八思巴受密宗灌顶"。1276年，八思巴返藏，太子真金率军护送，途中八思巴为真金讲述并撰写《彰所知论》，此书藏文原本今尚存，汉文译本也收入大藏经中。1277年，八思巴集康藏僧徒信众7万余人，举行盛大法会于曲弥仍摩（地在纳塘寺附近）。法会以忽必烈为施主，每一僧人还得到一钱金子的布施。1280年，八思巴卒于萨迦，忽必烈赐号"大宝法王西天佛子大元帝师"。1320年，元仁宗又下诏天下各路为八思巴建帝师庙，其制要求如孔子庙。

从忽必烈起，元代历朝极力推崇和笼络西藏宗教上层，"崇其封爵，厚予赏赐"，有国库半耗于蕃僧之说。早在阔端时代，就在凉州为萨班修建了一座幻化寺，这可能是内地第一座喇嘛寺庙。在北京兴建和改建了不少喇嘛庙，藏传佛教从此在内地有了固定的传法收徒的基地。著名的有白塔寺，虽创建于辽寿昌二年（1096 年），但又于元至元八年（1271 年）重修，改名大圣寿万安寺。寺内有白塔一座，俗呼白塔寺。这是北京最早的藏式塔，形制和风格上皆取自藏式。再如护国寺，始建于至元二十一年，该寺曾保存有许多与藏族有关的文物，如佛像、碑刻、壁画、佛塔、佛经等。其他还有大悯忠寺（今法源寺）和唐朝兴建的宝集寺，两寺在元代为对勘藏汉佛经作出了贡献，成为元朝皇家抄写金字藏文经卷的寺院。藏传佛教在内地，尤其在北京建寺，是藏传佛教文化东传，与汉族佛教文化相并立相会合，这是元代文化交流中的新鲜事物。

最后，藏汉佛教人士的合作和贡献。元世祖主持"道佛之争"和提倡对勘藏汉文佛经是佛教文化史上，也是汉藏文化交流史上的两件大事。

1258 年，蒙哥去世。他曾授命忽必烈主持一场道佛的辩论，以定胜负。这次参加辩论会的阵容声势庞大：佛僧方面有 300 余人，为首的为那摩法师（克什米尔高僧），第二位为八思巴国师，还有汉地的、西域的、大理国的许多高僧；道教方面有 200 余人，为首者是张真人；儒士也有 200 余人，列为裁判旁听，连丞相蒙速速、没鲁花赤等也参加了。僧人祥迈在《至元辩伪录》中写道："今上皇帝承前圣旨事意，普召释道两宗，少林长老为头，众和尚们；张真人为头，众先生们；让上都宫中大阁之下座前对论。"辩论结果道士败北，但其败似乎不是在教法上，而是败在不了解印度古代历史。据载，八思巴连问印度古史数题，道皆不能应对，被判为输方。这次忽必烈的倾向也是明显的，最后17道士皈依佛门，削发为僧尼。不论其何方胜负，这样以辩论形式，开展宗教的讨论，本身就带有文化交流的意义。在成吉思汗时，道教有一著名人物，名丘处机（长春真人），曾受重视，被成吉思汗封为"国师"。蒙古统治者，对各种宗教都不排斥，利用它们为自己服务。在道佛之辩后，忽必烈仍允许道教传授自己的一套教义和方术，不加干涉，也未给以取缔和压制。

对勘藏汉文佛经，起由于忽必烈对佛经的兴趣，他想知道汉藏佛经的异同情况。皇帝谕令征召了汉、藏、维和印度的上百名佛教高僧学者，他们中有些熟悉经、律、论三藏，有些长于显密经论，有些掌握了汉藏梵多种文字。没有皇帝的权威，要想在短期内完成这一工程是不可能的。

这次对勘是以汉文大藏经为基础。当时藏文佛经译本不少，但尚未编成大藏，主要使用萨迦保存的藏文佛经进行对勘，以求弄清藏汉文佛经有何异同。诚如《至元法宝录》序言所说，大元世祖"念藏典流传之久，蕃汉传译之殊，特降纶言，溥令对辨"。从1285至1287年，经历3年之久，完成了这一工作，结论是两种经典"文词少异，而义理攸同"。这一工程的另一成果，是编出了一部《至元法宝录》汉藏对勘总目录。

这是具有开创性意义的著作。

元廷与藏传佛教的关系，一方面有政治上笼络羁縻关系，同时也有其信仰关系。元代从皇帝、皇后到臣子，崇信喇嘛教的狂热程度，堪与藏族地区上下相媲美。史册中有皇帝、王后和王子受戒灌顶的记述甚多。元末皇廷中接受"大喜乐法"，唱"金字经"，跳"十六天魔舞"等，极为盛行。元代历朝帝王都有帝师，从帝师受佛戒多次，然后才能即位。萨迦派的宗教传播，尤其密宗神秘部分的传授，取得了出人意料的成功。

在元朝统一政权下，蒙古、汉、藏、维吾尔等族间的经济联系和文化技术的交流，有所加强。如内地的印刷器材、印刷技术、木渡船和造船技术、建筑技术等先后传入西藏。另一方面，藏族的造塔、塑像、用具、工艺等，也传入内地。萨迦派以萨班和八思巴为开始的内向发展，加强了西藏地区和元朝中央的关系，虽然这主要是蒙藏统治者的结合，但也带动了汉藏、蒙藏间经济和文化的交流。

 明代汉藏经济文化交流

元代乌思藏归入大元帝国的版图，为汉藏各族间的亲密关系，提供了更多便利条件。明朝取代元廷而有天下，明廷对乌思藏、朵甘思等地采取了"多封众建"，"可以自通名号于天子"的政策，使大明与藏区关系更加密切和频繁。

明朝在藏族地区建立了军事、行政机构，册封了众多的藏族僧俗官员（见图8、图9）。这些官员必须定期向明朝纳贡述职。明初洪武永乐年间，入贡的使团人数最多不过几十人。明廷对入贡者的人数和等级不加限制，来者不拒，一律厚赏。永乐年间恢复并增设驿站，供给过往官员、使者以食宿和交通工具，因而引致各地争相入贡，使团人数日益扩大，至宣德年间增至四五百人，天顺时竟达二三千人。成化初明廷对入贡作了限制。尽管如此，入贡者往往突破规定。明廷有时也不得不稍作变通，"以尽怀柔之意"。甚至对留在关卡上的部分使者，明廷亦令就地赐予彩缎，给予食茶。

图8　明太祖敕封俄力思军民元帅府的圣旨

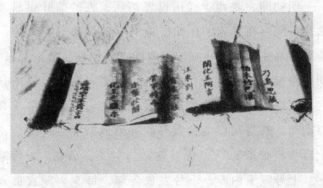

图9　明世宗嘉靖四十一年（1562年）封帕木竹巴阐化王圣旨

藏区入朝贡品有马匹、骆驼、盔甲、刀箭、佛经、佛像、舍利、珊瑚、氆氇、犀角、皮毛、藏绒、药材、藏香、兜罗帨、铁骊绵（麻）、酥油、葡萄等土特产品和手工制品。明廷回赐的礼品有金、银、彩币、绸缎、布匹、粮食、茶叶、佛像、佛经、金银法器、金银器物、幡幢、伞盖、袈裟、僧帽、靴袜、鞍马、锣锅、帐房、褥、香果、胡椒等，礼品中也给马、牛、骡等牲畜，作为归途驮载骑乘之用。

藏族各部各派使团，也兼事大宗贸易，沿途出售藏区土特产，换取汉地的各种农工产品。通过使团输入和输出的物品，数量十分可观。因此，这种入贡和赏赐不仅加强了藏区和中央的政治关系，也密切了藏汉地区之间的经济文化交流。

茶马互市自汉唐以来就成为中原王朝与周围少数民族进行经济交流的重要途径。与宋元相比，明朝与藏区的茶马互市，不仅规模大数量多，而且各种制度也比较完善。

明初即在陕西、四川设置茶局，收贮茶叶供易马之用。同时在甘肃、四川、青海等地设茶马司，统一管理茶马互易。茶马互市由明朝官方控制，禁贩私茶。明廷派御史巡督各地，以保证可以茶叶换取足够的马匹。明朝制定了金牌签发制度，诸部均持金牌信符合对纳马，茶马司以此验收马匹并给以茶叶。金牌信符上写"皇帝圣旨"、"合当差发"、"不信者斩" 3 行篆字。上号藏于内府，下号发放各部，每 3 年派官员入藏地合符一次。

茶马比价因时因地有所不同。明朝规定：马以上、中、下及年龄论值，茶叶分上等及中等，禁止劣茶及湖南之假茶输出，以免影响马匹输入。明朝偶尔也有以盐、绢、布、牛等易马，或用银购马。

明朝在茶马互市中所得马匹，牡、骟马发送边兵用于作战，或送各卫所骑操；牝马、驹马送苑马寺孳牧，未调拨的马匹也交由苑马寺牧养。明朝在陕西、甘肃等西部地区有许多养马处所。茶马互市不仅解决了明朝对马匹的一些急需和藏族对茶叶等物质的要求，而且也促进了双方农业、牧业和副业的生产。

明朝严禁私茶入藏，"私贩出境与关隘失察者，一并凌迟处死"。但是这种规定也未能阻止民间贸易。通过藏汉商人运入藏区的物资主要是茶、盐、布、绢等，也有罗、姜、纸、粮食、各种器具和衣服，输入内地的物质主要是马匹、各种畜产品、红花、虫草和其他药材、土产。虽然商人从中牟取了高额利润，甚至使官方的茶马互市大受影响，但是他们对藏汉的物质和文化交流起了积极作用，有利于藏汉人民的生产和生活。

随着朝贡、互市关系的增多，给藏汉文化交流也提供了更多的机会和渠道。明廷允许大批藏僧入贡并居留京师和内地（对就地修行者也加以保护）（见图10）。他们不仅将藏传佛教传入内地，而且将藏族的佛寺建筑和雕塑艺术也传入内地。明朝在京所设"四夷馆"中的"西蕃馆"，对沟通藏汉文化也起了一定作用。西蕃馆是接收和处理藏区来文（包括朝贡、庆寿、谢恩等）的秘书处。西蕃馆所编辑的一部《西蕃译语》收

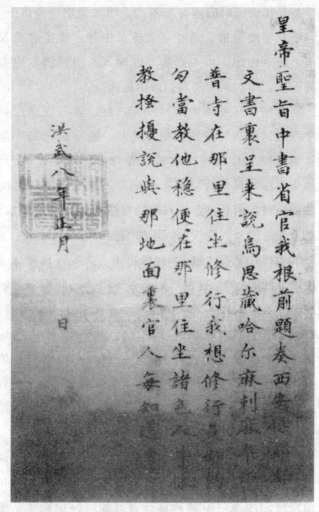

图 10　明太祖赐给卒尔普寺的敕圣旨书

708 个词，分十类，系一般的和公文的汉藏词汇对照。

这一时期，汉族的学术思想进一步传入藏族地区并产生了广泛影响。岷州、松州在 14～15 世纪开设了儒学。天全六番招讨司曾于永乐年间派子弟入国学读书。景泰时，薰卜韩胡宣慰司从明朝得到了《御制大诰》、《周易》、《尚书》、《毛诗》、《小学》等汉文典籍。

汉文著作中有关吐蕃历史的记载被译成藏文。受汉族史学的影响，13～14世纪开始，藏族学者中盛行研究和编纂历史，并产生了《萨迦世系》、《红史》、《西藏王统记》、《汉藏史集》、《青史》、《贤者喜宴》等一系列名著。

在朝贡、互市中，大批纸张流入藏族地区，大大便利了佛经的抄写和印刷，也促进了史籍编纂和文学创作。卷帙浩繁的《甘珠尔》、《丹珠尔》两部佛学丛书，就是在13～14世纪编成的。13世纪从汉地传入的木刻印刷术，这时也得到了进一步发展，不仅印出了大批佛教典籍，也使许多文学、史学著作得以刊印流传。

这一时期，藏族建筑、绘画、雕塑等也吸收了许多汉族艺术的手笔和特点。在一些藏族的建筑物中，将传统的建筑艺术同汉式屋顶和斗拱结合起来，形成了藏族的独特风格，既实用又美观。青海地区的藏族还兴建了"城廓庐室"。在江孜等地的绘画、雕塑中，融进了汉族的技艺，使这些艺术达到了新的境界。永乐四年（1406年），明朝设四川天全六番招讨司医学，以土人锺铭为医学官。这不仅有利于发展藏族传统的医学，同时也有助于藏汉医学的交流。

 4 清代汉藏文化交流的某些特点

清朝建立后，对于西藏的管理体制，在继承元明两代的基础上，进行了一些重大改革。这些改革，密切了中央王朝与西藏地区的关系，加强了西藏与内地的经济关系和文化交流。

清初对西藏不再使用朵甘和乌思藏的译称，而以"唐古特"蒙语称法代替，同时开始出现了"西藏"之称。清廷从当时西藏实际上已由固始汗统治的情况出发，不再实行明代分封诸王、诸法王的建制；只封固始汗为汗王，要求是"作朕屏辅，辑乃封圻"（意为边地）。对达赖五世封以掌管西天释教的称号和权力。对班禅活佛也优礼有加，提高其政教地位，与达赖相平，形成达赖主掌前藏，班禅掌管后藏的格局。（见图11、图12）

图11　清朝封达赖喇嘛的金印及印文

在几经动乱后，清廷又废弃了在西藏册封俗王制，建立了前藏的最高一级政权机构——噶厦。噶厦由4位噶伦组成，噶伦中僧人一位、俗人3位，共同管理一切政务。同时任命驻藏大臣，代表清廷驻藏，会同达赖喇嘛，掌管噶厦的大政方针和重要事务（包括重

图 12 清朝封班禅额尔德尼的金印及印文

要官员的推举和任免）。如达赖没有亲政，实行由清廷
册封的呼图克图摄政制度，以代表达赖行使职权。

清廷对西藏官员实行了严格的品级爵位等级制。
官员入品范围有所扩大。凡五品以上的僧俗官员，皆
需上报朝廷，由中央任命加委。一切入品官员和清廷
授以爵位（如公、扎萨、台吉等）的贵族，均须依清
廷法规穿着佩戴，其中衣饰质料、颜色图纹和式样等
皆有一套规定。品级制，早在元朝已开始推行于藏族
官员中，明代藏族官员入品范围扩大，清廷更推及全
藏，实行得更为严格。不仅在前藏，在后藏等地也在
实行。这不仅是属于政治制度，也是涉及衣食住行多
方面的文化现象。当然历经演变，其中已不纯是汉族
文化，已掺杂以蒙、满、藏族的文化在内。这也是一
种值得研究的文化交流。

清朝继承了元明两代推崇藏传佛教的政策。但 3
个朝代间，仍有区别。元朝可说是独宗萨迦教派；明
朝虽曾一度独尊噶玛教派，后又改为一视同仁，对其

他教派不贬不压；清朝则主要尊崇格鲁教，尤其是达赖和班禅活佛系统，但又不忽视其他教派作用。清廷在发挥喇嘛教对蒙藏地区的羁縻作用上，比元明有过之而无不及。

藏传佛教在内地（主要在北京）影响日益加强，曾为三大朝代京都的北京，至今仍遍布藏传佛教文物遗存，真实地反映了藏传佛教受到的殊荣。喇嘛寺院文化在京城的兴盛，与清朝对其崇信和利用密切相关。

喇嘛寺庙在北京兴建有不同类别。

第一类与清廷接待喇嘛教高僧有关。如北京双黄寺，达赖五世抵京时曾先住东黄寺，后即迁居西黄寺（故又名达赖庙）。该寺碑文谓："达赖喇嘛至顺治九年来朝，特颁册印，综理黄教，并肇建斯寺，俾为驻锡之所。"（见图13）此后规定西黄寺每年有诵经喇嘛400名。达赖十三世于1908年来京时，清廷也曾安排其驻西黄寺，共住5个月，受到清政府的良好接待。中华人民共和国成立后，西黄寺修葺一新，辟为中国藏语系高级佛学院，为藏传佛教的高级学府。

再有南苑德寿寺，1780年班禅六世抵京时驻于此。班禅六世圆寂于北京，在黄寺祭礼百日，诵经超度，极为隆重。乾隆特谕于西黄寺西侧，建造清净化城塔院。塔为藏式瓶形，是典型的西藏喇嘛塔。

第二类是应佛事要求建造的，其中以北海白塔寺为代表。白塔建于清顺治八年（1651年），据称"有西域喇嘛者，欲以佛教，阴赞皇献，请立塔建寺，寿国佑民"。这座雄伟庄严、精巧之至的北海白塔，与藏

图 13　清顺治帝会见五世达赖喇嘛图（西藏拉萨壁画）

族僧人有关。所述西藏喇嘛，为青海塔尔寺巴珠第一世活佛金巴嘉措，班禅四世和达赖五世曾派他到奉天（今沈阳），与皇太极联系。清入关后，又召请金巴嘉措入京，奉为上师。他建议：若在深宫中本性天女之根本秘密处建一佛塔，即可保护国家社稷永固。白塔下建有白塔寺一座，后改为永安寺。

　　第三类由王府改建为喇嘛寺庙，以雍和宫为其代表。雍和宫是清代以来北京最大的喇嘛寺院。始建于康熙三十二年（1693 年）。初为雍正之潜邸，雍正时为雍亲王府。雍正三年（1725 年），命名雍和宫，取"时雍协和"之意。此后即将此宫赐予章嘉呼图克图为净修之灵场。乾隆四十五年（1780 年）时，喇嘛曾多达 3000 人。此宫建置均仿西藏正规寺院，设四扎仓（4 个学殿）：显宗殿、密宗殿、时轮殿和医学殿。各殿均备所需藏文经籍和佛像。雍和宫以其所体现的和所蕴藏的文物扬名中外，以汉蒙藏为主的观众信徒，络绎不绝。雍和宫在天文历算上，一度领先于其他藏区寺院，对推进藏历改革有卓越贡献。

第四类为依清廷谕令按西藏寺庙建筑风格兴建的，承德避暑山庄的外八庙为其代表。乾隆即位后，在承德避暑山庄之外，修建多座辉煌的外八庙，采用的是汉族传统的建筑方法，但又不同程度地吸取和采用了西藏建筑的艺术形式。承德外八庙实有 12 庙，大部分仿西藏寺院。如普宁寺仿西藏桑耶寺，普乐寺仿萨迦寺，普陀乘宗之庙仿布达拉宫，须弥福寿之庙仿扎什仑布寺。其他寺也都有喇嘛庙的特殊艺术色彩。外八庙堪称是清代汉藏建筑艺术上的融合和结晶。（见图 14）

明朝在刻印藏文大藏经上成绩斐然，永乐版尤为人所称道。清廷也仿效其步，大力支持刻印。清代在明代永乐版大藏经的基础上，刻印了两种版本。康熙二十二年（1683 年）命刻藏文大藏经甘珠尔。雍正二年（1724 年）又刻印丹珠尔，第一次出现了完整的北京版《西藏大藏经》。

乾隆七年（1742 年），对刻版依据那塘新版进行修补，故又出现了乾隆修补版。这是那塘新版的大藏经。此新版甘珠尔卷目中有律部 13 帙，般若部 21 帙，

图 14　普陀宗乘之庙（仿布达拉宫）

（陈克寅　摄）

华严部 6 帙，宝积部 6 帙，经部 31 帙，涅槃部 20 帙，十万怛特罗部 22 帙，附补部及目录 1 帙，目录部 1 帙，合计 121 帙。

　　这是清廷以谕令形式刻印的藏文大藏经，由善于书法的经师数十人负责版书；采用了当时内地最为先进的刻印技术，选调了以汉族为主的技术娴熟的刻印技工上百人完成。这一成果既对藏族文化，也对藏汉佛教文化的交流作出了有益的贡献。

　　进入清代后，西藏和内地经济交流日益扩大。进藏货物品种日益繁多，货物已不限于元明时期的茶马互市，绸缎和日用品比重上升，京货尤受藏区人民喜爱。内地货物的汉文名称，以音译形式被藏民大量采用。北京、四川、云南、青海等地的商旅，开始定居于拉萨等地，由行商变为坐贾。藏族中也有不少资金雄厚的行商出现，他们往往与寺庙贵族等领主相结合，往来藏区内地间，从事商贸，以调剂有无。北京帮商人在拉萨开办商号，出售颇有特色的京货，古玩、玉器、药品等尤为西藏人所喜爱。北京商店的大小店员还深受藏族的尊敬，以赛古秀（先生）相称。商业交往频繁，是入清以来经济生活中的突出变化，有助于促进汉藏关系的密切和文化的交流。

从清代开始，上至皇帝大臣，下至一般文人墨客，皆重视西藏风土民情以及语言、历史、地理的考察了解。清代编出的《西域同文志》、《五体清文鉴》和《西藏志》、《卫藏通志》等各类汉文、藏汉文对照的著述、词典和史地材料，也大量刊行。这些著述为研究藏族人文科学积累了宝贵资料，这也是清代出现的一个可喜的文化现象。

总之，清代汉藏文化交流仍在发展和扩大，虽然清廷是以满族为执掌政权的主体民族，但汉藏交流势头一直未减。随着满族日益接受汉族的文化，越发出现了汉族、藏族、满族间文化交相会合、多向交流的强劲趋势。

五 佛教（前宏期）的 传入和发展

 佛教开始传入吐蕃

佛教最早从何时传入吐蕃，藏文史籍记载颇不一致。有的史书说，赤札朋赞（松赞干布以前的七代）"创造各项法器，并宣说佛教，导人为善，佛教渐兴"。但大多数史籍不取此说，而说在松赞干布以前五代，即拉脱脱日王时，吐蕃第一次接触到佛教。据说有一天此王在王宫屋顶上休息时，天空忽然降下一个宝箧，内装《宝箧经》、《百拜忏悔经》、《六字大明心经》几部佛经，有一金塔一泥塔，还有"六字真言"、"法教轨则"等。王等惊为奇物。《青史》说：这几部佛经可能是印度人带入吐蕃，当时吐蕃尚无文字，也没有人懂得梵文和这些东西的含义，只好束之高阁，供为神物。看来这些东西都是属于印度佛教密宗经典和修习密宗所用之物。据有的学者推算，此王在位时，大约在 2 世纪中叶，即相当于曹魏甘露年间。

到了松赞干布统一西藏高原，建立吐蕃王朝后，吐蕃人与四邻联系增多，往来密切。633年，松赞干布派出了以吐米·桑布札为首的一批人去印度等地。这次派出的目的，不是为了求佛取经，而是学习四邻语言文字，以满足创建藏文的需要。这批人在印度广泛吸取了印度佛教中有关声明（佛教语、古印度的文法、声韵之学）部分，并开始较多地了解了佛经。吐米·桑布札等返回后，在吸取香雄文字、苏毗文字的基础上，很快创建了藏文。

松赞干布与尼泊尔公主和唐朝文成公主联姻，使佛教经由她们之手传入吐蕃。她们都是信佛之人，入藏时各带有释迦牟尼像一尊。尼泊尔公主所带为8岁佛陀像，文成公主所带为12岁佛陀等身佛像。据说，佛陀活着的时候，弟子们为使他的真容永久传留，请来工匠毕肖噶摩为他造8尊像：4尊按8岁身量，4尊按12岁身量。造时因有奶母等人作指点，与真人一致，惟妙惟肖，十分逼真。提起文成公主带入的这尊12岁佛像，藏文史书还有佛像来历的记载，说是"印度国王达尔玛拉时王城受敌围攻，佛教圣地那烂陀寺受毁。中国皇帝送去大量财宝支援购置武器，并提出克敌制胜的计谋。印度国王因而获胜，为表示谢意，特此将佛陀的12岁等身像一尊，送给中国皇帝"。太宗嫁女，就将这尊像由文成公主带进西藏。文成公主是一位笃信佛教的人，入藏时除佛像外，还带有佛经、法器和主持供佛的汉族僧人。入藏路上，公主选出不少经文、偈文和佛像，命工匠刻于沿途石崖上，有些保留至今，成为难得的文物古迹。入藏后，她兴建了一座小昭寺，并协助尼泊尔公主勘测选址，建了一座大昭寺。这是西藏有寺庙之始（见图15）。在文成公主在世时期，拉萨曾经成为汉地到印度的中转站，史称有 8 位汉僧曾经在拉萨受到文成公主的热情接待和资助。

图 15　拉萨大昭寺

据有的史籍记载，在松赞干布时兴建的佛教寺庙起码有 12 座。是否有这么多很难肯定。即使如此，这些庙也是小而无僧人，只是供一尊佛像，与后来的寺庙不可相提并论。藏文佛教史中还说，松赞干布时，佛经翻译相当盛行，译师有天竺人古萨惹、尼泊尔人香达、汉族僧人大天寿和尚等。还说吐米·桑布扎也是译师，他翻译了不少大乘显宗密宗的经典。这些记述，显系夸大，实际上当时只能说译经仅仅开始，大规模进行还不可能。因松赞干布时，在吐蕃占统治地位的是本教，佛教刚开始传入，藏文也刚刚创立。有的史籍说，松赞干布前半生信本教，后来支持建寺译经，引起了本教徒的反感和不满，也说明以上记述的不确。

在芒松芒赞和赤都松时期，有关佛教传播事没有提及。但是到了赤德祖赞时，他大力促进佛教的发展，兴建了不少寺庙，也翻译了一些佛教经典。金城公主出嫁吐蕃，又带来一些佛经和汉族僧人。她把文成公主带来的佛像，安置于大昭寺主殿，并安排汉族僧人管理寺庙香火和供奉佛像的宗教仪式。（见图 16）

图 16　大昭寺的释迦牟尼像

这时西域于阗佛教僧人，由于该国出现了反佛高潮而纷纷出走。他们先逃到南疆萨毗，当地吐蕃官员不敢收留，报告了吐蕃王室。由于金城公主的建议，王室不但答应收容，为他们提供衣食，还请他们到吐蕃来。而且为收容他们，还特地兴建了 7 座寺庙，如瓜曲寺等。这批僧人数量不少。据说阿拉伯帝国倭马亚王朝（白衣大食）将领屈底波于 704 年开始"东征"，在此压力下，连中亚一带僧人也与于阗僧人会合，一起进入吐蕃。

赤德祖赞在他去世前一年，曾派巴·桑希等 4 人去汉地取经。据《拔协》记述，巴·桑希、巴·赛囊等一行使者，在汉地取得大量佛教经典，据说有 1000 卷之多，其中包括金光明经、小乘戒律等，还有一些医学著作。他们曾在益州（今成都）停留，从金和尚受法。金和尚法名无相，是禅宗中倾向于"渐门"的高僧。他们从金和尚受法后返回吐蕃，当时还带来一位汉族和尚进藏。

但这时老赞普遇害身亡，小赞普赤松德赞初即王位。本教势力掌权，出现了吐蕃史上的第一次"禁佛运动"：驱逐了汉僧和尼泊尔、于阗的僧人，拆毁寺庙，禁止信仰佛教。在不利的形势下，巴·桑希等送汉族和尚返回汉地，把佛经藏于山南钦浦地方，以待情况允许时取用。桑希也隐藏起来，秘密地把佛经由汉文译为藏文。

这是早期佛教从汉区传入吐蕃的情况，也是汉藏在佛教文化方面交流的初始情况。

 ## 禅宗传入吐蕃

印度佛教传入中国内地后，与汉族固有的文化思想接触、融合而不断变化，其结果在隋唐两代出现了天台、三论、慈恩、贤首、禅宗等宗派。其中禅宗是把佛教的"涅槃寂静"和道教的"清静无为"融合起来，形成了中国佛教的一个独特宗派。禅宗传到第5代弘忍时，分裂为两派。弘忍要传衣钵，让弟子每人写一偈语（即佛家暗语）。神秀写了"身是菩提树，心如明镜台，时时勤拂拭，莫使惹尘埃"，并将其贴在墙上，弟子们看了连声叫好，认为衣钵必将传给神秀。慧能听别人念神秀偈语，不以为然。因系文盲，天天从事砍柴烧火，故以口授请人代笔，写出偈语为："菩提本无树，明镜亦非台，本来无一物，何处惹尘埃。"弘忍极为赞赏，即将衣钵传给慧能，让他到广东去传教。弘忍死后，神秀在北方传教，较有实力，慧能在南方传教，是弘忍真传衣钵，这就是禅宗"南能北秀"的来源。后来慧能成为南方顿悟派的首领，神秀成为北方渐悟派的首领。大约在"安史之乱"（755～763年）以后，禅宗传播远及吐蕃，对西藏佛教产生了影响。这也是汉藏文化思想交流的一个方面。

禅宗传入吐蕃，是通过3个途径进行的。一是吐蕃派出使者赴唐求法。前已述及，赤德祖赞晚年，曾派遣巴桑希等人赴唐朝求法取经。使节一行在唐朝皇帝的支持下，取得大量佛经（说是1000卷），同时带回汉僧一名。他们曾在益州（今成都）停留，从金和尚受法。据敦煌汉文写卷《历代法宝记》记述："禅宗剑南派四代传承为：智诜（609～702年）→处寂（648～734年）→无相（648～762年）→无住（714～

774 年）。"这里无相就是桑希在益州求法的金和尚。

史称，无相，俗姓金，故又名金和尚。他本是新罗王第 7 子，入唐后先是流寓长安，后至资州德纯寺，嗣承处寂，后益州长史开禅法，无相应请入居成都府净众寺。无相以无忆、无念、莫妄三句说法。他每年十二月和正月以四众百千万人为对象定期受缘。

藏史《拔协》记载的桑希等一行第一次赴唐取经，大概在 754 年。他们来到禅宗中心益州，通过金和尚接受了禅宗，时间可能在 760 年前后。

无住，在敦煌藏文文书中写为禅师 Bu-Cu，或 Bhu-cu。他俗姓李，年逾二十，开始受顿门教法于顿门始祖慧能，又曾走访各地，闻无相名，又到益州求教。金和尚于 762 年去世后，由无住传承。看来吐蕃桑希一行与无住似无关联。有的记载说，无相的禅法似乎倾向于渐门，无住的禅法则倾向于顿门。这样桑希等一行，开始接受的禅宗，却是渐门思想。

桑希由唐返吐蕃时，赤德祖赞已经去世，由赤松德赞继承王位，辅佐大臣是反对佛教的尚仲玛巴杰等人。桑希先去山南隐匿，后来伺机将老赞普派他们去取经事，报告给赞普。赞普年长，与兴佛大臣一起，定计镇压了疯狂支持本教的大臣，剥夺了本教大臣的大权。

赤松德赞当权后，他一面礼聘印度寂护入藏，一面于 765 年，再派桑希、巴·赛囊等一行 30 人至唐求法，使者返藏时又经益州，本应受法于无相，但史书记载为受教于尼玛和尚。尼玛和尚可能系顿悟派传法人，他是否嗣承无住，情况不明，无住于 774 年去世。这次返藏时，求法结果史书缺载。他们从尼玛和尚所受的当属顿悟派教法。

二是赤松德赞直接向唐请派高僧入藏。《佛祖统记》有记载说："唐德宗建中二年（781 年），吐蕃遣使乞朝廷赐沙门善讲经者，帝令良琇、文素往赴说法教化，岁一更云。"在《册府元龟》中也记有："建中二年二月，初，吐蕃遣使求沙门之善讲者，至是遣僧良琇、文素，一人行，二岁一更之。"他们从 781 年起，轮流至吐蕃讲法，他们都属于"善讲经者"，大概都属于禅宗。

他们一共轮流多少次，史书不详，但他们对禅宗在西藏传播有所贡献，是可以肯定的。

三是赞普直接宣召沙州（今敦煌）一带高僧入藏。吐蕃于 776 年攻陷瓜州后，赞普曾直接宣召昙旷入藏，拟亲自了解禅宗教法。昙旷因年迈体弱多病，不能成行。赞普向他提出 22 个问题，他一一作了回答。昙旷自称他并不精于禅宗，仅据所知加以回答。他写出了《大乘二十二问本》，现仍保留在敦煌文书内。786 年，沙州落入吐蕃手中，不久摩诃衍奉召进入吐蕃，他广传禅宗顿门教法，一度使吐蕃上至王族，下至大臣，纷纷倾倒。有不少上层人物还受戒顿入沙门出家。

据说，"王后没卢氏划然开悟。剃除绀发，披挂缁衣"。还说大师"常为赞普姨母悉囊南氏及诸大臣夫人三十余人，说大乘法，皆一时出家为尼"。连苏毗王子听讲后，也表示相见恨晚。从中可见摩诃衍入蕃后传播禅宗成效昭著。

禅宗对吐蕃佛教影响之大，还可以从藏地罗汉上表现出来。在印度，罗汉共有 16 尊，而在内地、西域和藏地则多两尊，共 18 尊。第 17 位罗汉，名菩提达磨多罗；第 18 位名和尚。这两位列为第 17、18 罗汉，作为尊崇对象，是在禅宗受极大重视下才可能出现的。据法国学者考证，正是《历代法宝记》，把禅宗传承中的西天第 29 祖菩提达磨、东土的始祖达磨多罗，误写为菩提达磨多罗，这一写法传入吐蕃，后来又被写入藏文《大臣训教》一书内。

从禅宗顿门入藏看，益州是出入门户之一。而敦煌与西蜀在文化交流上也很频繁，如《维摩诘经讲经文》，就是写于四川益州，后来传至敦煌的。《历代法宝记》大量见于敦煌写卷中，也是一个确证。有的学者，曾就敦煌画风为例，证实益州和沙州密切的联系。这些也都反衬出，禅宗不仅从益州入蕃，而且也可以从敦煌地区进入吐蕃，禅宗和尚应宣召入蕃就是一例。

 3 顿渐之争——汉僧首胜

内地禅宗顿悟派传入吐蕃后，与印度传入的中观论间产生了一场论争。这次论争名为"顿渐之争"，因为中观论与禅宗渐悟派同属一派。顿渐之争，与"本佛之争"不同，它带有哲理性，涉及对经文的理解和阐发。与后来的"显密之争"也不同，因为"顿渐之争"文化思想的特点极为突出。

敦煌文献中有一份王锡撰写的《大乘顿悟正理决》，文前叙言记述了顿渐之争的缘起、经过和结果。正文部分是问答式的质疑问难。

叙言说明，汉僧的禅宗深得吐蕃宫廷和大臣夫人等的崇信，王妃属卢氏及贵族大臣妇人30多人，跟大师受戒，出家成了尼姑。苏毗王嗣子须伽提也说："恨大师来晚，未能早日听到讲法。"当时继续向印度寂护大师学习佛法的只有少数人，说明禅宗顿派在吐蕃的传播，取得了很大成功。

这样双方问难质疑，婆罗门僧一个月一个月地搜索经义，屡奏所问题目，一定要找出摩诃衍大师的差错。大师则"心湛真筌，随便问答"。叙文形容大师在问难中，"若清风之卷雾，豁观遥天；喻宝镜以临轩，明分众像"。意为大师经典娴熟，若清风卷雾，心明如镜。

最后婆罗门僧等，"随言理屈，约义词穷"。本来已分优劣，但是他们还拒绝改"辙"，又"眩惑大臣，谋结朋党"，企图以拉关系、结党羽办法挽回败局。结果有两位坚信禅宗的吐蕃僧人，名乞奢弥、尸毗磨罗的藏僧，说：我不忍见朋党相结，诽谤禅法。一个僧人"头燃炽火"自焚，另一个自杀身亡，"殉法而死"。还有30多名吐蕃僧人，因不满赞普迟迟不加裁决，也说："如不判禅法胜，我们脱去袈裟，跳沟自杀。"

面对这类事情，婆罗门僧人乃"瞠目结舌，破胆惊魂"。这时已是戌年（794年）的正月十五。赞普宣布："摩诃衍所开禅义，考究经文晓畅，一无差错。从今以后，听任僧俗人等依法修习。"

《大乘顿悟正理决》的叙言，把印汉僧人之争的经过情节和结果，记述得既具体生动，又真切可信。其中印僧质疑与和尚的逐条引经据典的两组回答，所占篇幅尤多。这是王锡以一亡臣身份的人写的，有汉文本，还有藏文译本（巴黎伯希和编号 823 号）。写了是为送给吐蕃赞普和大臣等人看的。摩诃衍在给赞普写的第三份奏表中，就写着《大乘顿悟正理决》1 卷，送请赞普过目。《正理决》中写成汉僧胜利，印僧失败，如果与实际情况不符，就是违抗赞普的旨意，其危险性是可以想见的。当时斗争形势十分激烈，若干吐蕃僧人信徒，为禅宗顿门教法的胜利，还殉道捐躯。这在汉藏佛教文化交流中确是罕见的惊人之举。

 ## 顿渐之争——印僧获胜

从敦煌地区招来的摩诃衍（大乘和尚），是禅宗顿门在吐蕃的代表人物。摩诃衍不主张操持修行，而提倡无为，认为直指人心即可开示佛性。这是典型的汉区禅宗南派顿门的教理。简言之，即主张顿悟成佛。藏文文献中称之为顿门巴。

汉僧与印僧的矛盾，在反本教斗争中已有所显露。当时顿门教法几乎独领风骚，信徒日增。印僧追随信徒，人数寥寥。经印汉僧人的共同努力，虽促成了赞普于 791 年宣布佛教为吐蕃国教。然而顿渐之间的矛盾也日趋激烈。

赞普面对双方矛盾的加剧，决定以辩论来决定胜负去留。印僧遵照寂护遗言，邀请莲花戒入藏参加辩论。

辩论结果，由赤松德赞评定莲花戒取胜，并宣布人们以后不得再修顿门法，把摩诃衍所著书籍，埋藏起来。摩诃衍被迫向莲花戒献上花环，返回内地。据《拔协》说，和尚临行前还修了一座寺庙，并说：蕃地将来仍当有人支持和传播我的见解。自此以后，印度僧人中的渐门派成了佛教的主宰。

 ## 5 顿渐之争是持久的笔战

"顿渐之争"在敦煌汉藏文文献记载中与藏文史书《拔协》所记大相径庭，由此推动了学术界的深入研究，出现了"顿渐之争"的新说。

这一新说提出人是日本学者上山大峻。他认为"顿渐之争"先后有两次，《大乘顿悟正理决》所记为第一次论争，这次是印僧败，汉僧胜；《拔协》、《布顿佛教史》所记为第二次论争，这次是汉僧败，印僧胜。

学术界一方面对上山大峻的上述某些说法持否定态度，一方面却肯定了他的贡献在于：他将敦煌昙旷大师写的《大乘二十二问本》与《顿悟大乘正理决》联系起来加以研究。

昙旷生于甘州张掖郡建康军，曾于 774 年流亡于敦煌。他一向研讨"唯识"、"俱舍"，是传播法相宗思想的一位高僧。大约在8世纪80年代末，应对禅宗中顿渐分歧处于困惑的赞普之请，写出了内容与唯识无关，却与王锡《顿悟大乘正理决》相呼应的《大乘二十二问本》，这是一件十分耐人寻味的事。

对《大乘二十二问本》，以往人们一向以为是回答唐代禅宗的著作。经上山考订，认为与吐蕃顿渐之争有关。这就启开了人们研究的思路。《二十二问本》为了解顿渐之争，又增添了一份重要文献。法国学者戴密微在上山大峻论文的启发下，提出了新的看法：吐蕃发生的汉印僧人就佛教教义而进行的争论，是延续多年并在不同地方进行的一系列讨论，因为双方口语难以沟通，又都不懂藏语，这些讨论无疑都像昙旷参与那样，以笔战方式进行的。他提出双方争辩的时间，集中在申到戌的两年间，即792～794年，这一考定年份已为学术界所接受。他还提出所谓拉萨宗教会和桑耶宗教会，改为吐蕃僧诤会似乎更合适。

有关"顿渐之争"，各国有关学者仍在进一步使用敦煌文献和未发表的藏文史书加以探讨，以求得出完满的答案。

6 禅宗在吐蕃本部与沙州地区的深远影响

禅宗入藏后出现的"顿渐之争"，表明汉区佛教在藏区传播的深入发展。这时佛教从汉区的传入已不限于佛像、佛经、法器或僧人随从，而是已经深入到佛教教义教理方面。

从敦煌文献中可见，王锡的《顿悟大乘正理决》和昙旷的《大乘二十二问本》完整的和残缺的抄本，在敦煌汉藏文文献中发现较多，可见当时传抄之人不少，也反映顿门影响的势头未减。相反，莲花戒的《修习次第论》和《拔协》等却一份也未找到。据统计，敦煌文献中留下的禅宗文献有100余种，约300种文献。

在经过长达两年之久的激烈论争后，疲惫不堪的摩诃衍返回沙州，落足于沙州主寺之一的龙兴寺。从各种情况看他都不像是被"逐回"。

敦煌风行大乘顿悟禅宗，或许与赞普的"从今以后，任道俗依法修习"的宣称有关。吐蕃在沙州统治末期，出现了顿悟派与中观派学说的结合，出现了渐顿两派合一的趋势。到了归义军后期，南宗影响甚至又有所加强。总之，禅宗在吐蕃本部影响，也始终没有灭绝，有些学者指出：后来的宁玛派和噶举派等，在教义和修行方法上也都接受了禅宗的影响和做法。

7 吐蕃王朝晚期译经事业的巨大成就

随着佛教在吐蕃的进一步传播，吐蕃的译经事业也有了巨大进展。赤松德赞在桑耶寺建成后，尤其在其晚年，十分注意将梵文和汉文的佛经译为藏文。到了热巴巾执政时期，与藏文语音语法改革同步，也对佛经译文的准确规范进行了勘校审订。这时形成了3个译经场，专门从事翻译佛经。三大译经场都以所在宫殿为名，这就是琼结的旁塘、达孜的钦浦和东噶的丹噶。译经分别由三大译师噶瓦·拜则，属卢·路衣坚赞和尚·伊西坚，各自率领一班人进行翻译。当时每一译场都要仔细登记译经目录，以防译经的重复。这样产生了三大目录，即旁塘目录、钦浦目录和丹噶目录。这些可称是 8～9 世纪藏文翻译佛经的目录总汇。

可惜的是仅有丹噶目录留存于世，其他两个目录皆已佚失。布顿大师（1290～1364 年）在编写《佛教史大宝藏论》时，曾见过三大目录，他将丹噶目录收进此书，为保存这个目录作出了贡献。

吐蕃当时已有许多杰出的翻译汉文佛经的翻译家，他们不但可以把梵文、汉文或其他文字译为藏文，有些还可以把梵文等译为汉文。这些人中有闻名于世的法成，还有法戒、法宝、甚深、无分别见和贡布札布等。

令人颇感有趣的是《解深密经疏》的翻译。唐初新罗（今朝鲜）王子圆侧在长安西明寺，听玄奘大师讲解此经，依记录写出此经的疏译，当时在佛界流传。传到沙州后，由法成译为藏文，计 74 卷，一直保存至今。汉文本后来却失传，不复见到。清代末年居士杨仁山访问日本时，虽曾见到此经疏的残本，但已缺数品。佛学界对此经疏流失，认为是难以补救的憾事。后来由观空法师费时两三年，才从藏文译本中四译为汉文，使之成为全本，后由佛教协会于 1957 年出版，实为佛经翻译上的一段佳话。

再以《贤愚因缘经》为例。此经原来没有梵文本，是一批汉族僧人在于阗国无遮大法会上各抒所记，汇集而成的经录，汉文本是唯一母本，经法成译出后在藏区流传，影响颇大。藏戏传统剧目中的《敬巴钦保》、《岱巴登巴》、《絮巴旺秋》3 个剧目，就是根据此经中的"大施抒海缘品"、"善子太子入海缘品"和"羼提波罗因缘品"改编而成的。甚至有人提出《拔协》一书中有关赤松德赞王子认母（金城公主），也是仿自此经的某些情节。

黄教创始人宗喀巴大师（1357～1419 年）在 1409年开始建立的拉萨传昭大法会，就是根据《贤愚因缘经》第一品释迦降伏外道六师的故事而发起的，500 余年来一直流传至今天，成为藏区佛教徒一年一度的最大盛会。此经译成藏文后，作用那么大，是人们意料不及的。

法成是精通汉、藏文的吐蕃奇才，他将《多星陀尼经》由藏文译为汉文，又将《心经》和《八啭声》由梵文译成汉文。

吐蕃晚期朝野上下极为重视翻译事业，出现了那么多译师，译出了那么多经论，积累了丰富的翻译经验。在这个基础上，又出现了多部双语或多语对照的佛学词典，著名的有《翻译名义大集》、《语合二集》和《瑜伽师地论·菩萨地》等。

从赞普到王妃大臣等都十分重视译经，赞普甚至亲自过问所译经名经义，进行审核校正，这在佛经翻译方面是十分难得的。首先，依据所创造的佛学术语词汇，常用的仪轨和秘咒用语，加以分类汇编，成为一部梵藏对照的词汇集，直译为《翻译名义大集》。此书收词语近万条，共分 283 个门类，收于藏文《大藏经·丹珠尔》的杂部内。1931 年，青海藏文社组织了一批专家学者，翻译了此书，题名为《汉藏合璧分解名义大集》出版，使梵藏汉的佛学语汇查阅对照十分方便。

在《翻译名义大集》编成后，又出现了第 2 部梵藏对照的术语词典，名为《语合二集》，也称《翻译名义中集》。与此同时，译师们注意到汉藏文翻译中，也应该有一个比较规范的词语汇集，于是有了《瑜伽师地论·菩萨地》汉藏语词对照的出现。看来这是以某部经为基础，进行编辑词典的尝试，虽未达到《翻译名义大集》的水平，但也是朝编辑汉藏佛学词典方面迈出的一步。

吐蕃佛学大师法成的突出贡献

管·法成出身于吐蕃的贵族管氏家族。此家族在吐蕃王朝时出了不少功勋显著、权势煊赫的大臣。

法成何时出生，何时辗转至河西，是什么原因去的，都难以查清。河西走廊和安西四镇于公元 781 年前后属于吐蕃统治地区，这里经济繁荣，文化发达，是唐、蕃、回纥等联系中亚的交通要道，不少吐蕃军队和部民在此地区定居，与当地原有汉人、吐谷浑人、于阗人等在一块儿生活。当时沙州是佛教文化中心之一，各地不少佛教僧人来此地讲经授法，开展宗教活动。

从法成活动看，其东行之志在于广设讲坛传法，同时翻译汉文佛经。他到沙州后住于永康寺，从此开始了讲经译经事业。

除把汉文佛经译为藏文外，法成还将译自梵文的藏文经，译为汉文。

对法成在译经传法上的成就，藏区人民十分崇敬。今天日喀则扎什仑布寺内有一幅丝绣唐卡轴画，据该寺管理人说，这就是译师管·法成之像。

法成在讲经时常以汉藏文本对比，充分展示出其精通多种语文的才能和优势。

法成是在汉藏佛教文化交流上具有突出建树的吐蕃高僧。他不仅是佛经的翻译名家，而且是一位语言学家。他掌握的多种文字和语言，使其能得心应手地翻译和校勘各种译本（据统计汉译藏佛经 23 部，藏译汉佛经 9 部）。同时，他又能深入社会下层，传播佛教，推动佛教的发展。

六 后宏期的藏传佛教

 下路宏传在后宏期的先导作用

　　藏传佛教史中通常把吐蕃王朝时期的佛教，称为前宏期佛教。839 年起，吐蕃赞普朗达玛（达磨）实行"毁教灭法"，几乎使佛教在吐蕃绝迹。吐蕃王朝崩溃后，经过几十年甚至上百年的恢复和重建，再度传入吐蕃地区的佛教，称为后宏期佛教。

　　佛教后宏期开始出现了上路宏传和下路宏传。吐蕃人习惯上把西部"多堆"称为上部，东部"多麦"称为下部。上路宏传是说佛教从印度、尼泊尔等地经阿里传入的一支佛教；下路宏传是说佛教从东方经过青海、西康传入的一支佛教。下路宏传与汉藏佛教文化交流有密切关系，因此需要加以展开论述。

　　当吐蕃赞普朗达玛灭佛时，这时在曲卧日（地在西藏曲水以南）地方有 3 名僧人，即藏饶赛、钥格迥、马尔释迦玛尼，他们看到僧人行猎，验证了朗达玛毁法属实，遂携带经论戒律等书，以骡驮运向西逃往阿里，又循北路至回纥。这时回纥在新疆东部保有部分势力，建立了一个小王国，国内盛行佛教和摩尼教。3位僧人受当地官员"像释迦般若（智慧）者似地供养"，后终因语言障碍而东行，至朵甘藏区（今青海西宁一带）。对这3位僧人藏族史书尊称为"三大贤哲"。

3位僧人晚年收了一个徒弟，叫穆萨斯巴。他是今青海循化以北的德康牧民之子。受沙弥戒后，他以3位师父名字的第一字为名，授名为释迦格瓦饶赛。至20岁（911年）时，应受比丘戒，他请藏饶赛为亲教师，钥格迥为规范师，释迦玛尼为屏教师。按规定，受比丘戒至少需有5位僧人才能受戒。传说当时刺杀赞普朗达玛的拉隆·多吉杰波还活着，隐居于此。请到他时，他自言："杀人之僧，不可充任戒师。可代请两位汉僧果旺和基班为尊证师。"

这两位汉僧不但敢于和杀死藏王的人有交往，并且答应他的请求，与上述"三大贤哲"一起，为这位青海沙弥完成授比丘戒的仪式，这也是汉藏佛教文化交流史上的一个佳话。

值得一提的是，藏文《安多政教史》中还提到青海白马寺内有两尊汉地和尚佛像，受人香火供奉，说："一位头戴僧帽，合掌于胸前；另一位长袖之上复披袈裟，双手交叉于胸前。"这两位汉地和尚与贡巴饶赛一样，受到后世信徒们的尊崇供奉。

需要指出的是，当下路宏传传播收效，进展迅速之时，上路宏传才刚刚起步。古格王沃德请来印度僧人阿底峡（生于巴格浦尔，今属孟加拉国）大师。阿底峡传法 3 年，在他于 1045 年返印途中又被迎请到卫藏去传法、建寺、收徒，使佛教复兴。佛教势力由阿里进入卫藏，这是佛教史称之为"上路宏传"的标志。

此外，从西藏出去留学取经的译师，如仁钦桑波、卓弥释迦耶歇、桂枯巴拉哉、玛尔巴却吉罗追等，也纷纷返藏。他们有的翻译并传授显教经论，有的翻译并传授密教怛特罗和修行方法，有的建立了讲解经论传承的组织。由于他们在印度和克什米尔等地接受的传承不同，加之他们的心得和见解不一致，这就构成了后来在西藏出现那么多教派的主观条件。

上路宏传的特殊贡献之一，是引发了翻译印度梵文佛经的高潮。藏传佛教史上有许多著名译师，如仁钦桑波、玛尔巴等，都是在这种背景下涌现的。

汉文大藏经与藏译佛经对勘的背景和意义

元世祖忽必烈在统一中国后，于 1285 年春，提出对汉藏大藏经典进行勘察考核，看其是否相同。为此召集了以汉藏为主的各族佛教学者，在北京展开了核查工作，从而揭开了这次汉藏文化上的交流、探讨和合作的序幕。

元世祖在接触藏传佛教和内地佛教的不同文字的

译本中，产生了双方经典是否一致的疑问。在宫中接见汉僧和藏僧时谈经论道时，又接触到双方佛经的异同的问题。希望弄个水落石出的好奇心，也促使他下令进行一个大的对勘工程。

这次对勘工作，从汉、藏、维各族中，选任了不少佛教著名高僧和学者，前后历时 3 年，通过互相的合作与交流，结出了硕果，使元世祖"积年凝滞"得以解开，得出了汉藏佛经"文词少异，而义理攸同"的结论。同时，也使佛教文化有所沟通，使佛学研究开阔了视野，丰富了内涵，推进了佛教文化的进一步发展。

藏汉文佛经对勘的最初成果

根据元世祖忽必烈诏令进行的对勘工作，于1285 年春开始。对勘的初步工作要求是：查出"部帙之有无，卷轴之多寡"。弄清的异同主要有以下项目：①以汉文佛经为主，对勘汉藏文译经的有无。②凡汉藏译本皆有的，注明"蕃本同"。③注明译本同一佛经品数多寡的异同。④汉藏两种译本，其中内容多少有差别。在译经上，蕃本有取译佛经全文和部分的两种，因此对勘中发现出广本和略本之别。⑤注明藏文译经来自汉文本。藏文佛经大部译自梵文，有少部分从汉文译出。⑥查出蕃本译经所依何本不明者。

总之，通过初步校勘对汉藏文本的佛教经典情况，其异同、特点、渊源等更加清楚。这是汉藏佛教文化史上的一大合作、一大工程，也是一次大的交流。

《至元录》——汉藏文佛经对勘工作的最大成果

历时3年的对勘工作，结出的最后硕果是编出了一部藏汉对勘的佛教大藏经目录，其全名为《至元法宝勘同总录》，简称《至元录》。

若干世纪以来，藏文汉文的译经，各自都有目录，如藏文的《丹噶目录》、汉文的《开元释教录》等，它们只编记本民族的一种文字译经，对于他族文字的译经，无法兼收并蓄。元代西藏归入大元版图，国家统一，忽必烈以其皇帝权威诏令对勘藏汉文佛经，为藏汉佛教学者高僧之间的合作，提供了有力保证，所编《至元录》是这次文化交流的最大成果。

《至元录》是一部开创性的著作。它有若干显著优点和特点。首先，它把密教经典与显教大乘经并列，是佛经编目上的一大改革，也是分类法上一大进步。后来明代寂晓的《释教汇目义门》和《景祐新修法宝录》，都步其后尘采用这种分类，足证其影响之深。其次，《至元录》使人们对流失或残缺经籍有所了解。再次，《至元录》另一为人称道的，是它记载经题的梵音，由此可以还原为梵文。尤其在印度，梵文佛典所存已不多，有的连名称也不为人所知。因有此《至元录》，梵名始得以保留下来。最后，《至元录》进一步解决了汉藏文佛经对勘异同存缺中的一些问题。例如，校正对勘时的互相歧异；考察了汉文不同译本的有无；编录了元代当时新译经典；拾遗编入不载于各家目录的译经和著述。

藏汉文佛经对勘，工程艰巨浩大，是前人所没有从事的开拓性的伟大事业。忽必烈在这一汉藏文化合作的伟大建树上，功不可没。当然这一艰巨工程，还是依靠汉、藏、维等各族佛教学者高僧们的通力合作和艰苦工作才得以完成的。

汉藏文佛经对勘中的人员组成

在元世祖忽必烈的谕令下，为了进行对勘和整编汉藏文佛经，很快从全国选调和委任了勘校人员数十名，其中有藏、汉、维吾尔族的僧俗人员。在《至元录》的卷首，排列了参加者的姓名、头衔和身份。按对勘中的分工看，有担任编集的一人，编修的一人，执笔的三人，译藏文的二人，译维吾尔文的一人，证梵文的一人，译语证义的二人，证义的六人，校勘的五人，按勘证义的二人，校证的二人，证明的三人（此三人，一人是印度的三藏法师，二人是元朝的国师和帝师，应是最后定稿的主持者），共计 29 人。其中藏族僧人都是对显密二教有渊博学识的大德，汉族僧人都是精通释典、善于讲说的大师，另有印度和北庭（今新疆天山北麓）的僧人和高级品位的朝廷官吏。像这样汇集八方佛学人才，只有得到朝廷的重视，才能这么迅速地调集选拔各族第一流的学者高僧，完成这一繁重的文化合作事业。

从人员组成上看，汉僧最多，藏僧次之，维吾尔族僧人和印度僧人再次之。这样一个对勘班子，体现了多民族在佛教文化上合作共事、同心协力的精神，因而能保证仅用了 3 年时间就完成了任务。

6 藏文大藏经与汉文大藏经在分类编法上的异同

13 世纪中叶，萨迦派高僧在元朝取得了崇高地位，特别是八思巴以大元帝师之尊（去世后又升号为大宝法王帝师），长时间服官于内地，与汉僧有极为频繁的交往。他虽未来得及参与汉藏文对勘工作，但他对汉文大藏经的结集成卷印刷情况已有所了解，于是有了在藏区编集藏文大藏经的设想。

在八思巴的关怀、提倡和支持下，由当时久负盛誉的噶当派学者菊木登日惹和卫巴洛赛负责，收集各地译经，在纳塘寺集中。他们把这些译本分成两大类，即经和论。前者藏文称甘珠尔，后者称丹珠尔。甘珠尔包括释迦牟尼所说的经律，丹珠尔包括佛的弟子和后来学者对经文所作的疏释。

藏文大藏经的两分法，与汉文大藏经的三分法（分为经、律、论）有相同处，即都有经和论部分。不同处是：藏文大藏经把"律"（毗奈耶）这一藏一分为二，属于释迦牟尼所说的律，归入甘珠尔；属于后人解释的律，归入丹珠尔（论疏部），而汉文大藏经把律作为三藏之一，单独立类。从这些方面看，汉藏文大藏经具有各自特色，具有互补作用，这也是汉藏文化，尤其是佛教文化需要广泛交流的一个证明。

藏文大藏经——佛教文化宝库
中的一颗灿烂明珠

藏文大藏经的编成，是藏传佛教发展史上的一件大事、也是中国佛教文化发展史上的一件大事。藏文大藏经以其独特的分类，汇集了经数堪与汉文大藏经相媲美的佛经译著。它包含了其他大藏经所没有的稀世珍本，其中有些在印度早已成为绝本。因此，人们誉称藏文大藏经是佛教文化宝库中的又一颗灿烂明珠。

藏文大藏经的编集，历经了长期的准备。从吐蕃松赞干布时佛教正式传入始，历经数代赞普的大力提倡译经，使佛经在前宏期大量涌现。后虽经朗达玛毁法的浩劫，但在后宏期，僧人不但掘出埋藏的经典，而且由于更多译师的努力，译出了更多经典。首先出现的上百名藏族译师，与内地的、于阗的和国外的译师精诚合作，使浩如烟海似的经卷，再次涌现出来，成为汇编藏文大藏经的坚实基础。

藏文大藏经的编辑，也反映了汉藏文化交流的方方面面。一是内地所编汉文大藏经，对藏文大藏经有着良好的启发、借鉴和参考作用。后者对前者既有吸取处，也有创新处。二是不少藏文译经自汉文佛经译出，据计有 30 余部收入藏文大藏经内。三是不少佛经，是由汉僧译出，或由汉藏译师合译为藏文。四是在印刷上，采用了内地的雕刻印刷术。据记载，13 世纪时，蔡巴噶德贡布曾经七次到内地，把汉区的雕版印刷技术，引入卫藏地区。五是由内地中央王朝或地方富豪支持或资助，得以在内地或藏区印刷。

七 敦煌文化与吐蕃文化的关系

 敦煌在古代汉藏文化
交流上的地位

敦煌莫高窟初建于公元 3 世纪中叶，到了唐代武则天时，已有千余窟龛。唐朝因受"安史之乱"的困扰和削弱，无力西顾，敦煌于贞元二年（786 年）落入吐蕃王朝统治下。吐蕃本部这时佛教日益发展，大建寺院，推行僧伽制度，大力组织译经，号令民众信奉佛教。敦煌地区由吐蕃统治后，为平息边境汉人的反抗，赞普大力倡导信佛，使寺庙僧尼都有所增加。同时还加意保护佛教文物，在吐蕃统治时期，敦煌莫高窟不仅未受到损坏，相反还受到特意保护，兴建了一批新石窟。这一时期，开凿兴建的洞窟有 45 座，其中尤以 157、220、322 等窟，规模宏大，画塑精美，堪列为"特级洞"。

敦煌文化是中华民族各族人民长期合作、共同创造的灿烂文化，是汉人、藏人、突厥人、于阗人、粟特人、回纥人、吐火罗人、吐谷浑人、蒙古人等共同创造的。今天它已成为举世公认的世界级的文化，已经发展出一种有待多种学科研究的专门学问——敦煌学。

敦煌文化包括多方面文化，包括石窟文化，佛教、儒教、道教文化，还包括古典的和民间的文学、音乐、舞蹈、雕刻、绘画。此外，还有科技方面的丰富资料。

敦煌遗书含有大量的古代各族的语言文字资料。文献部分达六七万件，其中主要部分为汉文，约占十之七八。古代其他民族的也占五分之一。而其中藏文文献占第二位，约近7000件。这些文献成了今天研究我国古代政治、经济、文化、军事情况的重要文献。同时也是研究藏族历史、宗教，藏族与各民族关系的重要文献。从汉藏文献资料中，可以看到汉藏两族在文化交流上互相学习各取所长的具体情况。

藏文《大藏经·丹珠尔》中所列译自汉文的藏文佛经，大部分在敦煌文献中都已找到，有些还超出了丹珠尔所列。从写本的题记后记，从文首文尾的序跋中，可以了解当时翻译、宣讲和抄写的一些情况，弥补了史书记载的不足和疏漏。总之，敦煌文化涉及面广，其中的吐蕃文化和佛教文化，渗透了汉藏文化交流的影响、成果和结晶。

由汉文译为藏文的儒家
典籍和蒙童读物

唐初儒家经典和童蒙读物开始传入吐蕃。唐朝文成、金城两公主远嫁吐蕃，她们都曾带去大批汉文典籍，其中除有佛经和科技方面书籍外，主要的当为儒家典籍。

松赞干布在位时，十分重视学习汉文典籍。他曾选派"诸豪子弟入国学"，学习诗书；又请唐朝派儒者协助管理和规范敕书奏文，充分吸取内地的一套文书管理经验。仲琮是学有所成的代表人物。他年少时在唐朝，依太学生例读书，通晓汉文。学后返吐蕃，常受派遣，入使于唐。他汉文造诣深，应对自如得体，为吐蕃派出的得力使臣。另一位掌握汉族诗文的是名悉腊。他在为赤德祖赞请婚时，长住长安。在迎亲前夕，他曾在中宗皇帝大会群臣时，请命赐笔，作柏梁体诗的结句，展现了非凡才华。中宗对吐蕃人学习儒学也极为支持。他曾于神龙元年（705 年）下过诏令："敕吐蕃王及可汗子孙，欲习学经业，宜附国子学读书。"

从松赞干布开始，历代赞普都重视吸取唐朝文化，刻苦学习汉语文，从习蒙书到读经史，从唐廷典章制度到衣饰图纹、音乐和舞蹈等，几乎是全面的兼收并蓄。甚至在唐蕃甥舅交恶期，赞普仍规定汉人凡善于文墨者，都以"天子家臣"身份留用。儒家的忠贞贤良思想对吐蕃也有影响。凡效忠于唐朝的贤臣良将，不少人受到特殊礼遇。唐代书法家颜真卿为唐朝宰相宋璟撰碑文，言及宋璟之子宋端困于敦煌，不得返回长安。赞普闻后说："唐天子，我之舅也。衡之父旧贡相也。落魄于此，岂可留乎？"遂令赠以驰骑驿马送归长安。这类礼遇忠烈之事，也不是孤例。似乎这与既受儒学观念，又受甥舅关系的影响有关。

在这样的政治背景下，吐蕃和敦煌地区出现了藏文译出的儒家典籍，当属意料中事。但是值得注意的是，所发现的敦煌文献有不少已超出新旧唐书的记载。在吐蕃地区流传的《尚书》、《战国策》、《易经》等，敦煌文献中已发现译本。《易经》和《礼记》的完整译本虽未发现，但从吐蕃碑刻铭文引用语录来看，可以断定当时定有译本流传于世。同时从《博唐八十算法》等内容介绍上看，此书显然是与《易经》有关的算命法。吐蕃王朝崩溃后，还发现在 11 世纪译出的一篇《孔丘项托相问书》藏文译本。有的抄本还是又翻译，又著述。这是一篇貌似奚落贬斥孔丘，实际却是坚持儒学的"忠孝仁义"之道的民间文学作品。

汉区的蒙童读物，也译为藏文流传于民间。藏于巴黎的伯字 3419 号文书，经考订为千字文，日本学者羽田亨为此写了专文《蕃汉千字文断简的研究》。敦煌地区原为汉人聚居区，经吐蕃统治近 70 年后，这里以蒙童读物《千字文》、《开蒙要训》、《太公家教》等教育孩子的传统一直存在，甚至影响到吐蕃人。这类读物在宣扬儒家思想上，起着不可估量的作用。此外，汉文的数学《九九乘法表》也有藏文注音本。有的系纯为藏文，并无汉文，显然为吐蕃人学习之用。巴黎藏的不少藏文写本，有伯希和编号 1228、1231、1237～1240、1249、1253～1255、1258～1259 等，初步断定皆为汉文诗文、偈语等的译音，但究竟是什么，尚待研究定名。

吐蕃在敦煌统治近 70 年，不少汉人已经掌握了藏文拼音，甚至能说能写藏话藏文的也不在少数。当时汉人学汉文，还可借助藏文标音，藏文拼音法远比汉文的"反切法"易学易用。在吐蕃王朝崩溃前夕，敦煌地区的张议潮率领当地人民起义，摆脱了吐蕃统治，回归唐朝。但在此后的一段时间内，当地仍在采用藏文发布命令，可见藏语文在这里已变为社会通用语言，也可见吐蕃文化对此地人民影响的深远。在敦煌地区，文书典籍，语言文字，社交往来，生活习俗，衣食文化等，汉藏两族人民彼此吸取，互相模仿学习之风，已渗透到各个领域。从汉藏文化交流的角度来看，这一时期的敦煌地区，其频繁、广泛和深入程度确是空前绝后。

 **敦煌遗书中藏译汉文
古籍《尚书》**

《尚书》在汉代被列为五经之一，是一部重要的典籍，是儒学中的一门必读课程。现藏于法国巴黎图书馆，伯希和编号 986 号的藏文卷子，是汉文《尚书》的藏文译本残卷。《尚书》在汉籍中一向以文意艰深难懂著称，但藏文所译大意基本相符，并未走意，足见藏文译者汉文功底之深，或者是由通晓古文的汉族文人协助译成的。唐代吐蕃的翻译大师们，把《尚书》译为藏文时，只能翻译这本风行千年的伪《古文尚书》。很可能当时不是选译，而是全译。可惜今存者只是部分残卷，无法窥其藏译文的全貌。经国内外学者考究，吐蕃文人还将《尚书》的文句，多次用于碑文盟誓中。经法国学者石泰安研究，在赤松德赞记功碑中，甚至在唐蕃拉萨甥舅会盟碑中，都有藏文《尚书》译文的引用。从《尚书》的翻译和引用上，足见吐蕃人对汉文儒家典籍的重视，他们译后不仅供学习研究，而且还可以熟练地为其所用。

敦煌遗书中藏译汉文《战国策》

　　法国巴黎图书馆藏伯希和编号为 1291 的藏文写卷，经中外有关学者研究认定，是属汉文古籍《战国策》的藏文译本。这一发现更加深了人们对汉藏文化交流的了解。吐蕃时期对其他民族的文化兼收并蓄，以促进自身经济、政治和文化的兴旺繁荣，汉文古籍《战国策》的翻译，即属于其中的一项。

　　据考，吐蕃王朝曾多次提出，请唐朝给予汉文古籍，其中没有提及《战国策》，这一发现也补充了唐书记述的不足。

　　从译文来看，属于意译，而不拘泥于原文，因此，故事更生动，文笔也更显流畅。

　　《战国策》主要记述战国末期当时谋臣策士，或游说各国，或互相辩难的政治主张和斗争策略，它反映了战国时期各国间的矛盾和斗争。它是汉文古籍中的一份宝贵遗产，是研究战国时期历史的重要资料。

《战国策》藏文译本的发现，在版本上也有一定意义。直到1973年，人们见到的最早《战国策》版本，就是南宋姚宏校本和鲍彪注本，最后由元代吴师道补注本（《四部丛刊》本）。1973年，长沙马王堆三号汉墓出土的帛书中有一种颇似今本《战国策》的书，被称为帛书《战国策》。《战国策》藏文译本，是晚于马王堆帛书，而早于汉文《战国策》姚校鲍注的一种本子。

关于藏文译本《战国策》，以下几处值得注意。

第一，从译文可见，藏文还多少翻译了一些《史记》的记述，以作为故事的背景。这类译文，可能有汉族文人参与此事，他们以其对古籍《史记》中的了解，作为补充资料，提供给译者。有的地方可能直接译出史记所述。如《魏世家十四》所载齐楚攻魏事，即可能依《史记》文句译出。第二，文中对人名、国名的藏语音译，可以有助于了解汉字古音读法。第三，仔细查究，也有错译漏译之处。如《史记·魏世家十四》："魏段干子请割南阳予秦以和。"藏文译误，错作"段干、子崇"二人。

总之，《战国策》的藏译，是充分反映汉藏文化交流的另一个例证。

 敦煌文献中藏文译本
《孔丘项托相问书》

敦煌文献中《孔丘项托相问书》的写本，汉文本有 15 种，藏文本有 3 种。藏文本基本上是依汉文本翻译的，但又有述作和改动。

3 个藏文写本中属伯希和编号的为 992 和 1284 号，藏于巴黎；属斯坦因编号的为 729 号，藏于伦敦。3 个本子在文字上互有异同，从来源看，伯 992 号为一来源，其他两号为另一来源。

《孔丘项托相问书》所记是一个饶有趣味的故事。全文语言精练，情节紧凑，形象生动，论驳有力，堪称是一篇优秀的民间文学作品。故事中小孩姓名未作明确交代，但是与敦煌汉文本对照，可以确认为项托。孔丘以刁难方式连续向项托发问，而项托一一作了针锋相对的回答，表达了令儒家宗师惊叹不已的思想。此篇当系吐蕃王朝崩溃后译出，也说明在青藏高原分裂时期，汉藏两族人民仍有文化交流。这个藏文译述本的出现，是汉藏文化交流中的产物。它既表现了藏族人民对此类故事的喜爱，也从侧面反映了吐蕃人及时吸收汉族文化的事实。这一藏文写卷既包括了汉族文化，又有藏族人民的自己的创造。因此可以说这类敦煌藏文文献，也是古代藏族所留下的珍贵文化遗产。

 汉文《史记》对吐蕃文史的影响

在《战国策》的藏文译本中，经常可见译自《史记》的记述。人们分析认为这是汉族文人协助译者所提供的史记资料，但是更多例证说明《史记》可能早已传入吐蕃，许多历史传说也可能出自《昭明文选》。

在所谓《吐蕃史记》中，有运用《史记》的典故和文笔处，使人们更加确信《史记》影响的存在。日本学者武内诏人在《〈吐蕃王统纪年〉中一个源自〈史记〉的段落》一文内，首先提出了这一看法：囊日伦赞时，达波叛乱，赞普在挑选何人为将时，参哥米钦自告奋勇，毛遂自荐。但琼保·邦色却瞧不起这位毫无战功的人。

武内昭人认为此段来自《史记》中平原君列传的文笔，但已经过改动。《史记》中关于这一故事开头是这样说的：秦国的军队已经包围并打算攻下赵国首都邯郸。赵国王子平原君受命前往楚国求援。他欲在自己门客中挑选 20 人伴其同行。选出 19 人后，无法选出最后一人。门客毛遂听说，便自我推荐。平原君问他投依门下已有多久，毛遂答道："三年。"平原君曰："夫贤士之处世也，譬若锥之处囊中，其末立见。今先生处胜之门下三年于此矣，左右未有所称诵，胜未有所闻，是先生无所有也。先生不能，先生留。"毛遂曰："臣乃今日请处囊中耳。使遂早得处囊中，乃脱颖而出，非特其未见而已。"敦煌文书中也有类似故事，言及"置于口袋的锥子"。

比较一下这两篇文章，其起由、情节、比喻、结果都十分相似，仅人物名称和场合有所不同。

八 敦煌遗书中藏文译汉文佛教典籍

 译自汉文的藏文佛经

敦煌遗书是中国古文献中四大瑰宝（甲骨文、汉简、明清档案、敦煌文献）之一。文献资料数量巨大，大概在 6 万件以上，其中约十之七八为汉文典籍。非汉文部分约占十之二三，其中藏文写本，以篋页计数近 7000。

无论汉文，还是藏文，其中佛教经典都占多数。法国巴黎所藏的敦煌藏文文献数量大，质量高。伯希和编汉文卷时从 2001 号编起，把 1～2000 号留给藏文文献，目前已不敷使用，又续编了近 300 号。在法国学者拉露编出《巴黎馆藏敦煌藏文写本目录》三册之后，巴黎图书馆正出版精美清晰的五卷本《敦煌藏文文献选集》，目前已出到三卷。这为学术界运用藏文文选开展研究，提供了原始资料。

再以伦敦所藏的藏文文献为例。据伦敦图书馆所编《印度事务部图书馆指南》一书披露的数字，藏文文献编号已编到 3500 号。英籍比利时人威利普散，于

1937 年前曾编出一部《馆藏敦煌藏文写本手卷目录》，共收斯坦因编号 765 号，是第一批公布的英藏藏文文献目录汇编。此书于 1964 年出版。

吐蕃王朝后期，在赞普亲自倡导、主持和推动下，译经事业有很大发展。当时形成了以 3 个宫殿为名的三大译经场，即丹噶、旁塘和浦钦宫的译经场。为了避免 3 个地方译经的重复，要求以经场为名各编一部目录，从而出现了《丹噶目录》、《旁塘目录》和《浦钦目录》。14 世纪初，布顿大师写《佛教史大宝藏论》时，还见到这 3 个目录。其中《丹噶目录》被全部录于该书中。后来《丹噶目录》又编入藏文《大藏经·甘珠尔》中。可惜的是另外两个目录失传，无法见到了。

《丹噶目录》有一序文，说："这是丹噶宫经论译件的全部目录，由噶瓦·拜则和南喀宁保完成。"从这一序文和统计中可以看出，吐蕃王朝后期所编《丹噶目录》，就注明从汉文佛经中译了大小乘经 22 部和经部注释 8 部，共计 30 部。

这 30 部经典和疏释，敦煌文献中已大部分见到。有些还超出《丹噶目录》中所列的，可能与另两个译场所译有关。因为敦煌文献所藏，并非按丹噶目录收藏的。

首先，敦煌文献中译为藏文的佛经，多为从汉文译为藏文的完整佛经。也有由藏文译为汉文，甚至由藏族僧人从梵文译为汉文的。这也说明在佛经翻译上汉藏文化交流的复杂性和广泛性。

在汉译藏的佛经中有多种译法：有的纯为音译；有的先是音译，后进行意译。也有意译后又修订的。

还有吐蕃高僧因不知内地已有汉译，而又以自己所掌握的汉语文，将梵文佛经译为汉文的。此外，个别的也有由藏文译为汉文的。

从敦煌所发现的藏文佛经看，有《心经》、《阿弥陀经》、《无量寿经》、《金刚经》、《法华经》、《楞伽经》、《瑜伽师地论》等。部头最大的《般若波罗蜜多经》，据一藏文文书记述，也有数部。但许多残卷碎片分属何种经典，仍需组织力量加以辨认、复原和定名，这确系一项繁重的大工程。日本学者所做的定名工作，开创了一个良好先例，使我们能准确了解英藏藏文文献内容，为我们具体深入了解吐蕃时期汉藏在佛教文化上的交流，提供了宝贵成果。

后面拟选出若干藏文佛经，加以具体介绍。

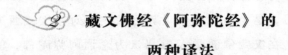

藏文佛经《阿弥陀经》的
两种译法

《阿弥陀经》一般认为在公元 1～2 世纪，即印度贵霜王朝时期，已在犍陀罗地区流传。梵文本先传入我国后，最早由鸠摩罗什译为汉文，南朝宋求那跋陀罗再译，改题为《小无量寿经》；唐玄奘又译，改题为《称赞净土佛摄受经》。

《阿弥陀经》的最古汉文译本，首推敦煌遗书所藏。在遗书中，《阿弥陀经》占比例不小。其中以藏于伦敦、北京图书馆、柏林为最多，共有 183 个卷号。

在藏文卷中特别引人注目的是，"藏文注汉音的阿弥陀经"。这种藏文音译本,不仅从中可以看出藏族人学习汉文的艰苦和方法,同时对于今人研究唐音提供了宝贵的语言资料。我国著名语言学家罗常培和日本京都大学汉学家高田时雄,都曾充分利用了这些资料,进行了新的开发和研究。可以说这也是古代藏族人在语言上的突出贡献之一。

对照汉藏文两种译本,可以发现这些翻译大师在翻译佛经时,为求准确表达原意,而又使经文易懂,下工夫之深,令人感佩。有时有增,有时有减,互有长短,各具特色,反映译时态度的严肃、认真和灵活。由于所依梵文原本不同,对读汉藏文也有互补所缺的效果,同时对不同版本的译法优劣也可比较,有利于掌握经文原意。

在内容上,阿弥陀佛为净土教派信仰者所尊崇之名号,是为西方极乐世界之救主。对净土或西方净土,在汉藏佛教僧人中都认为念诵阿弥陀佛,能使念佛人往生西方净土,到达极乐世界。由于此经文简短,又容易上口成诵,而其方法又极为简便易行,因此在地区上流传极广,影响甚大,形成了一个拥有众多信徒的宗派——净土宗派。净土宗在藏区也有广泛影响,往生净土的思想尤深入藏族人的心灵和生活。

 3　汉文《心经》的藏文音译本

《心经》是《般若波罗蜜多心经》的简称。

据沈九成先生介绍，《心经》汉译本共有 10 种（其中包括近人叶阿月教授新译广略本各一种），而其中由汉译藏者有 6 种。此经汉文有广略两种译本，藏文也有广略两种译本。广本有序分、正宗分及流通分；略本则只有正宗分，略去了头尾部分。

人们常见的略本为玄奘所译，共 260 字；另有鸠摩罗什所译也是略本，有 301 字，题名为《摩诃般若波罗蜜大明咒经》。伯希和编号 448，为藏文略本，另有 449、478、495，为藏文注汉文的注音本。

伯希和编号 448，为《般若波罗蜜多心经》，是对汉文逐字音译为藏文的较为完整的经卷。这一份经卷，最能说明在吐蕃统治瓜沙河湟地区，乃至拥有整个河西走廊以后，汉藏民族间有了广泛而深入的接触，经济文化交流加强之趋势日益强劲。《心经》由汉文译出，而且多次多方注音，这反映了当时吐蕃民众和宗教界以及社会上层迫切学习汉文佛经的心态和要求。这一情境，不仅表明河西走廊一带汉藏民族之间的交往，而又代表吐蕃上下与汉族交往，吸取汉族先进经济文化的一种总趋向。

 ## 藏文《金刚经》的两种译法与
汉文《金刚经》的关系

敦煌文献中的藏文《金刚经》写卷有两种。一种是依据汉文《金刚经》逐字音译成《金刚经》。

从 776 到 848 年，吐蕃统治于瓜、沙、河、湟一带，据有整个河西地区。在汉藏两族的交往和接触中，吐蕃人学习汉文化的要求迫切，因而出现了汉文经典，诸如心经、金刚经等的音译本。此种音译法，对掌握汉文有很大帮助。这种译本是佛经中的一种特殊译本。

另一种藏文译本《金刚经》，以意译为主。

经过有关专家的比较，认为以上两种藏文《金刚经》译本，与汉文的菩提流支译本，或义净译本较为接近，而与现今流行的鸠摩罗什译本有较大差异。

《金刚经》作为佛经般若一系的代表作，一般都把它看做《大般若经》的略本，或看做《心经》的增编。全经 300 颂，共 27 个分题，汉译本由梁昭明太子萧统（501～531 年）编次为 32 分，沿用至今。

从内容上看，此经宣传性空、幻有的理论，倡导以智慧来获得对人、天、宇宙的终极认识。最后的四句偈是："一切有为法，如梦幻泡影，如露亦如电，应作如是观。"此为传诵千古之名偈。这实际上是对客观世界作彻底的否定，对世界的物质性、运动性，人类社会的矛盾和斗争都一概否定，因此这种观念很符合历代统治阶级的需要和口味。

佛教般若学说，尤其是《金刚经》性空、幻有的基本佛教理论，对藏族心灵影响深远。人们在藏族生活中经常会听到这一说法："世界一切都是无常的。"所谓"诸法因缘生，缘谢法还灭"、"刹那生灭"、"因果相续"等人生哲学，也都是这种影响的表现。

汉文《大乘无量寿宗要经》的
两种译本

敦煌遗书的佛经中，复本最多的当数《大乘无量寿宗要经》。无论是汉文本，还是藏文本，此经都可首屈一指。

《大乘无量寿宗要经》的藏文本，可分两类：一类是敦煌写本，传抄于敦煌地区；另一类为传世刻本，有卓尼、德格、拉萨、那塘和北京5种刻本。值得特别提出的是，汉文本《大乘无量寿宗要经》也有两种。一种是吐蕃高僧、翻译家管·法成，依据藏文译成的汉文本，就是收在日本《大正大藏经》内的汉译本（936号）；收时编入秘密部第19卷。另一种，题为《佛说大乘圣无量寿决定光明王如来陀罗尼经》，为印度摩伽陀国那烂陀寺传教大师三藏赐紫沙门法天所译。此系依据梵文原本译成汉文。

从内容上看，两种译本完全相同，但译名、用字各异。在咒语翻译上，皆用标音法，译音均力求接近梵字原音。从语言上看，法天译本较为华丽，讲究用字端严整齐；法成译本反映了敦煌一带佛教界语文水平，朴实无华，接近口语。此经反映了汉藏人民文化交流的深入悠久，一部汉文佛经翻译者为藏族高僧，实属罕见之例。在敦煌遗书中，《无量寿经》基本上都是法成所译的汉文本。当时沙州一带汉族乡绅的佛教信徒，曾捐出财物，组织人力抄写此经，作为为赞普热巴巾祈求长寿的功德。吐蕃官方也拨出口粮，鼓励书写此经，所抄既有藏文的，也有汉文的，不少汉人子弟也会以藏文抄写此经。这就是何以敦煌文书中有如此大量写卷的主要原因。

 藏汉文对照的《瑜伽师地论·菩萨地》

敦煌吐蕃文书中有一类藏文本经籍，是逐字译自汉文本的；有的兼用汉藏对音方法。《瑜伽师地论·菩萨地》就是这类文书中的一种。这个经卷充分反映了汉藏文化方面的交流。

这本书是大乘佛教瑜伽行派和汉地法相宗所依据的根本论书。法相宗有所谓"一本十支"之说，这一本即指此书，可见其在法相唯识中的地位。玄奘重视法相之学，西游印度，取回《瑜伽师地论》后，首先翻译此书。

此经的藏文本为无垢友与智军等人合作，分段翻译，属于前宏期古译，后收在《丹珠尔》唯识部内，分为八个部分。

《瑜伽师地论》藏汉词汇对照，堪称是吐蕃僧人最早编辑的一个藏汉佛学词汇集。它在敦煌文献中伯希和编号为3301号，这是夹杂于汉文卷中的，共145行，有722组词和短语。《敦煌宝藏》中惜未收入，但却收录于法国拉露的目录伯希和编1261号内。20世纪60年代初，经李方桂教授的详细考核，确定此号经卷的汉文本当为玄奘译本，藏文本应是智军等人共译，属于藏传佛教前宏期译作是可以肯定的。此经卷的发现，以及吐蕃高僧在河西走廊的讲经传法的事迹，是汉藏两地佛教文化交流上的一个有力证明。

7　《楞伽经》的两种藏文译本

楞伽经在全部佛学与佛法方面，无论思想理论或修证方法，都是一部很重要的宝典。

楞伽经的汉译本，共有3种：①宋译本（443年间刘宋时代），求那跋陀罗翻译的《楞伽阿跋多罗宝经》，计4卷。②魏译本（513年间），菩提流支翻译的《入楞伽经》，计10卷。③唐译本（700年间），实叉难陀翻译的《大乘入楞伽经》，计7卷。

楞伽经的开头，首先由大慧大士随意发问，提出了108个问题，其中涉及面很广，有有关人生的、宇宙的、物理的、人文的。如果就每一题目而言，则发挥论述可以写出一部百科论文的综合典籍，并且也不限于佛学本身范围。此经的宗旨，主要在于直指人生的身心性命，与宇宙万象的根本体性。

楞伽经在吐蕃王朝后期即由汉文本译出，藏文有两个译本：一为《入楞伽经》，据菩提流支的汉译本；一为《楞伽阿跋多罗宝经》，据求那跋陀罗的汉译本。两经全收入藏文大藏经丹珠尔中。

两种藏译本皆为吐蕃高僧法成所译。法成奉命在吐蕃译出此经，后受命去沙州讲经，才携来这一稿本，得以在沙州流传。

吐蕃辖区沙州佛教的兴盛

唐贞元二年（786 年），吐蕃统治沙州地区后，坚持保护和支持佛教发展。尤其在会昌年间，唐武宗废佛，但未波及沙州，吐蕃更在客观上保护了敦煌文化。吐蕃以佛教为国教，这一国策，推及边境沙州。首先，是保护原有寺院，兴建新的寺院。僧尼人数有较大增加，由原来的 300 多人，增至 1000 余人，翻了两倍。沙州寺庙从藏于巴黎的一份藏文文书《沙州诸寺名》（P. T. 994 号）中可知，当时有 17 座寺院，按拼音还原汉文，为"龙兴寺、大云寺、普光寺（尼）、乾元寺、灵修寺（尼）、圣光寺、开元寺、□寺、安国寺、大乘寺（尼）、金光明寺、灵图寺、显德寺、乾明寺、莲台寺、净土寺、三界寺"。沙州落入吐蕃治下后，于9 世纪初，先建立了安国、圣光、兴善三寺，后又建永康、永寿寺。其中圣光寺，是由吐蕃论相尚绮心儿捐资兴建的。

其次，要求翻译、抄写和读诵佛经，尤其要抄写由赞普主持翻译的新译经。

赞普在译经上谕令将大批汉文佛经译为藏文，同时将没有传到沙州的藏文佛经译为汉文。如将《大乘无量寿经》、《大乘经纂要文》、《大乘稻秆经》等经典译为汉文。事实上这些佛经在内地早有汉译本，但沙州人并不知道，却另起炉灶，自行翻译。比较起来沙州所译汉文佛经，其语文水平虽不如内地译本，却反映了沙州佛教语言的特点。直到清朝末年，从敦煌遗书的发现中，内地才知沙州有这么多经吐蕃高僧由藏文译为汉文的佛经。

吐蕃辖下沙州出现了由官方（或民间士绅）资助口粮、纸墨、笔绳等，支持抄写经卷的事业。吐蕃王族和大小文武官员中，解囊资助者也不在少数。敦煌各寺，至少是大寺，都有一个写经场，写经生由数人、数十人至近百人不等。以金光明寺为例，此寺写经有3处，寺内仅一小组，写经中心在城内。此寺有汉文写经生51人，另有30位藏文写经生。当时沙州的许多汉人子弟学习和掌握藏语文，可以写出漂亮的正行草书（藏语称"乌剑"和"乌梅"），受雇从事于写经的专业。

为了推进抄写新译藏文佛经，吐蕃赞普、王妃和论相，还亲临沙州察看写经情况。当时还要求诸老寺要支持新寺，拨给经书。据说三界寺建成后，报恩寺曾将旧经相送，新抄的经自己留下。

赞普还要求汉藏民户，不仅抄经，同时要诵读佛经。赞普下令要"传流诸州，流行读诵"。不仅读诵《无量寿经》，还要读《大乘经纂要义》等。

再次，捐献和布施资财，举办回向法会，向赞普表示忠诚。敦煌遗书中汉藏文佛经数量甚大，显与举办回向法会，诵经祈福禳灾有关。避开政治斗争和宗教斗争因素不谈，这样盛大的佛事也反映了沙州地区汉藏文化交流的深入广泛，反映了沙州各族人们已卷入佛教信仰的潮流中，反映了佛教影响已深入人们的生活中。

 9 敦煌石窟艺术中体现的文化交流

吐蕃统治沙州时期，由于吐蕃统治者提升佛教为国教，使佛教文化不仅得以保存，并有所发展。集中体现敦煌文化艺术的莫高窟，没有遭受破坏，还兴造了一批新的石窟。据考证，在这时期开凿的洞窟现有45个，其中包括规模宏大，面相精美，今已列为"特级洞"的159、220、322窟等。

在吐蕃统治时期，石窟壁画中"经变"内容增多，显宗、密宗"容于一窟"。从《金光明经变》、《报恩经变》到以形象艺术表现富有哲理和神学观念的《华严经变》、《楞严经变》等，是这一时期的新内容、新特点。《报恩经变》中各品故事，以《大方便佛报恩经》为依据，情节曲折生动，宣扬的忠君孝亲思想，是儒佛两家思想结合的产物。其中有的故事，也敢于正面表现男女恋爱之情，突破了佛教禁欲主义的禁锢。

《金光明经变》壁画也是吐蕃时期的新增内容。与《观无量寿经变》相似，中部为佛国世界，两侧有对联式立幅故事画。此经变共有十多品，主要故事画于两侧，一面为萨埵舍身饲虎故事，一面为"长者之子"流水救鱼故事。故事表现了佛教普救一切生命的慈悲之心。

绘画形式和布局在吐蕃时期也有很大变化。盛唐时代每壁只绘一幅"经变"，现改绘多幅，并截裁每壁下部为屏风，绘以多种经变的"诸品"。在莫高窟中，被称为"供养人"的是出资雇工凿洞、画壁等项"功德之人"。他们在窟内留有画像和题记。这时的壁画或题记中出现了吐蕃人的形象和官名。如144窟的"大虫皮（吐蕃武职官阶）康公"、158窟的"大番管内"等。在220窟内甬道龛西，出现了身着吐蕃衣饰的"信女"像。另外，许多窟的龛顶和甬道上，出现了表现佛教史迹的"瑞像"画。

在有些《维摩诘经变》的"问疾品"壁画中，还绘制了吐蕃赞普及其部众的形象。画的主题是表现"深明世故，精通佛法"的居士维摩诘称病，文殊前来"问疾"，两人热烈地进行了经典辩论，四方人众都来听法的情景。吐蕃王被大大突出：他手执熏香，足踏卡垫，头遮华盖，雍容大度，气派非凡，被随员簇拥于各蕃王队列之前。这组吐蕃人物的发式、胡须、帽子、左开领的袍服、披肩、环珞等式样，与目前西藏寺院的壁画雕塑中的吐蕃人形象和装束极为相似。（见图17）

图17　《维摩诘经变》吐蕃赞普

在莫高窟中，多方面反映了吐蕃与汉族，与其他民族，与各国间文化的相互交流、互相影响和互相融合。有些壁画生动鲜明地表现了音乐歌舞的欢乐情景。156、159窟内，有《张议潮出行图》和《宋国夫人出行图》，两幅壁画表现的是唐朝河西归义军节度使张议潮及其妻宋国夫人出行。它描绘了盛大的由人马组成的仪仗队、乐队、舞伎、百戏的形象。前一壁画中有舞者四男四女，男着汉服，女着吐蕃装，皆一手叉腰、一手屈肘于头侧，一脚稍提起，载歌载舞地行进。那长袖向后飘动之势，颇像今天藏族舞蹈的行进步伐。后一壁画中有4个女舞者，高髻云卷，身着花衣，长裙委地，相对而舞。舞时身体微屈，双手舞动长袖，动作协调，姿态优美，像藏族弦子舞中向前迈步时屈身的一瞬间。（见图18）

图18　张议潮出行图

宋代的61窟《五欲乐》中的舞人，从舞姿和动态上看，既与维吾尔舞蹈接近，又与藏族弦子舞动作相似，体现了多民族聚居地区民族舞的特征。另外，61窟、146窟《法华经变》的"譬喻品"和149窟、9窟《劳度叉斗圣记》中表现"火宅"中的舞人，与61窟《维摩诘经变》中小酒店中的舞人，都身穿长袖衫，舞蹈形象屈身多，跨腿多，双手甩动长袖，舞姿矫健明快，双手的动作或一手稍高、一手稍低，或双手平举，都与今天的藏族舞姿非常相似。这也说明在历史上我国各族乐舞早已相互交流，彼此交融。

由文成公主、金城公主带入吐蕃的唐朝歌舞乐曲，如唐初的秦王破阵乐和盛唐的云裳羽衣舞等，在近200年内一直在吐蕃王宫中流行，并且也是用来欢娱外来使臣的一个高雅节目。但是看来具有吐蕃人特色的某些歌舞，曾在汉族聚居的沙州地区上层聚会中风行，所以才能在不少壁画中，甚至在敦煌归唐后的洞窟艺术上仍有反映，足见汉藏文化交流的广泛和深入。

元代蒙古统治者在莫高窟，也开凿了一些洞窟，还竖有一方刻有6种文字的石碑，记载为"速来蛮西宁王"重修莫高窟的"功德"。碑上刻有藏汉两种文字的六字真言，即"唵嘛尼叭咪吽"。

元代壁画佛教色彩加重，许多壁画都是佛教密宗的曼荼罗，画着各色各样变了形的菩萨、力士，如千手千眼观音、千手千钵文殊、11面菩萨以及俗称"欢喜佛"的怖畏金刚等形象，神秘可畏。图案装饰也是用藏文咒语和金刚杵之类密宗符号组成的。据有关藏族学者考证，有些壁画系出自藏族画师之手。据载，直到清代光绪年间，"敦煌寺院俱为红教，诵蕃经"。人所共知，藏族画师往往出自寺院，且多为喇嘛。

九 医药方面的汉藏文化交流

 文成公主带至西藏的医书和医师

641 年，文成公主入藏，带去了内地的中医书籍和医疗器械。据《吐蕃王统世系明鉴》等书记载，文成公主入藏带有"治四百零四种病的医方百种，诊断法五种，医疗器械六种，医学论著四种"。这些带入的医著由汉族医僧玛哈德瓦（大天）和藏族译师达玛郭夏编译为藏文医著，取名《医学大典》，这是已知的藏医学中最早的一部经典文献。

此书系统地介绍了中医关于人体生理、病理、诊断、治疗、药物等方面的学说。中医的阴阳五行、营卫气血、五脏六腑之说，成为藏医学解说生理的工具；中医诊断疾病的望、闻、问、切，也为藏医所吸收。《医学大典》对藏医药学有极深的影响，是汉藏早期文化交流的一个丰硕成果。

《医学大典》问世不久，藏王松赞干布又聘请汉族医生韩文海、印度医生巴热达扎和大食医生嘎林诺来藏，为藏王治病。他们依据各自国家和地区的医学著作，共同编成一部七卷本的综合性医书，名为《无畏的武器》。这部医书除吸收了汉医学的内容外，还吸收了印度、大食医学的内容。这是继《医学大典》之后，编出的藏医史上的第二部重要著作。

藏文史书虽都记述过这两本医著，可惜的是原书皆已失传。其实《无畏的武器》的 3 位编者并非同一时代的真实人名。巴热达扎是公元前许多世纪传说中的古印度神医，是他把佛祖的医学传到民间；嘎林诺是罗马古医盖伦的谐音、波斯文的读法，他是公元 2 世纪的人物；韩文海则是韩王海弟的异译，此人可能是轩辕黄帝的谐音，一般人们认为黄帝是华夏族始祖，是中医的创始人。这一史料至少表明藏王松赞干布时已向各方请医，注意吸取他族医学成果，以便有利于吐蕃医学的建立和发展。

 ## 金城公主带至西藏的医书和医师

710 年，金城公主入藏，再次带进大批医药历算书籍、医师和随员等，使汉族的医学对藏医学产生了进一步影响。《新唐书·吐蕃列传》中记载："吐蕃遣尚赞咄名悉腊等迎公主，帝念公主幼，赐锦缯数万，杂伎诸工悉从。"《吐蕃王统世系明鉴》中也说："公主带来各种工技书籍。"此处所说的杂技诸工和工技书籍，包括医药书籍和医生在内。

金城公主带进的医书，由汉族医僧马哈金达、甲楚卡更（意译为汉童舞者）和藏族琼布孜孜、琼保顿珠、觉拉门巴等人合作，共同译为藏文。后来又经汉族医僧摩诃衍、藏族译师毗卢遮那综合译稿，编成一部流传至今的重要医学著作《月王药诊》。全书有115章，现存的德格版有113章，还有120章的说法，这可能是因前后版本不同而形成的。

对《月王药诊》的藏译本来源，也有不同说法。一说此书由五台山僧人江伯阳（文殊菩萨的藏文称呼）编著，传入印度，堪布洛竹和藏族翻译家班德却吉西绕（意译为利智），又从梵文译为藏文。

第二种说法是，据德格版本书末题记，在赤松德赞时，以中医学《大"白吉杭朵"》为蓝本，由汉僧马哈亚那和藏族翻译别绕札那编译而成。

上述说法尽管有所不同，但皆肯定《月王药诊》是以汉文医学著作为蓝本，有译有编，增加了许多藏医经验而编成的。依后面两种说法，其中可能会有印度医学的影响。

《月王药诊》这部医书，全面介绍了中医的关于生理、病理和疾病的治疗方法。它的基础部分是汉医书，但包括藏区的经验，具有浓厚的民族和地域特点。全书所说的329种药物中，半数为中药，另一半为藏药，许多是西藏地区的特产药物，如喜马拉雅紫茉莉、纤毛婆婆纳、蓝石草、翼首草、水柏枝、伞形虎耳草、乌奴龙胆、牦牛酥油、青稞酒，糌粑、螃蟹甲等。

书中关于把一年分为初春、后春、夏、秋、初冬月、后冬六季，这与中医学中一年分为5季，即春、夏、长夏、秋、冬，显属于同一脉承，但仍有不同，它更适合于西藏高原的气候。

书中有关"心脏脉"结构的叙述，是藏医特有的，是对中医脉经的发展。书中还记述了导尿术，灌肠术、放腹水术、针拨白内障、类似小夹板等汉疗技术，这些医术至今仍在沿用。在疾病学方面，详细记载了天花、炭疽、雪盲、蟒虫病、冰脓病、白内障病等；还记载了类似心房纤颤的"心脏颤抖"、心脏位置不正等，也都有独到之处。

《月王药诊》反映了藏医与汉医的历史渊源关系，同时也反映了藏医所具有的独自特点。由于《医学大典》和《无畏的武器》已经失传，所以《月王药诊》就更显出其重要性。此书是祖国药学中的重要古典著作之一。

 ### 赤松德赞时期的三神医和九太医

赤松德赞于 755 年起继藏王位。当时汉族医僧马哈金达、于阗医生赞巴希拉哈和印度医生达马拉札 3 人，一直在吐蕃行医，他们被誉为三神医。他们编译和合著了一些医学著作，培养了一些藏医人才，对藏医学的发展起了良好作用。如赞巴希拉哈曾译出《医学宝鉴》、《尸体图鉴》、《甘露宝鉴》等，它们都是这一时期的重要医著。当时培养的著名医生有东希尔麦保、章弟·加宁卡尔普、相拉毛索司等人。

后来赤松德赞又遣使从内地、印度、大食、尼泊尔请来了 9 名医生。他们是：汉族医生东松康瓦、尚马哈巴拉和享地巴达，印度医生夏洛朵巴，克什米尔医生古哈巴札，大食医生哈拉夏洛，突厥医生桑多俄青，德地医生乔马肉孜，尼泊尔医生达玛西拉赛。

吐蕃人称他们为"赤松九太医"，又称"四方九名医"。由他们编译和合著的解剖测量、药物配方等医书，统称为《紫色王朝保健经》。

他们应赞普要求，积极培养吐蕃本族医生。赤松德赞下令让"吐蕃属民九名聪慧子弟学习医学"。他们的名字是：且吉西保、欧巴曲桑、毕且列贡、宇妥·元丹贡布、莫聂茸吉、章弟杰桑、聂巴曲桑、塔西达玛、东巴札加。他们后来都学有所成，成为藏医史上的著名医学家，合称为"吐蕃九名医"。至此藏医药的发展出现了新局面。据说这时吐蕃地区名医已有 57人。

在《四方九名医》中，被誉为诸圣医之首的汉医东松康瓦，深为赞普赏识。史称，赤松德赞一次病重，由于各位医生已陆续返回故地，又派人去邀请内地医生和各国医生来为他治病。当时只有东松康瓦不辞辛苦，行程千里，第二次入藏来为他治病。东松康瓦很快治好了赞普的病，还带来了一些医书送给他。赤松德赞赞誉他为"塔西·东松康瓦"（意为东松康瓦的医术等于四方各国的医术，为四方三界中最好者），并给他赏赐了宅第，赐给了封地。从此他在吐蕃定居，娶妻生子，他的后代也行医，在吐蕃分裂时期，成为藏医的北方学派中坚。东松康瓦在藏定居期间，和其他汉医一起，将汉地带来的大约 10 种医书译为藏文。

他在晚年，还按赞普旨意，招收已颇有名气的藏医宇妥·云丹贡布为徒。他将所掌握的中医中的精要部分，全部传授给云丹贡布，为云丹贡布写出有名的医著做了某些准备。

4 宇妥·云丹贡布与《四部医典》

宇妥·云丹贡布是跟随汉医东松康瓦学医获得成就最大的一位藏医。他在发展藏族医药学上功绩卓著。

宇妥·云丹贡布于 708 年（一说 729 年）出生于医学世家。他的祖父加孕尔多吉是位著名藏医。从祖父开始，以宇妥为家名。父亲宇妥·琼多多吉也是一位名医。

宇妥·云丹贡布从小随父学医。25 岁开始，遍访各地名医求教，常与其他地区的医生探讨医学，成为小有名气的藏医。后依赞普指示跟汉医东松康瓦学中医。据称他还赴内地五台山，得到僧人赠送医书，对汉地医学颇为熟谙。他又先后去印度游学 3 次，注意吸取其他民族的医学成果，成为"吐蕃九名医"之首。

公元 8 世纪下半叶，以宇妥·云丹贡布为首的藏医学家，开始总结藏族人民与疾病斗争的经验，吸收《医学大典》、《月王药诊》等医书的精华，同时参考了《甘露精义八支秘诀》和他国他族的医学经验，花了 20 多年的时间终于在 8 世纪末编出了医学巨著《四部医典》。

该书分 4 部、156 品。第一部称为"根本医典"，介绍人体生理、病理、诊断、治疗等方面的知识；第二部称为"论说医典"，介绍人体的解剖和构造、疾病原因、卫生保健知识、药物的性能、诊断的具体方法和治疗的基本原则；第三部称为"秘密医典"，主要介绍各科的临床知识及具体的治疗方法；第四部称为"后续医典"，分别阐述诊断、制剂、各种方剂及其组成配伍、治疗的功能等。《四部医典》是藏族医生自己编写的综合性医学著作，比较系统全面，用韵文写成，易读易背诵。它是学习藏医的基本教材，藏族中有"不读《四部医典》，不可为人医"之说。

任何一个民族的医学，总会吸收其他民族或国家的医学长处和优点，加以改造、融化和吸收，以充实自己的医学。这也是任何一种民族文化在发展过程中的必然现象。藏医学也是这样。19世纪藏族著名学者洛桑却吉尼玛在《土观宗派源流》一书中指出："我认为西藏所传之《四部医典》，其最初也是源于汉地，其中五行，非印度所说的地、火、水、风、空，而为汉地的土、火、木、金、水。再有动脉名寸、甘、甲，此显然即是汉地寸、关、尺，为未能实读之讹音。"贡觉仁青在《所需宝瓶》中也指出：关于龙（意译为气）、赤巴（火）、培根（水和土）的内容，也是从《月王药诊》中吸收的，其含义也属于汉区所述范畴。

《四部医典》有大量的汉医内容，有相当数量的汉藏交叉用药，有大量的藏医的经验，有对藏区特产藏药的说明，是一部藏医的古典巨著。可惜的是，宇妥·云丹贡布的《四部医典》原本，因受吐蕃朗达玛灭佛之厄运，被埋藏起来没有或很少流传。

宇妥·云丹贡布活了 100 多岁，约于 832 年去世，他是处于吐蕃从鼎盛走向衰落时期的人物，历经赤德祖赞、赤松德赞、牟尼赞普和热巴巾执政时期，堪称跨时代的医学大师。他的后代，3 个儿子布木桑、环布木、朵朵都是有名的医生。他有一位后代也名叫宇妥·云丹贡布，是医药学上有突出贡献的著名藏医。

 ## 吐蕃分裂时期《四部医典》的 发掘与修订

佛教在朗达玛时期遭到了毁灭性的打击。由于《四部医典》是以佛祖传授的面目阐述的，与其他佛教经典一样，也遭受了同样命运。有的佛教徒将此医书秘藏起来，不再流传于世。灭佛后，吐蕃出现了严重分裂，医药学的发展也落入低谷。

公元 10 世纪是西藏封建制在奴隶制废墟上开始发展的时期。地方封建势力与佛教势力紧密结合。这段时间内，由于医学是佛教文化中的五明之一，加以由上路和下路来藏传教的高僧，其本人往往兼通医学，并带来若干印度医学著作，故西藏译师在译佛经时，也译了一些天竺医书。当时在新的政治形势下，佛教徒颇热心于发掘"伏藏"，也使埋藏的一些医书重见天日。

1012 年，埋藏了几近二百年之久的《四部医典》，在桑耶寺内被发现，这使藏医学再度进入蓬勃发展时期。《医典》的发现者德敦·查巴翁西，把此珍贵著作奉若至宝，对其进行考订、修改和补充，从此开始了此医典的传抄沿用。

后来《四部医典》传至宇妥家族第13代子孙宇妥·云丹贡布手里。此子对医学早有研究，曾写过《诊脉指要》、《医疗实践简论》等著作，是一位成熟的学者。他在获得《四部医典》后，结合自己的经验和心得，修订增补了这一著作。他把"根本医典"分成6章；对"论说医典"增补了有关药物和食疗内容；对"秘密医典"中论述疾病各节，主要依自己经验，做了修订和补充；而对"后续医典"，则根据《月王药诊》所述的诊断内容，包括尿诊和脉诊，以及有关五行学说的理论，做了大量补充。经过修订后的《四部医典》已成定型，至今存世的仍是这部修订后的著作。此外，他还另编出其他医药专著10多种。据知迄今传世的《四部医典》注释本，其中有一本就是新宇妥所著。

总之，这一时期以新宇妥为代表的众多医生学者，在吐蕃时期创立的医药理论指导下，结合广泛的医疗实践经验，以修订、诠释、增补《四部医典》为中心，进一步发展了曾充分吸取汉医成果的西藏医学体系。

 6　元明时期藏医南北两派的出现

元朝西藏归入中国版图，建立了代表元朝管理西藏的萨迦政权。西藏与中原和蒙古族地区的联系加强，西藏医学也随着藏传佛教的传播，传入了蒙古地区。

14～15 世纪，西藏封建农奴制在进一步发展，社会生产和文化又出现了新的高峰。医药学在百家争鸣中，形成了南北两派争相著述的生气勃勃新局面。北派以羌巴·南杰札桑（1394～1475 年）为代表。汉医东松康瓦的后代，也属于北方学派。南杰札桑本人学识渊博，遍学五明，精于医道，在医疗中结合北部地区风湿类疾病多发的特点，擅长使用温热药物和艾灸，形成大方剂的疗法特点。他著有《精简八支药方》、《甘露源流》、《所需所得》等书。他弟子众多，且多有著述，如米尼玛·通瓦顿且的《四部医典注释》、《四部医典释难》，拉宗扎西巴桑的《四部医典释铨》等。此派还有精于绘图的都孜吉美。他配合医典绘制了精美药物、人体解剖挂图。

南派创始人舒卡·年姆尼多吉（1439～1476 年），自幼学医，对《四部医典》研究精深，尤长于南方草药研究和使用。他和其弟子们，医疗南方常见的温热病，经验丰富，长于用清凉性药物，所用方剂药味较少。

这派医者虽为《医典》作过一些注释，但认为《医典》流传二三百年后，许多注疏和增删已失去原意。他们立志恢复其原貌，着力搜寻《医典》的原本和真本。16 世纪其杰出弟子舒卡·罗珠给布终于在新宇妥·萨玛的故乡找到云丹贡布亲手抄写的珍本。他在校勘后将其刻印出来，这是现今最早的《四部医典》刻本《泽当居悉》。罗珠给布所著《祖先口述》和

《谬见纠正》认为，《四部医典》是西藏古代医药学家经过长期实践和研究编著的，并非佛祖的教诫。这在当时宗教势力垄断一切意识形态领域的情况下，是难能可贵的，对于推动医药学尊重实践和积极创造探索也有重要意义。

清代西藏藏医名著《蓝琉璃》与 《晶珠本草》

达赖五世喇嘛在西藏掌权之初，就在拉萨哲蚌寺和日喀则扎什仑布寺，建立了传习医学的专门机构门巴札仓。后来他所任命的第司桑吉嘉措在布达拉的"甲波日"山顶上，专门开办一所医术学校，称门孜康；又在布达拉宫的"拉旺角"，设立医学提高班，聘请名家授课，以培养优秀医生。

第司·桑吉嘉措（1653～1705年）本人医药学造诣精深。他自幼受到严格的教育和训练，不仅遍学佛教经典，同时掌握语言文字、工巧星算。他的知识广博，著述宏丰。16岁从名医学医，27岁经达赖委任为他的第司（摄政）。任职期间，他仍致力于历算、医药上的研究和著述。17世纪80年代末，他撰写了《四部医典·蓝琉璃》，利用他能集中六七种版本的条件，校刊重刻了拉萨版，即标准本的《四部医典》。

在《四部医典·蓝琉璃》中，第司·桑吉嘉措认为《四部医典》大量吸收了汉医学的内容。他说《四部医典》是参考了《月王药诊》的精华编成的，几乎收进了其所载的全部药物及大部分理论内容。关于疾病，分成寒性、热性两大类，并分别以温药、凉药治疗；脏腑理论，如肝为血海，脏和腑的关系互为表里，五脏开窍等；脉学中切脉的方法、时间和部位"寸、关、尺"（不仅部位相似，发音也基本和汉音一样），还有散脉（浮、沉、迟、数……）和三部脉候不同脏腑等；火灸用的许多脏腑俞穴；治疗上的急病先治、寒病热治、热病寒治、外病内治；等等。这些都是汉族医学的内容。这也是对汉藏医关系十分中肯的评述。

中年以后，第司·桑吉嘉措又在广泛掌握历史资料的基础上，编写了从佛教传说到西藏各个时期医学发展状况的《医学史》和新老宇妥传记，给西藏医学作了总结。所有这一切，既是当时社会文化繁荣的时代产物，又是像桑吉嘉措这样才华横溢的天才结晶。

十 历算方面的汉藏文化交流

 ## 唐蕃联姻为汉地历算传入
吐蕃打开大门

公元 6 世纪末，吐蕃王朝建立前夕，曾派使者入隋朝，开始与隋朝有交往。藏文史书记载，604 年，曩日伦赞时，"中原汉族的天文历算和医药传入吐蕃"。中原地区从两汉时起，已有领先于世界的历算和数学体系。到了唐代盛世，"在天文历算和医学上都超过了前代"。

松赞干布建立了吐蕃王朝，使青藏高原出现了空前的统一局面。与唐的联姻，为唐朝领先于世界的文化和科学技术传入西藏，开了方便之门。641 年，文成公主远嫁吐蕃，所带去的大批汉文典籍中，就有关于天文历算的书籍。汉文史书没有具体书名的记载，但藏文史籍中却有详尽记载，弥补了汉籍的不足。据称这时所带的历算之书，有《博唐八十数理》、《五行珍宝包罗》、《密意根本三精》、《珍宝之堆》以及黄历推算法等。这些书籍对于藏族天文学的发展起了重要

152

作用。

藏文史籍还述说：文成公主精于"阴阳历算之法"，在兴建拉萨大昭寺时，公主协助尼泊尔公主选址，亲自观察地理、山势，进行设计，把神变殿建于填平的湖泊之上。

为了培养吐蕃历算人才，在公主建议下，松赞干布还挑选4名吐蕃聪明青年，派往汉地向汉地老师巴瓦匆匆学习《九部续》、《三部解释》、《密图十五卷》等算学经书，并将这些书译为藏文。第司桑杰加措的《白琉璃》（书全名为《浦巴派历书白琉璃解》），也重述了文成公主在兴建大昭寺时的作用，还具体列出派往汉地求学4青年之名为益西杰瓦、藏玉谢、卓聂旦巴和惹拉钦。他们学习时所译《九部续》等书，皆注明为"初译"。

汉区历算在高原传播较广的有五行计算、十二生肖纪年法、八封、九宫、黄历推算、二十四节气等。其中十二生肖和六十周期纪年法，在群众中影响广泛。农牧区对二十四节气和牛算相当重视。据说牛算可以以分解牛身之骨来推算一年雨水大小和霜雹灾害，深受牧区欢迎。

 赤德祖赞时期历算的传入

704年，赤德祖赞继位。中原的和毗邻地区和国家的历算进一步传入吐蕃。

金城公主继文成公主之后，远嫁吐蕃。这时又把

《算学七续圣典》、《八支》、《九部续》、《三部解释》四部书带入西藏并译为藏文。书中主要内容为五曜的运行推算法，日月食的推算，八封、九宫、七曜和二十八宿等的测算等。上述四部书已失传，只在《白琉璃》和《除锈》书内有记载，但无详细内容。

在四部书译出后，又编出了《月光穷孜密诀》，主要是综合了四书的内容，包括七曜、八卦、五行、九宫、六十周期纪年等丰富内容。

此一时期历算方面的特点，一方面中原地区历算继续传入，另一方面邻近地区和其他国家的历算也开始进入吐蕃。如邻近地区突厥的《朱古地方冬夏至图表》，于阗地区的《李地方的属年》，以家族穷孜为名的《穷算六十》，以学者名标题的《暮人金算》和以地名标题的《达那穷瓦多》。内地的《博唐八十数理》，又以另一名称《市算八十卷》再次出现于吐蕃。赤德祖赞比其先祖，在历算的引入和吸收上，地域更广，并开始有人进行综合性的编译。可以说，这是藏族历算发展上的新进展。

 3　土华那波对吐蕃历算的突出贡献

赤松德赞执政时，不但内地历算典籍继续传入吐蕃，同时还有不少杰出的汉族历算学者入藏。其中著名的一位就是土华那波，那波意为穿黑色衣服，其汉名丁作，也称达钦体里。他在赤松德赞时期（755～797年）曾先后两次来到吐蕃。第一次来到后，他与和尚马哈亚纳、马哈惹乍帝瓦、比其赞巴希拉，以及藏族学生康巴·查吴、穷布·唐波、朗措东亚、藏玉谢、摩雷侃、加玉桑等人，先把共同性算学译成藏文，接着又翻译了内地部分星算书籍。

第二次进入吐蕃后，他从各个历算经典中吸取精华，著述了关于区分四季的《珍宝明灯》、《冬夏至图表》、《五行珍宝精密明灯》等典籍。吐蕃人形容他"像从牛奶中提炼酥油"一般。

为了研究青藏高原地区季节的差异，他亲临西藏南北地区对高原气候和四季等方面进行实地考察。这是有史以来记载的为特定科学目的进行的第一次考察。他提出了"门隅三隅秋季是秋，春亦秋；藏北和康区的八个地方冬季是冬，夏亦冬"的看法，明确指出青藏高原南北两域，因冷热有别，季节也不同。据说马哈亚纳、马哈惹乍帝瓦、比其赞巴希拉等，不仅在翻译上与他合作，在考察时也与其同行。土华那波所著的《冬夏至图表》和《五行珍宝精密明灯》，是目前留存在西藏的祖国早期天文星算的重要典籍。

土华那波还精心传授历算知识，为吐蕃培养历算人才。藏族学生如康巴·查吴、穷布·唐波等被评为学习优良。他们刻苦攻读了《星算吠璃经》、《经典中心之意》、《解释太阳之光》等书。这三部书也系土华那波所著。据说毁佛时期，这些书被弟子们装入虎皮袋里，埋于地下。后来由贝绕杂那发掘出来，才译为藏文。

赤松德赞去世后，吐蕃王朝进入衰落时期。但经土华那波一代历算学者培育的吐蕃本族人才，已崭露头角，放射出异彩。有的在吐蕃重视历算的环境下，作出了突出成就。如上象雄地方的努盘·桑杰益西（为拉萨西南堆巴人）就精通四曜的行速和日食月食等天文星算。他长期研究日影，发明了"土赤普"的仪器，可以准确预测夏至、冬至、春分、秋分。这是西藏天文学上的重要发明。据说，用水漏法测定日的12时辰，也是这一时期的发明。重要的是，这时又涌现出了觉若白坚、拉龙乙、才蚌益札等7名被誉为星算家的人才。

吐蕃分裂期"山洞算法"的
创立与时轮历的挑战

吐蕃分裂后，汉地历算此时对此地的影响仍然存在，主要是通过接受汉地历算的康巴人后代在起作用。

藏文史籍称：赤松德赞点燃了算学的明灯，他曾把4名吐蕃青年派往内地，投师塔提里（人名译音）学习算经之典。其中朗措东亚后来定居于康区。838年，朗达玛即位后，就开始毁法灭佛，使佛教几乎在西藏灭迹，文物也遭受破坏。后来朗达玛为僧人刺杀，佛教首先在朵康东山再起。历算也由康区人朗措东亚后代木雅·坚参白桑重新传播和发展。

坚参白桑从康区来到卫藏，住在玉波札朗的山洞（今扎囊县的握嘎山洞）。坚参白桑出生于历算世家，对汉历的五行推算、黄历等了如指掌，精于测算。他到卫藏后多方了解当地的天文历算、气象和地理情况。他深入实际，吸取群众中的经验，连牧羊人、渔民也成为他访问的对象。依据青藏高原特点，结合汉历和黄历，以木鼠年为首进行推算，撰写了有关天文和历法的著作。他的后代诵持密咒的伦珠白，与不少精通天文星算的学者一起，完善和推行"山洞算法"（也称浦派算法）。"山洞算法"在历算上可说是一个学派的创造，直至今天藏医院编辑藏历时，仍用它作为推算的理论依据。

后来"山洞算法"的人们遇上了挑战。1027年，罽宾（今克什米尔）班智达达瓦贡布来到西藏。精通两种语文的译师卓希绕札同他合作，翻译了《时轮本续注疏》。此书翻译的时间，恰逢火兔年。这时印度的"饶迥"推算法开始传播，取代了从松赞干布时传播的内地古代以阳木鼠年（644年）为年首的推算法。这样，在以哪一年为年首进行推算上，星算家之间发生了激烈的争论。

持山洞算法观点的人，反对以火兔年为年首，认为木鼠年作年首在吐蕃时期就没有讹误，如果改以火兔年作年首推算，就会打乱藏族的星算。但是《时轮本续注疏》中说，内时轮（即以宗教观点解释者）胜于外时轮（指仅以星算观点阐述者），宣扬照内时轮可以通过无上的密道，终达成佛之理。因此原先的历算体系被废除了，西藏的纪年的年首改为"饶迥"的年首。

时轮历传播开始后，以翻译《时轮本续注疏》的

1027 年为年首，并将每一绕迥的 60 年，各起一个名称，如第 1 年称胜生年、第 2 年称妙生年……第 59 年称忿怒明王年，第 60 年称终尽年等，而对第一个绕迥称为第一胜生周，第二绕迥称为第二胜生周，以避免远期纪年的混淆。但是在胜生周内，中原传入吐蕃的五行生肖配置的名称，一年内的二十四节气，仍全部保留，因而形成了印、汉、藏相结合的独特的纪年法。

所以说三结合中有藏历成分，是由于《时轮经》岁首相当于夏历的三月，而藏历采用的则是《金光明经》和《四部医典》所订的夏历正月。《金光明经》是 9 世纪中经吐蕃高僧法成由汉文转译为藏文的，其间交织着汉藏间的文化交流。实际上，其中还有蒙古的"霍尔历"也被吸收入西藏历法内。开始时，月的名称本来是从冬至之月开始，按顺序以十二生肖相称。13 世纪初，成吉思汗时，把从寅月开始的各月，改名为一月、二月……这种历法称为霍尔历。元朝统一西藏后，霍尔历的纪月法传入西藏，与原来的生肖纪月混合使用。寅月或称一月，成了藏历中有代表性的纪月形式，一月一日被奉为藏历新年，但十二月初一，或十月初一为新年的习俗在某些地区仍保留着。

元明时期授时历禁传与藏区
时轮历的传播

唐代以后的数百年间，内地的天文历算又有很大发展。元代王恂、郭守敬创建了授时历，堪称当时最为精确的历法。11～12世纪西藏处于分裂状态，与内地中央政权直接往来减少。13世纪中叶元朝统一西藏后，经济文化交流虽日益密切，但历代汉族皇帝都垄断天文知识，禁止外传于民。唐宋就有一定限制，至明代限制更严，所以授时历未能及时传入西藏。回顾唐代文成、金城公主入藏，打破禁令，带去历算，更显示出其历史功绩。

分裂时期西藏广泛流传的是时轮历（外时轮历）。这是超过以往原有水平的天文历算体系。分裂时期，西藏文化领域中出现了"百家争鸣"的势态，这有利于时轮历的发展。

6 清代时宪历传入西藏的曲折过程

在西藏，时轮历的流传和使用，时日久远。从14世纪得到广泛承认算起，也有数百年之久。究其原因，首先是得益于佛教各派的倡导和尊崇。时轮历基本上正确掌握了日、月、星曜的运动规律，简明准确地预测出日月食，能够满足佛教徒选择修证日期的需要。其次，是因为西藏历算家们，在研究时轮历的过程中，将由汉地和他地引进的历算成果揉合于时轮历的系统中，补其不足，使其适于西藏，易为人们接受。第三，西藏的历算家们还将本地历算成果以及本地人们长期积累的以天象变化预测气候的经验吸收进来，编出以时轮历为主的历书。由于它能为农牧民预报中期和远期气象，所以也受到群众欢迎。

但是，以时轮历体系为主的西藏历法，使用数百年后，其误差积累越来越大。西藏的历算家们已经发现，希望有新的历算引进，以改进原有历法。1652年，达赖五世赴京朝觐时，曾两次在钦天监见到明朝末年制定的《时宪历》，这是按西方近代天文学编制的。当时达赖五世说："汉历是有办法用时轮历的语言表达的。"据说他看过时宪历，兴奋不已，表达了把时宪历翻译出来，引入西藏的强烈愿望。

当时满族皇帝没有汉族皇帝关于"私习天文之禁"的规定。康熙本人也熟悉历算，热心让人研习和向少数民族传播。在位后期他曾亲自命人将《新法算历》译成蒙文，又在这一基础上译成藏文。这就是1715年刊行的《汉历大全》。由于译者历算知识有限，译文生硬晦涩，尤其对缺乏几何、三角知识的藏族历算家来说，难以吸引，这个译本只好束之高阁。又过30年左右，经过北京雍和宫蒙藏学者的努力，藏族学者也经过自己的学习和钻研，终于依据时宪历撰写了《马杨寺汉历心要》。这部著作将一部分时宪历的内容，改用时轮历的方法表达推算，简化了一些步骤，为难于计算的数据，提供了现成的数据表，使其成为具有藏历特点的时宪历。从此书开始，表明藏族学者中已经出现了研究时宪历的学派，他们可以师徒相传，深入掌握时宪历中的难点，使藏历更上一层楼。

这部《马杨寺汉历心要》面世后，不胫而走，迅速在雍和宫僧人中和蒙古、甘肃的蒙藏地区流传。19

世纪后期，传播扩及甘南、青海以及康区的德格。1879年，拉卜楞寺专门建立了研习时宪历的喜金刚学院，并且每年还自编黄历。但奇怪的是，"卫藏地区钻研算学的人越来越少，编撰者也寥寥无几，天文星算研究逐渐减弱"。直到20世纪初，西藏建立了医算局（门孜康），为此设立了传习课程；依这套方法推算出的日月食也编入每年的历书内。这样以时轮历为主的西藏历法，终于改进为吸取了时宪历之长的藏历。（见图19）

图19 札宁阿扎桑（雍和宫数学殿）

经过了二百余年，达赖五世引进新历的愿望才得以实现。其原因有三：一是与历法相关的数学滞后，难以应付以几何三角为主要计算方法的天文历算体系；二是社会发展的停滞，使西藏在引进新历上，甚至落后于其他藏区；三是以时轮历为主体的藏历中，杂以神秘成分。在总体上这套历法被说成佛祖传授，尊日月为神，讲占星和修证，使科学测算陷于迷信的渊源。如藏历中颇具特色的重月和缺日，原本为解决太阴日与太阳日不同长度才配置的，但却被当做吉日和凶日，把它纳入宗教学说中，神秘主义起了严重的束缚作用。

综观西藏天文历算的发展，每一阶段的每一成果都与广泛吸收他族历算成果有关，尤其是与吸收汉区历算密切相关。同时在长期的实践中，藏历也有自己的创新和发展。在祖国文化科学宝库中，藏族的历算学也是一枝别具特色的天文王国之花。

结束语

　　系统地探讨和论述汉藏文化交流，是一个重要而又崭新的课题。汉藏民族间经济和政治关系的建立和发展，是文化交流的基础，给文化交流以深远影响和积极推动。因此在谈到文化交流时，各个时期的政治上经济上的往来，也都被置于相应的位置上加以论述。

　　从广义上说，文化是历史现象，是人类在实践过程中创造的由不同形态的特质构成的复合体。分而论之，它有四个方面：①智能文化，包括科学、技术、知识等；②物质文化，包括建筑、器具、服饰等；③规范文化，包括社会制度、社会组织、伦理道德、风俗习惯、语言文字等；④精神文化，包括宗教、信仰、文学、艺术和审美意识等。前两项大体属于自然科学，后两项属于社会科学。本书没有对文化从定义上加以探究，但在论述文化交流时大体以上述四项内容为依据而展开。

　　新中国成立后，对于青藏高原从地质学和考古学上做了大量考察，积累了丰富的宝贵资料。依新资料提出的新见解，是科学上的突破，高原地区是人类又一发祥地的看法就是其中之一。高原人的史前文化与中原人的远古文化联系也有所发现，并进行了多方面的探索。

藏传佛教的形成，与下路宏传和上路宏传有密切关系。但从元朝开始，藏传佛教开始东进和向外地及内地（主要是北京）传播，这是元代以来文化交流中的新情况。

在敦煌文化中，包含有大量的吐蕃文化，也包括反映汉藏文化交流的大量文物遗迹、遗书，这也是有待深入研究的新领域。

参考书目

1. 黄奋生：《藏族史略》，民族出版社，1985。

2. 常风玄等：《藏族简史》，西藏人民出版社，1986。

3. 王森：《西藏佛教发展史略》，中国社会科学出版社，1987。

4. 王辅仁：《西藏佛教史略》，青海人民出版社，1982。

5. 王尧：《吐蕃文化》，吉林人民出版社，1988。

6. 黄颢：《在北京的藏族文物》，民族出版社，1993。

《中国史话》总目录

系列名	序号	书 名	作 者	
物化历史系列（28种）	24	寺观史话	陈可畏	
	25	陵寝史话	刘庆柱	李毓芳
	26	敦煌史话	杨宝玉	
	27	孔庙史话	曲英杰	
	28	甲骨文史话	张利军	
	29	金文史话	杜 勇	周宝宏
	30	石器史话	李宗山	
	31	石刻史话	赵 超	
	32	古玉史话	卢兆荫	
	33	青铜器史话	曹淑芹	殷玮璋
	34	简牍史话	王子今	赵宠亮
	35	陶瓷史话	谢端琚	马文宽
	36	玻璃器史话	安家瑶	
	37	家具史话	李宗山	
	38	文房四宝史话	李雪梅	安久亮
制度、名物与史事沿革系列（20种）	39	中国早期国家史话	王 和	
	40	中华民族史话	陈琳国	陈 群
	41	官制史话	谢保成	
	42	宰相史话	刘晖春	
	43	监察史话	王 正	
	44	科举史话	李尚英	
	45	状元史话	宋元强	
	46	学校史话	樊克政	
	47	书院史话	樊克政	
	48	赋役制度史话	徐东升	
	49	军制史话	刘昭祥	王晓卫

167

系列名	序 号	书 名	作 者
制度、名物与史事沿革系列（20种）	50	兵器史话	杨 毅 杨 泓
	51	名战史话	黄朴民
	52	屯田史话	张印栋
	53	商业史话	吴 慧
	54	货币史话	刘精诚 李祖德
	55	宫廷政治史话	任士英
	56	变法史话	王子今
	57	和亲史话	宋 超
	58	海疆开发史话	安 京
交通与交流系列（13种）	59	丝绸之路史话	孟凡人
	60	海上丝路史话	杜 瑜
	61	漕运史话	江太新 苏金玉
	62	驿道史话	王子今
	63	旅行史话	黄石林
	64	航海史话	王 杰 李宝民 王 莉
	65	交通工具史话	郑若葵
	66	中西交流史话	张国刚
	67	满汉文化交流史话	定宜庄
	68	汉藏文化交流史话	刘 忠
	69	蒙藏文化交流史话	丁守璞 杨恩洪
	70	中日文化交流史话	冯佐哲
	71	中国阿拉伯文化交流史话	宋 岘

系列名	序号	书名	作者
思想学术系列（21种）	72	文明起源史话	杜金鹏　焦天龙
	73	汉字史话	郭小武
	74	天文学史话	冯时
	75	地理学史话	杜瑜
	76	儒家史话	孙开泰
	77	法家史话	孙开泰
	78	兵家史话	王晓卫
	79	玄学史话	张齐明
	80	道教史话	王卡
	81	佛教史话	魏道儒
	82	中国基督教史话	王美秀
	83	民间信仰史话	侯杰
	84	训诂学史话	周信炎
	85	帛书史话	陈松长
	86	四书五经史话	黄鸿春
	87	史学史话	谢保成
	88	哲学史话	谷方
	89	方志史话	卫家雄
	90	考古学史话	朱乃诚
	91	物理学史话	王冰
	92	地图史话	朱玲玲
文学艺术系列（8种）	93	书法史话	朱守道
	94	绘画史话	李福顺
	95	诗歌史话	陶文鹏
	96	散文史话	郑永晓
	97	音韵史话	张惠英
	98	戏曲史话	王卫民
	99	小说史话	周中明　吴家荣
	100	杂技史话	崔乐泉

系列名	序号	书名	作者
社会风俗系列（13种）	101	宗族史话	冯尔康　阎爱民
	102	家庭史话	张国刚
	103	婚姻史话	张　涛　项永琴
	104	礼俗史话	王贵民
	105	节俗史话	韩养民　郭兴文
	106	饮食史话	王仁湘
	107	饮茶史话	王仁湘　杨焕新
	108	饮酒史话	袁立泽
	109	服饰史话	赵连赏
	110	体育史话	崔乐泉
	111	养生史话	罗时铭
	112	收藏史话	李雪梅
	113	丧葬史话	张捷夫
近代政治史系列（28种）	114	鸦片战争史话	朱谐汉
	115	太平天国史话	张远鹏
	116	洋务运动史话	丁贤俊
	117	甲午战争史话	寇　伟
	118	戊戌维新运动史话	刘悦斌
	119	义和团史话	卞修跃
	120	辛亥革命史话	张海鹏　邓红洲
	121	五四运动史话	常丕军
	122	北洋政府史话	潘　荣　魏又行
	123	国民政府史话	郑则民
	124	十年内战史话	贾　维
	125	中华苏维埃史话	杨丽琼　刘　强
	126	西安事变史话	李义彬
	127	抗日战争史话	荣维木

系列名	序号	书名	作者	
近代政治史系列（28种）	128	陕甘宁边区政府史话	刘东社	刘全娥
	129	解放战争史话	朱宗震	汪朝光
	130	革命根据地史话	马洪武	王明生
	131	中国人民解放军史话	荣维木	
	132	宪政史话	徐辉琪	付建成
	133	工人运动史话	唐玉良	高爱娣
	134	农民运动史话	方之光	龚 云
	135	青年运动史话	郭贵儒	
	136	妇女运动史话	刘 红	刘光永
	137	土地改革史话	董志凯	陈廷煊
	138	买办史话	潘君祥	顾柏荣
	139	四大家族史话	江绍贞	
	140	汪伪政权史话	闻少华	
	141	伪满洲国史话	齐福霖	
近代经济生活系列（17种）	142	人口史话	姜 涛	
	143	禁烟史话	王宏斌	
	144	海关史话	陈霞飞	蔡渭洲
	145	铁路史话	龚 云	
	146	矿业史话	纪 辛	
	147	航运史话	张后铨	
	148	邮政史话	修晓波	
	149	金融史话	陈争平	
	150	通货膨胀史话	郑起东	
	151	外债史话	陈争平	
	152	商会史话	虞和平	
	153	农业改进史话	章 楷	
	154	民族工业发展史话	徐建生	
	155	灾荒史话	刘仰东	夏明方
	156	流民史话	池子华	
	157	秘密社会史话	刘才赋	
	158	旗人史话	刘小萌	

系列名	序 号	书 名	作 者
近代中外关系系列（13种）	159	西洋器物传入中国史话	隋元芬
	160	中外不平等条约史话	李育民
	161	开埠史话	杜 语
	162	教案史话	夏春涛
	163	中英关系史话	孙 庆
	164	中法关系史话	葛夫平
	165	中德关系史话	杜继东
	166	中日关系史话	王建朗
	167	中美关系史话	陶文钊
	168	中俄关系史话	薛衔天
	169	中苏关系史话	黄纪莲
	170	华侨史话	陈 民　任贵祥
	171	华工史话	董丛林
近代精神文化系列（18种）	172	政治思想史话	朱志敏
	173	伦理道德史话	马 勇
	174	启蒙思潮史话	彭平一
	175	三民主义史话	贺 渊
	176	社会主义思潮史话	张 武　张艳国　喻承久
	177	无政府主义思潮史话	汤庭芬
	178	教育史话	朱从兵
	179	大学史话	金以林
	180	留学史话	刘志强　张学继
	181	法制史话	李 力
	182	报刊史话	李仲明
	183	出版史话	刘俐娜

系列名	序号	书名	作者
近代精神文化系列（18种）	184	科学技术史话	姜　超
	185	翻译史话	王晓丹
	186	美术史话	龚产兴
	187	音乐史话	梁茂春
	188	电影史话	孙立峰
	189	话剧史话	梁淑安
近代区域文化系列（十一种）	190	北京史话	果鸿孝
	191	上海史话	马学强　宋钻友
	192	天津史话	罗澍伟
	193	广州史话	张　苹　张　磊
	194	武汉史话	皮明庥　郑自来
	195	重庆史话	隗瀛涛　沈松平
	196	新疆史话	王建民
	197	西藏史话	徐志民
	198	香港史话	刘蜀永
	199	澳门史话	邓开颂　陆晓敏　杨仁飞
	200	台湾史话	程朝云

《中国史话》主要编辑
出版发行人

总 策 划	谢寿光	王 正	
执行策划	杨 群	徐思彦	宋月华
	梁艳玲	刘晖春	张国春
统 筹	黄 丹	宋淑洁	
设计总监	孙元明		
市场推广	蔡继辉	刘德顺	李丽丽
责任印制	岳 阳